W0365337

Gustav Weber

CURIOSA GERMANICA

Gustav Weber

CURIOSA GERMANICA

Unbekanntes Bekanntes
von Adel bis Zeitrechnung

Herbig

Besuchen Sie uns im Internet unter
www.herbig-verlag.de

Dieses Werk wurde vermittelt durch
Aenne Glienke | Agentur für Autoren und Verlage,
www.AenneGlienkeAgentur.de

© 2006 F. A. Herbig Verlagsbuchhandlung GmbH, München
Alle Rechte vorbehalten
Umschlaggestaltung: Wolfgang Heinzel
Redaktion: Dr. Rainer Schöttle Verlagsservice, Neufinsing
Herstellung und Satz: VerlagsService Dr. Helmut Neuberger
& Karl Schaumann GmbH, Heimstetten
Gesetzt aus der 11,75 Punkt Minion
Druck und Bindung: GGP Media GmbH, Pößneck
Printed in Germany
ISBN 3-7766-2493-0
ab 1. 1. 2007: ISBN 978-3-7766-2493-9

Inhalt

Liebe Leserin, lieber Leser,

wir alle kennen das: Man sitzt mit Freunden am häuslichen Tisch oder mit Kollegen in der Kantine und plaudert über ein scheinbar bekanntes und vertrautes Thema. Und plötzlich merkt man, dass man in puncto Wissen dazu ziemlich schnell mit seinem Latein am Ende ist. Was uns alltäglich vorkommt, wird auf einmal zu einem Rätsel.

Denn wer kann schon auf Anhieb sagen, was der Unterschied ist zwischen einem Grafen und einem Freiherrn? Was bedeuten eigentlich die Abkürzungen ARAL und ESSO? Wie bekommt man das Bundesverdienstkreuz? Soll man bei Gewitter wirklich vor Eichen weichen und die Buchen suchen? Warum poliert der Polier nicht, obwohl er doch so heißt? Wo stand in Deutschland das erste Wasser-Klosett? Seit wann gibt es hierzulande Führerscheine und Nummernschilder? Wer hat die Currywurst erfunden? Wie kommt Bismarck in die USA? Wie lang ist eine Preußische Meile, wie schwer ist ein Schweizer Zentner? Wo auf unserem Globus wird Deutsch gesprochen? Warum war Weizenbier früher einmal verboten? Seit wann haben die Menschen in Frankfurt an der Oder und in Frankfurt am Main die gleiche Uhrzeit? Wie hießen Lale Andersen und Klaus Kinski wirklich? Und welche deutschen Schauspieler haben den *Oscar* erhalten?

Diese und viele andere Fragen waren die Ideengeber und Geburtshelfer für das vorliegende Buch. Die Antworten dazu erheben nicht den Anspruch akademi-

scher Vollständigkeit. Sie wollen in knapper und zugleich kurzweiliger Form Auskunft geben über mehr als vierzig Themen aus der Geschichte, Gesellschaft, Wirtschaft, Sprache und Kultur Deutschlands – in loser Folge, so unsystematisch, wie sie im Gespräch bisweilen aufkommen. Das macht das Buch zum idealen Begleiter und Gesprächsstoff für den Urlaub oder die morgendliche Bahnfahrt zur Arbeit.
Das Schreiben dieses Buches hat sehr viel Spaß gemacht. Ich hoffe, dass Ihnen das Lesen ebenso viel Freude bereiten wird.

München, im Sommer 2006
Gustav Weber

Der Lappen, der mobil macht

Die Geschichte des Führerscheins

Es handelt sich um eine Urkunde, die besonders für Achtzehnjährige von besonderem Reiz ist. Sie belegt, dass ihrem Besitzer eine Fahrerlaubnis erteilt worden ist, sie muss beim Führen von Kraftfahrzeugen grundsätzlich mitgeführt und auf Verlangen vorgezeigt werden. Die Rede ist vom Führerschein.

Die Frage nach dem Alter des begehrten Lappens ist – wie so oft im Leben – eine Frage der Definition. Die ersten Benzinkutschen durften von ihren Fahrern zunächst noch ohne offizielle Erlaubnis bewegt werden – wie die anderen Kutschen jener Epoche auch. Aber schon bald, im Drei-Kaiser-Jahr 1888, bedurfte es einer »Berechtigung zur Durchführung von Versuchsfahrten mit einem Patentmotorwagen«. Die erste erhielt Carl Benz, seines Zeichens Erfinder des Automobils. Der Fahrer musste nachweisen, dass er etwas von Technik versteht – Probleme wie rote Ampeln, Vorfahrt oder korrektes Überholen waren zu jener Zeit ohnehin akademisch oder wiesen ins Reich der Utopie. Deshalb wurde die Fahrberechtigung auch vom Hersteller ausgestellt.

Anderthalb Jahrzehnte später, 1903, erließ Preußen eine Verordnung, in der eine Ausbildung mit Prüfung verlangt wurde. Prüfer sollten die in der Zertifizierung gefährlicher Maschinen erfahrenen Ingenieure des »Dampfkessel-Überwachungsvereins«, also des späteren TÜV, sein.

Das folgende Jahr 1904 gilt als eigentlicher Geburtstag

des Führerscheins. Im unterfränkischen Aschaffenburg wurde die erste private Fahrschule eröffnet, die Prüfung der Schüler auf ihre Tauglichkeit erfolgte durch technische Überwachungsvereine. Der Eroberung öffentlicher Straßen durch motorisierte Ritter stand nichts mehr im Wege – außer allerlei amtlicher Vorschriften.

So wurden 1910 Führerscheinklassen eingeführt. Sie entsprachen im Prinzip dem, was auch später jahrzehntelang galt. Die Klasse eins war für Motorräder bestimmt, die Klasse zwei für Kraftfahrzeuge über 2,5 Tonnen zulässiges Gesamtgewicht, also so etwas wie Lastkraftwagen. Die Klasse drei war in zwei Versionen vorhanden: 3a für Kraftwagen bis 2,5 Tonnen und bis zehn Pferdestärken, 3b für PKW mit mehr als zehn PS. Auch das Mindestalter von 18 Jahren zum Erwerb der Fahrlizenz wurde eingeführt. Vorzulegen waren die Geburtsurkunde, ein Gesundheitszeugnis sowie ein Lichtbild des künftigen Fahrers.

Dies hat sich in dem knappen Jahrhundert, das seitdem ins Land ging, kaum geändert. Zwischendurch war auch das »Nationalsozialistische Kraftfahrerkorps« (NSKK) berechtigt, Fahrerlaubnisse auszustellen. Damit war es allerdings 1945 vorbei.

Die Führerscheinklassen hielten sich lange, abgesehen von Modernisierungen und Erweiterungen für leichtere Krafträder. So wurde die Zehn-PS-Grenze abgeschafft und das zulässige Gesamtgewicht in der Klasse drei auf 7,5 Tonnen angehoben. In der Zeit nach dem Zweiten Weltkrieg führte dies zu einem »Boom« an LKW mit 7,49 Tonnen.

Im Jahr 1999 trat die heute gültige Einteilung nach Buchstaben in bis zu 15 Klassen in Kraft, die in der Europäischen Union einheitlich eingeführt wurde. Damit war auch die Zeit des geliebten alten grauen »Lappens« vorbei. Er ist zwar immer noch gültig, macht aber zunehmend einem mintgrün-rosafarbenen Hightechdokument Platz. Zeitweise war sogar von einem Zwangsumtausch alt gegen neu die Rede. Diese Idee scheint allerdings vom Tisch zu sein. Der Fahrer kann sich über gesparte dreißig Euro freuen, auch für die EU-Länder fallen keine zusätzlichen Umstellungskosten an. Wer allerdings einen internationalen Führerschein haben will, muss den neuen Schein vorlegen. In der Umgangssprache wird zwischen Fahrerlaubnis und Führerschein kein Unterschied gemacht. Ganz korrekt ist das nicht. Denn die Fahrerlaubnis ist eine Genehmigung der zuständigen Behörde. Solange jemand diese Genehmigung besitzt, darf er ein Kraftfahrzeug seiner Klasse zu führen. Der Führerschein hingegen ist eine Urkunde, der materielle Beweis, mit dem man dieses Recht gegenüber berechtigten Personen, sprich: der Polizei, belegen kann.

Wer eine Fahrerlaubnis für einen Personenkraftwagen besitzt, aber den Führerschein zu Hause liegen lässt, begeht lediglich eine Ordnungswidrigkeit. Wer aber ohne jegliche Fahrerlaubnis ein Fahrzeug lenkt oder mit einem »Pkw-Führerschein« einen Lkw steuert, begeht eine Straftat.

Jugendliche, die es besonders eilig haben, das begehrte Dokument in die Hände zu bekommen, können in einigen Bundesländern den Führerschein mit 17 Jahren erwerben. Derzeit ist das in Bayern, Berlin, Brandenburg, Bremen, Hamburg, Hessen, Niedersachsen, Nordrhein-Westfalen, im Saarland sowie in Schleswig-Holstein möglich.

Voraussetzung ist allerdings die Begleitung durch eine eingetragene Person, die selbst mehr als fünf Jahre den Führerschein haben muss, nicht mehr als drei Punkte im Flensburger Verkehrszentralregister haben darf und mindestens 30 Jahre alt sein muss. Für Fahrer und Beifahrer gelten die Promillegrenzen. Fährt der Jugendliche ohne Begleitperson, wird die Fahrerlaubnis entzogen. Außerdem drohen ein Bußgeld von gegenwärtig 150 Euro und vier Punkte in Flensburg.

Allerdings tummeln sich auch Fahrer ohne gültige Führerscheine auf unseren Straßen. Die Bundesvereinigung der Fahrlehrerverbände schätzt ihre Anzahl auf bis 100 000 Personen, meist Menschen mit massiven Alkoholproblemen. Sie decken sich nach dem Verlust ihrer Fahrerlaubnis im Ausland mit dubiosen oder sogar gefälschten Führerscheinen ein.

Einige prominente Zeitgenossen verzichten aus eigenem Antrieb auf den »Lappen«. Sie fahren Rad und Zug, sie lassen sich vom Gatten oder von der Gattin chauffieren, oder sie werden Politiker. So lassen der Publizist Roger Willemsen und der Philosophieprofessor Walter Jens die Hände vom Steuer, auch Ex-Umweltminister Jürgen Trittin lebt ohne eigenen fahrbaren Untersatz. Und – Treppenwitz der Geschichte – ausgerechnet jener Mann, der sein Volk mobil machen wollte und dafür fast ganz Europa verwüstete, hatte keinen Führerschein: der »Führer«.

Von Bösgesäß und Kuhfraß

Komische Ortsnamen

Wir kennen sie alle von den Schildern an Autobahnausfahrten oder vom Verkehrsfunk. Sie erzeugen regelmäßig ein Gekicher im Pkw-Fond, vor allem, wenn dieser von Teenagern besetzt ist. Es geht um komische Städte- und Ortsnamen, wobei Darmstadt, Nierstein oder Pforzheim noch zu den harmloseren Repräsentanten der heimischen Geographie gehören.

Auffällig ist die Zahl jener Lokalitäten, die Details aus der menschlichen Anatomie, aus dem Verdauungssystem oder aus delikaten zwischenmenschlichen Beziehungen im Namen tragen. Auf allzu drastische Ortsbezeichnungen soll an dieser Stelle jedoch verzichtet werden. Allenfalls Namen der Kategorie Busenberg oder Petting finden Erwähnung. Im Falle von Großkrotzenburg oder Bruchköbel ist ohnehin ein Schuft, der Böses dabei denkt …

Aber auch außerhalb des Medizinischen oder Geschlechtlichen birgt die Onomastik allerlei Überraschungen. So gibt es Ansiedlungen, in denen man auf keinen Fall wohnen möchte. Schon um im Hotel, bei Kongressen oder auf dem Standesamt nicht auf die Frage antworten zu müssen, woher man kommt. Dazu gehören Bösgesäß, Dummerstorf, Eiterfelde, Elend, Gammelsdorf, Güllesheim, Heuchelheim, Höllenschenke, Hungerstorf, Irrendorf, Jucken, Knochenmühle, Krankenthal, Kuhfraß, Langweiler und Leichendorf. Auch Leidendorf, Magersdorf, Memmendorf, Mieswarz, Oedeme, Pissen, Popelau, Schadewohl, Schimmelshütte, Schindelbruch, Schnorrenberg, Strahlungen, Verlorenort und Verlorenwasser, Wahnwegen, Wasserlos oder Zwickmühle sind wenig attraktive Lokalitäten – zumindest was den Namen angeht.

Je nach Lebenseinstellung, erotischer Orientierung und sittlich-moralischer Konstellation bietet sich der Umzug in folgende Ortschaften an: Amorbach, Ausleben, Balzheim, Bettendorf, Bubenheim, Calau, Darlingerode, Ehbruch, Frauenkopf, Fröhliches Tal, Gaymühle, Herzsprung, Lust, Madel, Mägdesprung, Titting oder Weibern.

Vorsicht ist angebracht bei Abentheuer, Allzunah, Almosen, Bärenklau, Beul und Delle, Damlos, Einöd, Grabsleben, Groß Gastrose, Hadersbach, Hagermarsch, Haschbach, Holzmaden, Kaltwasser, Klein Zicker und Groß Zicker, Krempel, Kreischau, Kühler Morgen, Lieblos, Linsengericht, Ludendorf, Machtlos und Macken.

Gleiches gilt auch für die Ortschaften Mehltheuer, Müllrose, Niederreißen, Niederschlag und Regen, Petze, Pfützthal, Quassel, Reißaus, Risk, Röntgental, Rostig, Schabernack, Scharfbillig, Scharmützelsee, Scherbenmühle, Schmatzfeld, Schmerz, Schuld, Schwätz, Siehdichfür, Siehdichum, Sorge, Trotz, Ungnade, Vettelschoß, Zanken oder Zeckendorf.

Getrost kann man siedeln in Ave, Ehrenzipfel, Engelsburg, Felgentreu, Frühlingshausen, Gönnersdorf, Gottesgabe, Gutenparen, Naschendorf, Heiterer Blick, Himmelpforten und Himmelsfürst, Kamin,

Königreich, Lachen, Lieblingshof, Pabstthum, Paradies, Pracht und Sorgenlos.
Ambivalent oder interpretationsbedürftig sind Ortsnamen wie Ablass, Allmannsau, Bad Sülze, Biersackschlag, Blechhammer, Denkwitz, Drüsen, Eismannsdorf, Großenkneten, Grube, Haubitz, Herzsprung, Kinnbackenhagen, Klötze, Lehnin, Löffelstelzen, Nasenberg, Negernbötel, Neubau, Satzung, Urleben und Wettringen.
Wer die Natur, Fauna und Flora liebt, dem empfehlen sich Alpen, Mücke, Bernstein, Dornbusch, Entenschenke, Erpel, Buchen, Eiche, Erle und Esche, Bieber, Hundebusch und Hundeluft, Kanin, Katzenloch, Kuhwinkel und Kuhhorst.
Genauso zu Hause fühlt sich der Naturfreund in Fischwasser, Froschmühle, Gebirge, Geierswalde, Sauen, Häschenbusch, Hammelstall, Henne, Heringen, Hühnerkirche und Hühnerschenke, Lämmchen, Lausen, Maulbeerwalde, Ochsensaal, Otternkuhle, Rabendeckel, Rattenberg, Rüde, Schlangen, Schweinerden, Spatzenhäusel, Waldfisch, Wildetaube und Wolfskuhle.
Nimrods Jünger sind gut aufgehoben in Fasanenjäger, Hallalit, Waidmannsheil und Weidmannsruh. In diese Kategorie fallen auch Grabsleben, Heiligenleichnam, Fuhrmannsruh, Evchensruh und Gustavsruh – Letzteres ein idealer Friedhof für Publizisten gleichen Vornamens …
Lukullisch Interessierte werden sich wohl fühlen in Bohnenburg, Butterberg, Datteln, Dinkelscherben, Fleischwangen, Knoblauch, Kuchen, Schmalzgrube, Speck und Wassersuppe.

Auch Modebewusste finden ihre Heimat, etwa in Lederhose, Oberhosenbach, (dazu passend:) Schlitz oder Weste.
Und wen das Fernweh packt, aber wer doch vor allzu viel Ferne scheut, der zieht einfach in das heimische Amerika, nach Dagobertshausen, Jerichow, Kanada, Neu Boston, Neuholland oder Troja.
Die Ortsangaben stammen aus dem amtlichen Postleitzahlenbuch, PLZ liegen vor.

Wem die Stunde schlägt

Deutschland und die MEZ

Wir schauen auf unsere funkgesteuerten Quarzchronometer, wir entnehmen die genaue Uhrzeit dem Fernsehapparat, die »Tagesschau« beginnt von Kiel bis Konstanz und von Aue bis Aachen um 20 Uhr. Eine einheitliche Zeit ist für uns so selbstverständlich wie eine einheitliche Währung.
Allerdings: Noch vor 150 Jahren waren Deutschland und Europa in Sachen Zeitmessung ein wahrer Flekkerlteppich, es herrschte im wahrsten Sinne des Wortes eine chronometrische Kirchturmpolitik. Denn jede Kirchturmuhr zeigte buchstäblich ihre eigene Zeit an.
Zwar gab es bereits damals Chronometer, die sekun-

den-, minuten- und stundengenau die Zeit anzeigten. Aber ihre Genauigkeit bezog sich auf die Technik, nicht auf die geographische Position ihrer Besitzer.
An der Geographie wiederum orientierte sich die Zeitmessung. Weil in Frankfurt an der Oder die Sonne früher am Zenit stand als in Frankfurt am Main, war es dort eher auch eher zwölf Uhr mittags als in der Apfelwein-Metropole. In vielen Staaten und Städten des alten Kontinents galt die Ortszeit.
Zur Urmutter einer einheitlichen Uhrzeit wurde die Eisenbahn. Das Schienennetz entwickelte sich deutschlandweit in rasantem Tempo. Deshalb brauchten die Züge einen allgemein gültigen Fahrplan, der sich nicht an wechselnden Ortszeiten orientierte.
Die fehlende »gemeinsame zeitliche Basis« war indes kein rein deutsches Problem. Noch bis 1893 hatten fast alle Staaten, Kleinstaaten und sogar Städte ihre eigene Uhrzeit. In Deutschland, immerhin seit 1871 unter Otto von Bismarck geeint, richteten sich die Eisenbahnen immer noch nach den mittleren Ortszeiten von Berlin, Köln, Frankfurt oder München, aber auch von Königsberg, Lübeck, Oldenburg, Gießen oder Elmshorn.
Auch Amerika hatte es in dieser Hinsicht nicht besser: Jenseits des Großen Teiches existierten 1873 noch 71 verschiedene Eisenbahnzeiten – was den Western »Zwölf Uhr mittags« mit seinem exakten *Timetable* in ein neues Licht rückt.
Die ersten Rufe nach einer universellen Einheitszeit kamen zwar aus den USA, die erste Reaktion aber aus dem Mutterland des *Common Sense*, nämlich England. Nachdem John Pond bereits 1833 in Greenwich (bei

London) den so genannten Zeitball installiert hatte, wurde am 1. Januar 1880 die mittlere Sonnenzeit von Greenwich (Greenwich Mean Time, GMT) per Gesetz als offizielle Zeit in Großbritannien erklärt. Vier Jahre später wurde auf der internationalen Meridiankonferenz die Universalzeit-Konvention mit den bis heute gültigen 24 Zeitzonen beschlossen.

In Deutschland reagierten die norddeutschen Eisenbahner als Erste: Sie einigten sich nach zähen Verhandlungen auf die Berliner Zeit als Maß für den inneren Dienst. Im Jahr 1890, also fast zwei Jahrzehnte nach der Gründung des Reiches, wurde in Deutschland auf Drängen der Eisenbahner ein Gesetz betreffend »die Einführung einer einheitlichen Zeitbestimmung« verabschiedet.

Bis die neue Zeit Einzug hielt, vergingen allerdings noch ein paar Jahre. Ab 1891 legten die Königreiche Bayern und Württemberg sowie das Großherzogtum Baden ihre jeweiligen Zeiten fest – höchst korrekt, äußerst partikularistisch, aber wenig praktikabel.

Denn für Bayern galt GMT plus 46 Minuten, für Württemberg GMT plus 37 Minuten und für Baden GMT plus 34 Minuten. Am 1. April 1893 war es dann so weit: Ganz Deutschland trat der Mitteleuropäischen Zeit (MEZ) bei, Bayern, Baden und Württemberg hatten diesen Schritt schon ein Jahr früher getan.

Auch in Österreich fuhr die Eisenbahn an der Spitze des chronometrischen Fortschritts und führte 1891 die MEZ ein. Viele Städte und die ländlichen Bezirke blieben allerdings bis auf Weiteres bei der jeweiligen Ortszeit.

Komplizierter gestaltete sich die Lage in der Schweiz: Die Eidgenossen führten 1894 im größten Teil die GMT plus 30 Minuten ein, in einigen französischsprachigen Regionen jedoch nicht.

Auch in den folgenden Jahrzehnten ist Zeit keine feste Größe in Europa geworden. So wechselten Staaten wie Frankreich, Belgien oder die Niederlande noch bis in die Zeit nach dem Zweiten Weltkrieg immer wieder ihre Zeitkonventionen – mitunter auch durch Krieg und Besatzung bedingt.

Holland orientierte sich bis 1892 an den Ortszeiten und führte danach die GMT plus 19 Minuten 32 Sekunden (!) ein – exakter geht es kaum. Die Eisenbahn hielt sich derweil an die GMT. Ab Sommer 1937 galt GMT plus 20 Minuten, ab 1940 die MEZ.

Selbst im Mutterland der GMT, im Vereinigten Königreich, hüpften die Zeiger nach 1880 noch öfters nach vorn oder hinten. Nordirland übernahm, nach einem kurzen Gastspiel 1916, erst 1945 wieder die GMT.

Während des Ersten Weltkriegs war in Deutschland erstmals so etwas wie eine Energiekrise zu spüren. Als Konsequenz wurde die Sommerzeit eingeführt: zunächst 1916 um eine Stunde Veränderung, 1917 um zwei Stunden und 1918 wieder um eine Stunde.

Nach dem Waffenstillstand Ende 1918 stellten die Menschen in der französisch okkupierten Zone bzw. in den Städten Mainz, Koblenz, Köln, Wiesbaden und Mannheim – dem Vorbild der Besatzungsmacht folgend – auf die GMT um. Ab April 1927 galt die MEZ schließlich wieder für ganz Deutschland.

Die nationalsozialistischen Machthaber führten im

Zweiten Weltkrieg ab 1940 erneut die Sommerzeit mit einer Veränderung um eine Stunde ein. Wobei das Wort Sommerzeit nicht ganz korrekt ist: Denn der »Sommer« dauerte immerhin vom 1. April 1940 bis zum 2. November 1942.

Nach Kriegsende galt für Berlin und die Sowjetisch Besetzte Zone (SBZ) eine Sommerzeit, die vom 24. Mai bis 24. September 1945 um zwei Stunden und bis 18. November 1945 um eine Stunde verschoben war. Alle vier Besatzungszonen richteten sich dann von April 1946 bis Oktober 1949 nach einer gemeinsamen Zeit, inklusive gemeinsamer Sommerzeit.

Im Jahr 1947 mussten die Deutschen ihre Uhren gleich viermal umstellen: von der Normalzeit auf Sommerzeit eins (mit einer Stunde Veränderung), dann am 11. Mai auf Sommerzeit zwei (zwei Stunden Veränderung), Ende Juni wieder auf Sommerzeit eins und schließlich Anfang Oktober wieder auf Normalzeit.

Die MEZ wurde offiziell in der Bundesrepublik Deutschland am 29. September 1949 und in der Deutschen Demokratischen Republik am 7. Oktober 1949 eingeführt. Seit 1980 werden in Deutschland im Frühjahr die Uhrzeiger um eine Stunde vorwärts auf Sommerzeit und im Spätherbst wieder zurück gestellt. Nach einem Vierteljahrhundert scheinen sich trotz allerlei anfänglicher Skepsis und Kritik sowohl Menschen wie auch Tiere an diese Regelung gewöhnt zu haben. Allerdings: Die Hähne krähen weiterhin dann, wenn die Sonne aufgeht – egal, was die Uhr gerade anzeigt.

Blitz-Tipps

Was tun bei Gewitter?

Zum Glück leben die Erfinder mancher so genannter Volksweisheiten nicht mehr. Wäre es anders, müssten sie mit Regressansprüchen in Millionenhöhe oder gar lebenslanger Sicherheitsverwahrung rechnen wegen leichtsinniger oder fahrlässiger Ratschläge.
An erster Stelle der Delinquenten stünde wohl der Schöpfer des sinnigen Spruches: »Vor Eichen sollst du weichen, Buchen sollst du suchen.« Viele derjenigen, die diesem Rat folgten, konnten der Nachwelt leider nicht mehr berichten, dass er falsch war. Sie wurden vom (Blitz-)Schlag getroffen, und zwar tödlich.
Allerdings ist die Gefahr, Opfer eines solchen »Elektroschocks« zu werden, relativ gering. Denn alljährlich werden zwar in Deutschland etwa 75 000 Einschläge gezählt. Dem stehen rund ein Dutzend Menschen gegenüber, die dabei ihr Leben verlieren. Die meisten Blitzentladungen finden übrigens zwischen den Wolken selbst statt und erreichen niemals den Erdboden.
Zur Rehabilitierung des Blitzes sei gesagt, dass es dereinst womöglich Blitze waren, die durch ihren Einschlag in die »Ursuppe« hier auf Erden die ersten organischen Moleküle, also das erste Leben hervorbrachten. Dies vermuten jedenfalls die Evolutionsforscher. Somit wären wir alle »Kinder des Blitzes«. Weniger bedrohlich macht ihn das nicht.
Der Blitz besteht aus unvorstellbar vielen Elektronen, die sich ihren Weg durch die Luft suchen, um negative und positive Ladungen auszugleichen. Könnten wir

diese Elektronen in nutzbare Energie umwandeln und speichern, hätte die Menschheit künftig Strom im Überfluss. Dass dies jemals gelingen wird, ist allerdings wenig wahrscheinlich.
Jedenfalls suchen sich die Elektronen einen möglichst kurzen Weg zur Erde und schlagen bevorzugt am höchsten Punkt ein. Dies kann ein Gebäude, ein Baum oder eben auch ein Mensch sein. Beim Einschlag jagen dann einige 100000 Ampere in die Erde. Noch im Umkreis von 20 Metern fließt Strom durch den Boden. Befindet sich ein Mensch in diesem so genannten Spannungstrichter, dann überbrückt er die Spannung in dem Maße, wie weit seine Füße auseinander stehen. Diese Schrittspannung kann einen gefährlichen Stromstoß durch den Körper treiben, der zu schweren Verletzungen, vorübergehender Lähmung und manchmal zum Tod führt.
Der Donner ist nur die »Begleitmusik« des Blitzes und nicht gefährlich. Durch die Bewegung der Elektronen entsteht Reibung. Diese wiederum erhitzt die Luft, die den Blitzverlauf umgibt, so stark, dass sie sich explosionsartig ausdehnt. Es knallt, in weiterer Entfernung hört man ein Grollen.
Der Donner verrät uns übrigens, in welcher Entfernung der Blitz eingeschlagen ist und wo sich das Gewitter befindet. Die Faustregel lautet: Die gezählten Sekunden zwischen Blitz und Donner durch drei teilen, das Ergebnis ist die Distanz in Kilometern.
Die meisten Begegnungen der elektronischen Art zwischen Mensch und Blitz finden im Gebirge oder auf freiem Feld statt. Vor allem im Hochsommer muss

man an schwülen und heißen Tagen mit Gewittern rechnen. In den Bergen kommen – und gehen – sie in Windeseile. Gerade noch blauer Himmel und Sonnenschein, kann es kurze Zeit später blitzen, donnern und regnen.

Was tun, wenn es »gewittert«? Zunächst einmal: Keine Buchen suchen, trotzdem vor den Eichen weichen und die Weiden meiden! Im Sommer gilt: Raus aus dem See, Fluss oder Schwimmbad! Runter vom Fahrrad! Ist ein Gebäude, etwa eine Hütte oder ein Schober in der Nähe, sollte man sich dort unterstellen. Erstens bleibt man trocken, zweitens bietet auch ein Gebäude ohne Blitzableiter einen besseren Schutz als gar kein Gebäude.

Dasselbe gilt für Autos. Sie bilden einen Faraday'schen Käfig, in dem man sicher und trocken sitzt. Gerade motorisierte Camper sollten bei einem Gewitter ihr Zelt verlassen und Zuflucht im geschlossenen PKW suchen.

Fern von Gebäuden und geschlossenen fahrbaren Untersätzen, also auf dem freien Feld, muss man sich »klein machen«. Das heißt: In die Hocke gehen, die Füße zusammen lassen, die Beine umschlingen und das Gewitter vorbeiziehen lassen. Denn in Kauerstellung wird man vom Blitz gewissermaßen »übersehen«, wenn er auf die Erde niedergeht. Den Boden sollte man – deshalb Hacken zusammen! – nur an einem Punkt berühren, um die Schrittspannung zu verhindern. Ideal ist eine Erdmulde, die aber nicht überschwemmt sein darf.

Nicht flach auf den Boden legen – dies ist bei strömendem Regen ohnehin nur von begrenztem Reiz. Zu

anderen Menschen, größeren Tieren wie Kühen oder Pferden, abgestellten Zweirädern oder Metallzäunen sollte man Abstand halten.
Im Wald ist es naturgemäß nicht einfach, Bäume zu meiden. Hier ist es sinnvoll, eine nahe Lichtung aufzusuchen. Findet man keine, sollte man darauf achten, dass die Bäume, die einen umgeben, etwa gleich hoch sind und zu ihnen so viel Abstand wie möglich halten.
Im Gebirge gelten besondere Regeln, weil die Qualität der Gewitter dort eine andere ist. So sollten Bergsteiger vor jeder Tour den Wetterbericht hören, nachmittags und abends ist die höchste Gewitterwahrscheinlichkeit. Wenn zwischen Blitz und Donner weniger als dreißig Sekunden Abstand liegen, heißt es: höchste Vorsicht! Große Gefahr besteht beim Klettern oder beim Aufenthalt auf Gipfeln und Graten. Auch Eisenteile wie Gipfelkreuze, Metallsteige oder Drahtseile ziehen den Blitz an. Metallische Gegenstände am Körper und im Rucksack erhöhen das Risiko, deshalb besser in einiger Entfernung ablegen. Handys und Funkgeräte ausschalten! Zelte bieten keinen Schutz, besser sind größere Felshöhlen oder Mulden. Um sich vor Kriechströmen zu schützen, sollte sich der Alpinist auf trockene Rucksäcke oder Seile setzen – falls noch vorhanden.
Wer sich also an bestimmte Regeln hält, hat auch in der freien Natur gute Chancen, körperlich den elektrisch geladenen Heimsuchungen der Götter Zeus (Griechenland), Jupiter (Rom) oder Thor (Germanien) zu entgehen. Gefahr droht indes an einer anderen Front, wenn auch nicht unbedingt Gefahr für Leib und Leben.

Immer wieder werden Geräte wie etwa Computer bei Blitzeinschlägen durch Überspannungsschäden in Mitleidenschaft gezogen. Normalerweise gilt: Schadensersatz gibt es nur, wenn der Gegenstand direkt getroffen wird oder – im Falle von Überspannungsschäden – der Blitz in unmittelbarer Nähe einschlägt. Wer also im Haus oder Büro hochwertige Rechner stehen hat, sollte eventuelle Schäden über seine Hausratversicherung zusätzlich abdecken.
Und er kann gewissermaßen zum Trost daran denken, was der Blitz in den antiken Mythologien bedeutet: Die Götter wollten uns Menschenkindern nicht nur drohen, sondern auch Versöhnung signalisieren. In der Tat wirkt ja sowohl in der Natur wie auch gelegentlich in menschlichen Beziehungen ein Gewitter durchaus reinigend und wohltuend auf die allgemeine Atmosphäre.

Kaffeefilter, Currywurst, Aspirin

Erfinderisches Deutschland

Wahrscheinlich fing es schon mit dem Buchdruck mit beweglichen Lettern an, den der Mainzer Johannes Gensfleisch, auch genannt Gutenberg, gegen 1450 unter die europäische Menschheit brachte und damit Bildung und Wissen demokratisierte. Doch

auch in späteren Jahrhunderten bewährten sich Menschen aus dem Volk der Dichter und Denker als pfiffige und praxisnahe Tüftler, deren Produkte unser Alltagsleben bereichern oder erleichtern.
Es gab Zeiten, da war der VW-Käfer das meistverkaufte Auto der Welt. Aber auch an Platz zwei steht ein deutsches Fabrikat, umweltfreundlich und – nahezu! – ungefährlich: der Bobbycar. Seit dessen »Stapellauf« 1972 hat sein Erfinder Ernst Bettag weltweit mehr als 15 Millionen Exemplare verkauft. Damit wurde es zum bestverkauften Kinderfahrzeug aller Zeiten. Und im Gegensatz zu dem großen buckeligen Bruder aus Wolfsburg erfreut sich der – meist rote – Rutscher in seiner Originalversion immer noch ungebremster Popularität. So ganz nebenbei freuen sich auch die Schuhgeschäfte. Denn der ökologisch korrekte Antrieb per kindlicher Muskelkraft hat seinen Preis: Die Schuhe verschleißen deutlich schneller als der Plastikflitzer, nur wenige Kilometer legen den »großen Onkel« der kleinen Füßchen frei.
Auch ein anderes Instrument, um Kinder glücklich und vor allem ruhig zu machen, ist deutscher Herkunft: der Schnuller. Die Idee an sich ist uralt, schon in früheren Zeiten wurden kleine Beutelchen aus Stoff mit Honig oder Mohn gefüllt bzw. gelegentlich auch mit Wein oder Schnaps getränkt, um den Kindern und ihren gestressten Eltern einen süßen Schlaf zu verschaffen. Aber derlei Brutalo-Sauger führten zu oft zu Fehlstellungen der Zähne oder Missbildungen des Gaumens – von anderen Schäden ganz abgesehen. Also kamen 1949 zwei deutsche Zahnmediziner, Adolf

Müller und Wilhelm Balters, auf die Idee, einen Schnuller zu entwickeln, der sich an die Gaumenform des Kindes anpasst. Sie erfanden den zahn- und kiefergerechten Beruhigungssauger aus Gummi.

Wer bis ins frühe 20. Jahrhundert Kaffee genoss, musste damit rechnen, mit dem Muntermacher auch den Bodensatz zu schlürfen. Eine Hausfrau aus Dresden, Melitta Bentz, hatte 1908 eine Inspiration, als sie das Löschblatt ihres Sohnes sah. Sie nahm einen alten Topf, klopfte mit Hammer und Nagel eine Reihe Löcher hinein, legte dann das Löschblatt darüber und schüttete den Kaffee drauf – einfach, genial. Der Kaffeefilter und der Kaffeefilterhalter waren geboren, und mit ihm auch der Name des Systems, das bis heute »das Beste aus Ihrem Kaffee« holt.

Die Kräuterfrauen früherer Zeiten wussten, dass ein Sud aus Weidenrinde gegen Fieber und Schmerzen hilft. Dies veranlasste den deutschen Chemiker Felix Hoffmann dazu, den entsprechenden Wirkstoff synthetisch herzustellen. Dies gelang ihm 1897 mit der Acetylsalicylsäure (ASS), die er Aspirin nannte. Es wurde zu einem der erfolgreichsten und meistverkauften Arzneimittel der Welt und reduziert »ganz nebenbei« auch noch das Herzinfarktrisiko.

Eine der prominentesten deutschen Tugenden ist bekanntlich die Ordnung, vor allem im Büro(kratischen). Über Jahrhunderte war das Problem nicht zu lösen, amtliche und geschäftliche Korrespondenzen gleichzeitig fest gebunden und dennoch flexibel zu handhaben. Das war die Chance für den Württemberger Louis Leitz. Er schuf 1896 den nach ihm benannten

Ordner, der nachfolgend und weltweit ganze Generationen von Bürokraten in ihrem spezifischen Triathlon *Lochen–Heften–Ablegen* zu ungeahnten Meisterleistungen animierte. Aber auch gewöhnliche Zeitgenossen wie Sekretärinnen und Familienväter machte er glücklich. Und selbst wenn das schon seit Jahrzehnten annoncierte »papierlose Büro« einmal Realität werden sollte – Leitz bleibt!

Der Hand- und Heimwerker kennt es, vor allem aus Altbauten. Man bohrt ein Loch in die Wand, um eine Schraube einzudrehen – und es rieselt, weil dereinst ein Bauherr mit dem Zement gespart hatte. Früher behalf man sich mit Holzstückchen oder Metalldübeln mit Hanfkern, seit 1958 hilft uns die Erfindung des Artur Fischer aus Waldachtal. Er entwickelte den nach ihm benannten Dübel in unterschiedlicher Größe, bestehend aus einem einseitig geschlossenen Plastikröhrchen, das sich beim Eindrehen der Schraube aufspreizt und mit einer Art Widerhaken im Bohrloch haftet. Mittlerweile stellt das Unternehmen sieben Millionen Dübel aller Klassen und Größen her – am Tag. So »nebenbei« brachte Fischer 1965 auch noch die *Fischertechnik* unter die Jugend der Welt.

Es war nicht nur Glück oder Können oder die Taktik Sepp Herbergers, das den Deutschen 1954 beim »Wunder von Bern« die Fußball-Weltmeisterschaft bescherte. Zwei weitere Faktoren halfen: zum einen der Wettergott, der es am Endspieltag regnen ließ, und zum anderen die neu entwickelten Stollen von Adolf »Adi« Dassler, die in die Sohlen der Fußballschuhe eingeschraubt wurden. Sie waren schlanker als die Vorläufer-Stollen, die dazu noch an knöchelhohe und mit Stahlkappen versehene Schuhe angenagelt waren. Dadurch konnten die Schraubstollen tiefer in den Boden eindringen und gaben den Kickern mehr Halt, vor allem auf regennassem Rasen. Das Wetter und die Idee Dasslers kamen zusammen, und Helmut Rahn und seine Kameraden nutzten ihre Chance. Auch der Erfinder profitierte von seiner Idee: Seine Firma Adidas mit Sitz in Herzogenaurach spielt mehr als fünf Jahrzehnte nach Bern immer noch in der allerersten Liga der Sportartikelhersteller.

Aber nicht immer bringt Regen auch Segen, so manchem Zeitgenossen tropft bei schlechtem Wetter die Nase. Früher half man sich mit Stofftaschentüchern. Die waren bei starken Schnupfen bald vollgeschnäuzt, zum anderen mussten sie gewaschen werden. Ein »Einweg«-Taschentuch war gefragt. Das erste Patent für Papiertaschentücher ging 1894 an die Papierfabrik G. Krum aus Göppingen, ihr eigentlicher Siegeszug begann aber erst 1929. Damals ließen sich die Vereinigten Papierwerke Nürnberg die Erfindung eines Papiertaschentuchs aus hundertprozentigem Zellstoff patentieren und zugleich den Namen »Tempo« schützen. Seitdem ist das Tempo-Tuch zum Synonym für Papiertaschentücher geworden.

Was andernorts die Pizza, der Döner oder der Hotdog, ist hierzulande die Currywurst. Selbst jene Bundeskanzler, die sonst eher auf extravaganten Lebensstil achten, sollen sie dem Vernehmen nach schätzen. Unter die Leute gebracht wurde die Wurst mit der exotischen Sauce von Herta Heuwer in Berlin bereits 1949, womit sie so alt wie die Bundesrepublik ist. Zehn Jahre später ließ sie sich ihre Erfindung auch patentieren. Derzeit werden jedes Jahr bundesweit rund 800 Millionen Würste verspeist, das macht im statistischen Schnitt zehn Stück pro Bundesbürger – Babys und Vegetarier eingeschlossen. Das Originalrezept für ihre Spezialsoße hat Herta Heuwer, die 1999 starb, allerdings mit ins Grab genommen.

Zwei weitere Erfindungen kommen aus Süddeutschland: Die Kuckucksuhr, vor allem für ausländische Touristen das deutscheste aller deutschen Produkte, wurde zuerst wahrscheinlich um 1740 von Franz Ketterer im Schwarzwald entwickelt. Im Jahr 1876 baute Carl von Linde in München den mit Ammoniak arbeitenden Kühlschrank, der dann seinen Siegeszug um die ganze Welt antreten sollte.

Indes haben alle heimischen Erfindungen die deutschen, europäischen oder gar globalen Märkte erobert. Einigen, wie dem beleuchteten Stopfei, war keine große Karriere vergönnt – trotz des großen Namens seines Schöpfers. Er war zunächst Kölner Oberbürgermeister, später Bundeskanzler, und hieß Konrad Adenauer.

Noblesse oblige

Adel hierzulande

Die Rede ist von etwas, was es eigentlich nicht mehr gibt. Denn als besonderer Stand mit besonderen Privilegien wurde der Adel 1919 im Artikel 109 der Weimarer Verfassung abgeschafft. Gleichwohl leben und überleben Dutzende von Zeitschriften dank ihrer Berichterstattung über heimische und europäische Aristokraten.

Wir gewöhnlichen Bürgerlichen assoziieren Adel mit stilsicherem Auftreten, mit verfeinertem Lebensstil, mit Traditionspflege, mit exklusivem Multikulti – jedenfalls mit Elite. Im Auswärtigen Amt, aber auch in den Vorstandsetagen deutscher Großbanken und Konzerne sind Aristokraten noch sehr prominent repräsentiert. Daneben gibt es rund zwei Dutzend adelige Häuser, die als erfolgreiche Wirtschaftsunternehmen arbeiten.

Dennoch sind unsere Gefühle gegenüber dem Adel fast ausschließlich positiv besetzt. Keiner denkt heutzutage mehr an grausame Burgherren, die ihre Bauern piesacken, oder an dünkelhafte Perückenträger, die kraft ihres Standes das aufstrebende Bürgertum von der politischen Macht wegbeißen. »Sie sind so harmlos geworden, dass man sie wieder gern zu haben beginnt« – so der Historiker und Schriftstellersohn Golo Mann. Auch dann – und vielleicht sogar deswegen –, wenn sie sich in Benimm- und Herzensfragen gelegentlich ebenso wie ihre bürgerlichen Zeitgenossen verhalten.

Adel ist indes nicht gleich Adel, Hierarchien spielen eine große Rolle – immer noch. Das »Genealogische

Handbuch des Adels«, das 1951 dem klassischen »Gotha« folgte, unterscheidet nach fürstlichen, gräflichen, freiherrlichen und adeligen Häusern. Über Rangfragen und Titelführungsrechte gibt ein Deutscher Adelsrechtsausschuss verbindliche Auskunft.

Ganz einfach ist die Nomenklatur der deutschen Aristokraten nicht. So gibt es Grafen, die im Rang höher stehen als Fürsten. Zu den wesentlichen Kriterien gehört das Alter des Geschlechts. Denn es macht einen Unterschied, ob ein Aristokrat seinen Stammbaum auf Karl den Großen zurückführen kann oder kurz vor Ende des Ersten Weltkriegs wegen »bürgerlicher« Verdienste geadelt worden ist. Zu den letzten Familien, denen das begehrte »von« verliehen wurde, gehören übrigens die Weizsäckers. Ausgesprochen ungern sieht man in Adelskreisen Parvenus, die ihre Nobilitierung durch »Adoption« erreicht haben – vor allem, wenn dabei profanes Bares geflossen ist.

Beim »alten« Adel spielt eine Rolle, ob seine Mitglieder weiland einmal über Territorien und dort vielleicht sogar über die Gerichtsbarkeit und ähnliche Privilegien verfügt haben. Außerdem ist von Bedeutung, in welchem Verhältnis sie zu dem jeweiligen höheren Landesfürsten standen oder ob sie gar direkt dem Kaiser untertan waren.

An oberster Stelle der Adelshierarchie stehen die Nachfahren der einstigen Könige von Preußen (bei dem auch erblich die Würde des Deutschen Kaisers lag), von Bayern, Sachsen und Württemberg. Dem folgen die Großherzöge (Baden, Hessen, Mecklenburg-Schwerin, Sachsen-Weimar, Mecklenburg-Strelitz und

Oldenburg) und Herzöge (Braunschweig, Sachsen-Meiningen, Sachsen-Altenburg, Sachsen-Coburg und Gotha und Anhalt). Ganz oben tummelt sich auch das Hannover'sche Welfen-Geschlecht.

Unterhalb der Herzöge stehen die Fürsten – ein rechtlich etwas umstrittener Titel, wie auch Gloria von Thurn und Taxis erfahren musste. Denn einerseits sieht das deutsche Namensrecht den Titel »Fürst« (als Namensbestandteil) nicht mehr vor. Deshalb steht in den Papieren vieler adelsrechtlicher Fürsten lediglich »Prinz«. Andererseits sind einige bundesdeutsche Gerichte der Auffassung, dass adelsrechtlich befugte Titelträger den Namen auch in ihren amtlichen Dokumenten eintragen lassen dürfen, wenn der Titel allgemein von der ortsansässigen Bevölkerung akzeptiert wird. Ob ein Familienoberhaupt beim Tod des Vorgängers vom Prinzen zum Fürsten wird, hängt somit vom Wohlwollen der Behörden ab. Im Übrigen steht das englische oder französische »prince« nicht für das deutsche »Prinz«, sondern entspricht dem »Fürst«: Der mögliche britische Thronfolger Charles ist als »Prince of Wales« also »Fürst von Wales«.

Der Titel »Prinz« ist heute im deutschen Hochadel weit verbreitet. So führen ihn die Chefs der Häuser Preußen und Hannover. In Bayern wird unterschieden zwischen der königlichen Linie, in der die Chefs des Hauses »Herzog *von* Bayern« heißen, und der herzoglichen Linie, die vom »Herzog *in* Bayern« angeführt wird. Der Märchenregent Ludwig II. war königlichen Geblüts, seine Cousine Elisabeth (»Sissi«) nur herzoglicher Abstammung.

Eine Rang-Etage tiefer stehen die Grafen. Von den »gewöhnlichen« Grafen unterscheiden sich allerdings die Markgrafen (von Baden) und Landgrafen (von Hessen). Sie gehören zu den höchsten deutschen Adeligen und werden mit »Königliche Hoheit« angesprochen. Danach kommen die ehemaligen reichsunmittelbaren Grafen, die einst direkt dem Kaiser unterstanden. Eine dritte Kategorie bilden die so genannten landsässigen Grafen, die einem Territorialherrn wie etwa dem Herrscher von Bayern untertan waren.

Zum niederen Adel gehören Barone und Freiherren. Die meisten »echten« Barone stammen aus dem deutsch-baltischen Adel oder aus dem ehemaligen Habsburger-Reich. Freiherren gab es außerhalb des Heiligen Römischen Reiches nicht. Deshalb werden sie in anderen europäischen Ländern meist auf eine Stufe mit Baronen gestellt. Auch in Deutschland werden Freiherren umgangssprachlich oft Baron genannt. Die Gattin des Freiherrn ist die Freifrau, seine Schwester ist Freiin.

Rechtlich gesehen werden sowohl Adelsprädikate wie das »von« als auch Adelstitel wie »Freiherr« nur als Namensbestandteile geführt. Gleichwohl ist die korrekte Anrede in mündlicher oder schriftlicher Form nicht immer einfach. Denn die traditionellen Anredeformen sind eben nicht ein fester Namenbestandteil, sondern hängen ab von der persönlichen Einstellung und dem Taktgefühl des »bürgerlichen« Dialogpartners.

Wer der Meinung ist, dass er mit einer traditionellen

Anrede nicht seine republikanische Gesinnung verbiegt, spricht die Mitglieder der ehemals fünf regierenden Königshäuser (Preußen, Bayern, Sachsen, Württemberg sowie Hannover) mit »Königliche Hoheit« an. Auch den Nachkommen der früheren Großherzöge von Hessen, Baden und Oldenburg darf man sich dergestalt nähern.

Im Rang darunter, aber seltener ist die Anrede »Hoheit«, die etwa für den Prinzen von Schleswig-Holstein oder den Fürsten von Hohenzollern angemessen ist.

Verbreiteter ist die Anrede »Durchlaucht«, mit der man an die Familien der ehemaligen deutschen Fürstentümer herantritt. Nach Angaben aus Adelskreisen macht der Bürgerliche nicht viel falsch, wenn er Gesprächs- oder Briefpartner aus dem höheren Adel mit »Durchlaucht« tituliert. Seltener ist der Titel »Erlaucht«, der nur jenen Grafenhäusern zusteht, die dereinst souveräne Reichsgrafen waren.

Freiherren oder Barone spricht man am besten mit »Herr von X« an, ihre Gattin mit »Frau von X«. Auf Anreden wie »Herr Graf« sollte man verzichten, üblich ist »Graf X«.

Eigene Erfahrungen haben gezeigt, dass Aristokraten in derlei formalen Fragen sehr nachsichtig sind. Dies befreit nicht von der Pflicht eines respektvollen Umgangs, Witzchen mit Namen sind wenig angebracht. Aber dies sollte gegenüber Adeligen und Bürgerlichen gleichermaßen gelten.

Von Bismarck nach Engels

»Deutsche« Städte in den USA und Russland

Die Frage, ob Deutschland ein Einwanderungsland ist oder nicht, ist seit langem Thema der gesellschaftlichen und politischen Diskussion – wenn auch bisher ohne wirklich befriedigendes Ergebnis. Vergessen wird dabei gelegentlich, dass Deutschland noch vor nicht allzu langer Zeit auch ein Auswanderungsland war.

An vielen Plätzen dieser Erde findet man Menschen, deren Vorfahren einst in Hessen, Schwaben oder Mecklenburg gelebt und irgendwann ihre Heimat verlassen haben – manchmal aus Abenteuerlust, oft wegen politischer Bedrückung, aber meist aus schierer Not und Notwendigkeit. Fast immer war es ein Abschied auf Nimmerwiedersehen.

So verließen zwischen 1800 und 1850 etwa zwei Millionen Menschen das Gebiet, das später unter Otto von Bismarck zum Deutschen Reich vereinigt werden sollte. Dies waren zwischen sieben und zehn Prozent der Bevölkerung, und zwar die Jüngeren und Energischen. Von 1850 bis zur Reichsgründung 1871 machten sich weitere zweieinhalb Millionen Deutsche auf den Weg in eine erhoffte bessere Zukunft. Und auch nach 1871 ebbte die Auswanderung nicht ab. In 15 Jahren der Periode zwischen 1850 und 1900 lag sie jeweils bei mehr als 100 000 Emigranten, 1854, 1881 und 1882 wurde sogar die 200 000-Marke überschritten.

Der größte Teil dieser Menschen landete auf seiner Suche nach einem Leben jenseits der sozialen Enge

und ohne Fürsten in den Vereinigten Staaten. Dort wartete niemand auf die Neuankömmlinge, sie mussten sich selber durchschlagen. Schon die Überfahrt über den Atlantik auf schwimmenden Seelenverkäufern kostete unzählige Menschenleben.
In den Gebieten südlich und südwestlich der Großen Seen bildeten sie bald die Mehrheit der Siedler. Als tüchtige Bauern und Handwerker waren sie willkommen. Ihre Nachkommen werden mittlerweile nur noch durch ihren Familiennamen und eine gelegentliche stille Sehnsucht nach Neuschwanstein oder Oktoberfest an das Land ihrer Vorfahren erinnert.
Wer in den USA in dem Dreieck Detroit–Minneapolis–St. Louis mit dem Auto unterwegs ist, kann sich manchmal wie auf deutschen Autobahnen fühlen. Da wimmelt es von Berlins und Frankfurts/Frankforts, von Hamburgs und Hanovers (mit einem »n«!), von Stuttgarts, Ulms und Neu-Ulms. Dresden und Bremen, Kiel und Stettin sind ebenso vertreten wie Potsdam und Heidelberg.
Auch kleinere Städte kamen zu ihrem Recht, wenn auch gelegentlich nicht in perfekter deutscher Rechtschreibung. Da tummelt sich Altona neben Altoona, mehrere Brunswicks (Braunschweigs) stehen in relativer Nachbarschaft zu Offenburg oder Baden. Es gibt Coburg und Minden, Pyrmont und Bethel. Auch Hessen ist stark vertreten, von Fulda über Bebra bis nach Hohensolms, Geismar und Waldeck – die letzteren drei Städte übrigens im Großraum New Orleans.
Und auch wenn das ostpreußische Tilsit heute nicht mehr unter diesem Namen existiert: Es gibt immer

noch ein Tilsit am Mississippi. Nicht weit von dessen Bruderfluss Missouri liegt Strasburg, auch Colmar und sogar Sedan erinnern an Elsass-Lothringen.
Daneben fanden auch größere territoriale Einheiten der alten Heimat ihren Niederschlag. Westphalia ist mehrfach vorhanden, selbst Friesland, Nassau und Holstein kommen vor. An die großen Söhne Deutschlands erinnern mehrere Bismarcks, Humbold(t) und Steuben – Letzterer im jungen Amerika eine größere militärische Begabung als zu Hause in Old Europe.
Selbst in großen Städten hat sich das deutsche Erbe erhalten. So heißt die Mensa der University of Michigan in Madison immer noch Stiftskeller, der Besucher kommt sich vor wie in einem überdimensionalen »Auerbachs Keller«. An die Wand sind auf Deutsch und in Frakturschrift Schilder wie »Hopfen und Malz, Gott erhalts« oder »Würstel mit Kraut – 25 Pfennig« aufgemalt. Bier wird allerdings keines (mehr) ausgeschenkt. Stattdessen verteilen Studenten Flugblätter, in denen sie die Politik ihres Präsidenten kritisieren. Sie heißen immer noch Hildebrandt und Engelhardt, Schultz oder Balzer. Aber sie fühlen sich als hundertprozentige Amerikaner, sie und ihre Familien sind längst »angekommen«.
Im Gegensatz dazu sitzen die Hildebrandts und Engelhardts in Russland und Kasachstan auf gepackten Koffern – wenn sie nicht schon längst wieder in Deutschland gelandet sind. Ihre Vorfahren waren einst auf Einladung des Hofes in St. Petersburg gekommen. Nach anderthalb Jahrhunderten relativer Ruhe und Sicherheit waren sie im Ersten, vor allem aber im Zweiten

Weltkrieg und danach zwischen die unbarmherzigen Mühlsteine der Geschichte geraten.

Es war eine Zarin deutscher Abstammung, die im 18. Jahrhundert die Bauern und Handwerker im übervölkerten Deutschland aufgefordert hatte, sich im frisch eroberten Süden des Russischen Reiches anzusiedeln. Katharina II. (»die Große«) lockte mit Ländereien ohne Frondienste, freier Religionsausübung, niedrigen Steuern und dem Verzicht auf Einberufung zum Militärdienst.

Bei Ausbruch des Ersten Weltkriegs lebten über zwei Millionen Deutsche im Russischen Reich: anderthalb Millionen Nachkommen der von Katharina ins Land geholten Siedler, knapp eine halbe Million Deutsche in den Städten sowie 200 000 Balten-Deutsche im Nordwesten des Landes.

Daher ist die große Anzahl deutscher Kolonien und Siedlungen, die auch deutsche Namen trugen, nicht verwunderlich. Sie erinnerten an Herrscher und Heilige, oft auch an die alte Heimat. Manchmal waren sie auch naiver Ausdruck der Sehnsucht nach einer besseren Welt.

Es gab ein Alexandertal an der Wolga und ein Andreasfeld am Don. Im Gouvernement Cherson existierten Mannheim und Baden, im Gouverment Petersburg lag ein Frankfurt, im heutigen Gebiet Dnjepropetrowsk (damals noch Jekaterinoslaw), ein Wiesenfeld und ein Gnadenfeld-Halbstadt. Im Gouvernement Taurien in der südlichen Ukraine konnte man Kassel und Hoffnungstal, Neukirch, Muntau, Neu-Montal, Blumenort, Liebenau, Schönfeld, Rudnerweide und Waldorf finden.

An die Zarin, die einst die Deutschen eingeladen hatte, erinnerten Katharinenhof (russisch: Jekaterinowka), Katharinenstadt und Katharinental. Auch Kronsgart, Kronsgarten und Kronsweide, Alexanderhilf sowie Nikolajtal und Nikolajfeld verrieten die Loyalität und Dankbarkeit der deutschen Bewohner zu den russischen Herrschern.

Nach der Oktoberrevolution 1917 änderten sich auch die Städtenamen: Im Wolgagebiet erhielten die Deutschen im Januar 1924 eine Autonome Sozialistische Sowjetrepublik mit der Hauptstadt Engels (früher Pokrowsk). Dem anderen kommunistischen Urvater wurde Marxstadt gewidmet. Das frühere Friesendorf am Fluss Dnjepr erfuhr eine Umbenennung in Stalindorf. In der Republik wurde Deutsch zur Amtssprache, auch die bei Kriegsausbruch 1914 abgeschafften deutschen Ortsnamen durften wieder eingeführt werden.

Nach dem deutschen Überfall auf die Sowjetunion im Juni 1941 wurde die Wolgarepublik praktisch aufgelöst. Ihre rund 400 000 Einwohner sowie die meisten der noch verbliebenen Russlanddeutschen außerhalb der Wolgarepublik wurden nach Kasachstan und Sibirien deportiert, Zehntausende starben dabei. Zwar sprach Parteichef Nikita Chruschtschow nach dem Tod Iosif Stalins die Russlanddeutschen 1955 von dem Vorwurf der Kollaboration mit Hitler-Deutschland frei. Eine territorial-administrative Heimat haben sie nicht mehr erhalten.

Mal verboten, mal beliebt

Die Geschichte des Weißbiers

Der Trunk polarisiert. *Eine* Partei der Biertrinker schätzt ihn gleichsam als gehopften Champagner, die andere würde dagegen lieber Limonade trinken. Gleichwohl hat das einstige bayerische Regionalgetränk schon seit Jahren den Rest der Republik erobert, als einzige Biersorte legt es kontinuierlich zu. Der Preis der wachsenden Popularität ist allerdings hoch: Im Sommer 2005 wurde ein ukrainischer Weißbierbrauer gar »Weltmeister« in dieser Sparte – noch vor den deutschen Wettbewerbern.

Weißbier ist zwar nicht so alt wie die Menschheit, bringt es aber auf stattliche fünfeinhalb Jahrtausende. Auf einer Vase aus dem Jahr 3400 vor unserer Zeitrechnung, die im Zweistromland gefunden wurde, sieht man zwei frühirakische Damen Bier mittels Stroh- oder Schilfhalm picheln. Weizenähnliches Getreide war damals weit verbreitet. Der Verdacht ist historisch bestätigt, dass man daraus auch »flüssiges Brot« gemacht hat.

Um aber empfindsame bajuwarische Gemüter nicht allzu sehr zu erschüttern: Das Weißbier, wie wir es kennen, stammt aus dem Herrschaftsbereich der Wittelsbacher.

Zunächst ein paar Fakten: Weißbier, auch als Weizenbier bekannt, ist obergärig. Dies heißt, es wird mit obergäriger Hefe aus Weizenmalz (etwa zwischen 50 und 70 Prozent) unter Mitverwendung von Gerstenmalz hergestellt. Die obergärige Hefe unterscheidet sich sichtbar von der untergärigen dadurch, dass sie beim Brauen im Verlauf der Gärung an die Oberfläche des entstehenden Bieres steigt. Untergärige Hefen, wie sie etwa beim Brauen von Pils oder Export verwendet werden, setzen sich am Boden des Gärgefäßes ab.

Im Gegensatz zu den untergärigen Bieren sind Weizenbiere nur mäßig gehopft und damit weniger bitter. Sie weisen eine große Vielfalt an Geschmack, Farbe und Stammwürzegehalt auf, allen gemeinsam ist der starke Kohlensäuregehalt. Es gibt Sorten mit Hefetrübung, aber auch gefilterte Biere, die hefefrei und klar sind.

Heute werden die Bezeichnungen Weizenbier und Weißbier synonym gebraucht. Dies ist nicht ganz korrekt. Denn der Begriff Weißbier bedeutete ursprünglich, dass es aus gemälzter Gerste und aus gemälztem Weizen hergestellt werden konnte. Für »Braunbiere« hingegen, heute auch als »dunkle Biere« bezeichnet, durfte ausschließlich Gerstenmalz benutzt werden. Erst mit der Verbreitung der untergärigen Bierherstellung verblieb die Bezeichnung Weißbier bei den Weizenbieren, während die Gerstenbiere in helle und dunkle unterteilt wurden. So ist es denn auch kein Widerspruch, in Bayern ein »schwarzes Weißes«, das heißt ein dunkles Hefeweißbier zu bestellen.

Eine weitere Herleitung der Bezeichnung Weißbier stammt aus dem Brauvorgang. Die obergärigen Hefen steigen im Braukessel an die Oberfläche des Bieres und bilden dort eine dicke weiße Haube.

Die untergärige Bierherstellung war im 15. Jahrhundert von Böhmen nach Bayern gekommen und hatte das bis dahin eingesetzte, somit ältere obergärige Verfahren abgelöst. Der Gerstensaft zeichnete sich durch bessere Haltbarkeit aus, musste allerdings in der kühleren Jahreszeit produziert werden. Die entsprechenden Regelungen setzten dafür die Monate zwischen Michaeli (29. September) und Georgi (23. April) fest. War der Durst zu groß und musste im Sommer nachgebraut werden, so geschah das auf herkömmliche, obergärige Weise.

Diese Brauart wurde allerdings im Verlauf des 16. Jahrhunderts zunehmend zurückgefahren, sogar untersagt. Dafür gibt es zwei Gründe, einen ehrenhaften und einen am schnöden Profit orientierten. Ein Indiz dafür ist das berühmte Bayerische Reinheitsgebot aus dem Jahr 1516, das besagt, dass fortan beim Brauen nur Wasser, Gerste und Hopfen verwendet werden durften. Wobei die Ausnahme die Regel bestimmte.

Der edel gesinnte Hintergrund des Verbots der Produktion von Weizenbier war, dass die Weizenernte jener Jahre nicht gleichzeitig für die Brot- und die Bierherstellung ausreichen würde. Dann könnten allzu durstige Väter auf die Idee kommen, ihren Kindern gewissermaßen das Hauptnahrungsmittel wegzusaufen.

Es war aber nicht nur die selbstlose Sorge um das Volkswohl, das hinter dem Verbot stand. Hinzu kamen auch handfeste ökonomische Interessen. In bester Tradition waren hier bayerische Politik, Wirtschaft und Lebensart miteinander verbandelt.

Der Ursprung der Weizenbier-Herstellung im heutigen Freistaat liegt im niederbayerischen Schwarzach, dem Stammsitz der Degenberger. Im Jahr 1520, vier

Jahre nach dem Erlass des Reinheitsgebotes, regierte Herzog Ludwig X. zusammen mit seinem Bruder Wilhelm IV. Bayern. Er verlieh – gegen gutes Geld – seinem Landhofmeister in Niederbayern, Hans Sigismund von Degenberg, das Privileg, in Schwarzach Weißbier für das gesamte Gebiet des Bayerischen Waldes herzustellen.

Die Degenberger durften sogar – als Einzige im Land – weiterbrauen, als 1567 das Brauen von »Weißem Bier« im ganzen Herzogtum Bayern verboten wurde. Die Begründung für den Erlass: Es werde hierzu zu viel Weizen verbraucht und es sei ein »unnützes Getränk, das weder nähre noch Kraft gäbe, sondern nur zum Trinken anreize«. Als dann 1602 der letzte Degenberger ohne Nachkommen starb, fiel sein ganzer Besitz inklusive Braurecht an den bayerischen Herzog Maximilian I. Der sorgte dafür, dass das Verbot von 1567 nicht aufgehoben wurde, um dadurch selber konkurrenzlos das verfemte Weizenbier brauen zu können.

Maximilian berief den Schwarzacher Weißbierbraumeister Siegmund Bettl nach München und gründete dort neben dem bereits vorhandenen »Braunen Hofbräuhaus« ein »Weißes Hofbräuhaus«. Es nahm 1605 seinen Betrieb auf an der Stelle, wo heute die Touristenattraktion Hofbräuhaus steht.

Das Weißbiermonopol war eine sichere Einnahmequelle der Wittelsbacher Herrscher, aus der sie beträchtliche Teile ihres Staatshaushaltes, darunter auch die Kosten des Dreißigjährigen Krieges, bestreiten konnten. Die Nachfrage stieg so stark, dass beständig neue Sudpfannen aufgestellt werden mussten. Man war sogar genötigt, im Brauhaus eine Kapelle zu errichten. Denn die Biersieder kamen vor lauter Arbeit nicht dazu, die »regulären« Gottesdienste in der nahe gelegenen Frauenkirche oder im heutigen »Alten Peter« zu besuchen.

Die Herstellung von Weizenbier als Hoheitsrecht des Herrscherhauses blieb jedoch nicht nur auf München beschränkt. Überall im Land entstanden rund anderthalb Dutzend kurfürstliche Brauhäuser, in denen Weizenbier gebraut wurde. Noch 1761 hieß es, dass »weißes Weizenbier zu sieden ... obverstandenermaßen ganz allein der gnädigsten Landesherrschaft gebühret«. Die profitierte auch davon, dass die Weißbierproduktion ganzjährig geschehen durfte, während die Braunbierherstellung auf die kühlen Monate beschränkt war.

Erst Kurfürst Karl-Theodor gab 1798 das Recht des Weizenbier-Siedens an alle bayerischen Brauberechtigten ab; dazu gehörten Adelige und Klöster. Hintergrund war nicht der freiwillige Verzicht auf eine lukrative Einnahmequelle, sondern die Tatsache, dass ab Mitte des 18. Jahrhunderts die Qualität des Braunbieres durch verbesserte Brautechniken zunahm. Die Nachfrage nach dem Weizenbräu ging drastisch zurück, die hochherrschaftlichen Weißbierbrauereien machten Verluste. Das einst so populäre Getränk fiel in einen Dornröschenschlaf, aus dem es erst in den sechziger Jahren des vergangenen Jahrhunderts wieder erwachte. Der Weißbierausstoß bayerischer Brauereien dümpelte jahrzehntelang bei drei Prozent der Gesamtproduktion. Derzeit kommen die südbayerischen Bierhersteller auf mehr als ein Drittel, über 90 Prozent des bundesrepublikanischen Weißbiers kommen aus dem Freistaat. Was offensichtlich den beiden Damen vor fünfeinhalbtausend Jahren am Euphrat schmeckte, erfreut auch heute wieder Zunge und Gaumen der Zeitgenossen.

Von Liubice bis Lipiza, oder von Lübeck bis Leipzig

Slawische Ortsnamen in Deutschland

»Linow, Lindow,
Rhinow, Glindow,
Beetz und Gatow,
Dreetz und Flatow,
Bamme, Damme, Krielow,
Petzow, Retzow, Ferch am Schielow ...«

(aus: THEODOR FONTANE, *»Wanderungen durch die Mark Brandenburg«)*

Wie die meisten Territorien dieser Erde und dieses Kontinents, ist auch der östliche Teil dessen, was später zu Deutschland wurde, von unterschiedlichen Völkern besiedelt worden. Mit der Völkerwanderung zogen immer mehr slawische Stämme zu. Die gerieten sich nicht nur untereinander in die Haare, sondern auch mit ihren westlichen Nachbarn im Frankenreich.

Schon dessen Herrscher Karl der Große sicherte deshalb die Grenze mit zwei Befestigungssystemen, dem »Limes Sorabicus«, der sich von Regensburg bis Braunschweig zog, und dem »Limes Saxonicus« zwischen Elbe und Kiel. Auch die urdeutsche Stadt und Marzipanmetropole Lübeck hat slawische Wurzeln: Sie hieß ursprünglich Liubice, slawisch für »die Geliebte«.
Um die Wende des ersten Jahrtausends zogen immer mehr Menschen aus dem relativ dicht besiedelten »West-Deutschland« nach Osten, die slawische Bevölkerung wurde in ihren Augen so etwas wie Menschen zweiter Sorte. Sie blieben aber die Mehrheit, das Land östlich der Elbe war bis ins 13. Jahrhundert hinein immer noch fast ausschließlich von Slawen besiedelt. Ein Beispiel: Auf der Insel Rügen hatten 1318 von 205 Ortschaften nur zwölf einen deutschen Namen.
Die slawische Bevölkerung gab ihren Siedlungen selbstverständlich auch slawische Namen. Ein Indiz: Viele enden auf -in (Schwerin), -ow (siehe oben bei Fontane), -au (Prenzlau) und -itz (Schoritz). Allerdings: Oft wurden die Bezeichnungen von deutschen Verwaltungsbeamten verkehrt verstanden, falsch geschrieben oder schlichtweg »eingedeutscht«. Dadurch ist die slawische Wurzel nicht mehr ohne weiteres erkennbar. Ein Beispiel dafür ist Lubien, das zu Lübben wurde. Manchmal tauchte auch der ursprüngliche Name später in verschiedenen Versionen auf. So wurden aus dem einstigen Szczytno die Städte Stieten, Stettin und Ziethen.
Die sehr slawisch anmutende Kombination »szcz« wurde also zu »st«. Das »z« konnte zu »s« werden, wie

bei Sosna (»Föhre«), das sich in Zossen verwandelte. Die Endung -ow, typisch für Brandenburg und Mecklenburg, ist eine sorbische (slawische) Adjektivendung (»gehörig zu«).

Auch der Name der bedeutendsten deutschen Stadt östlich der Elbe ist slawisch, über seine Bedeutung wird aber noch diskutiert. Als sicher gilt, dass Berlin nichts mit Bär zu tun hat – auch wenn Meister Petz im Wappen der Hauptstadt vorkommt. Schon die (west-) deutschen Siedler im 13. Jahrhundert sprachen von »baerlein«, was aber ein Missverständnis der slawischen Bezeichnung ist. Sie hat wahrscheinlich mit Sumpf oder Morast zu tun – Assoziationen zur Tätigkeit von Regierungsstellen, Bundesbehörden oder Lobbys verbieten sich allerdings. Damals existierte wohl überhaupt keine Siedlung ähnlichen Namens, die deutsche Kapitale heißt möglicherweise nach einem Arm der Spree.

Besonders verbreitet sind die slawischen Ortsbezeichnungen in Ostsachsen, in der Ober- und Niederlausitz – die Nachbarschaft zum Polnischen und Tschechischen ist offensichtlich. Oft haben die Namen mit Personen zu tun, etwa dem Gründer oder einstigen Besitzer der Ortschaft. Cottbus leitet sich ab von einem Chotjebud, Wismar von Vysemjerj (»der Hochberühmte«), Dobschütz von Dobesch (»der Gute«).

Meist beziehen sich die Bezeichnungen auf die natürliche Umgebung: Leipzig, slawisch Lipiza, kommt von »lipa«, die Linde. Es ist damit namensverwandt mit der berühmten Pferdestadt in Slowenien und mit dem weißrussischen Lipezk.

Die Stadt Krauscha hat ihre Wurzeln in »krusa«, der Birnbaum, Biesnitz in »buz«, der Holunder.
Dresden war einst die Heimat der »drjezdane«, der Waldbewohner. Chemnitz (Kamienica) und Kamenz hängen zusammen mit slawisch »kamenj«, der Stein. Wittstock geht auf »vysoka« (Höhe) zurück. Görlitz kommt von »zgozelice«, die Brand- oder Rodungsstätte, in Zittau gedieh offenbar »zito«, nämlich Getreide, Lausitz leitet sich ab von »luzica«, Sumpfland.
Die Gegend um Schwerin war wohl ein Paradies für Jäger, denn der Name kommt vom slawischen »sverj«, das Wild. Ein Stückchen weiter an der Ostsee liegt Rostock, das heißt, dass sich hier ein Fluss teilt. Magdeburg ist nicht etwa eine antike Ansiedlung von weiblichen Dienstboten oder Jungfrauen, sondern trägt seinen Namen möglicherweise nach einer Elfe namens Magath – dem Vernehmen nach nicht mit einem zeitgenössischen Fußballtrainer verwandt.
Slawische Ortsnamen gibt es allerdings nicht nur in den Bundesländern östlich der Elbe, bei Sorben und Wenden. Denn ein Land der Wenden, Wendland, existiert auch im niedersächsischen Landkreis Lüchow-Dannenberg, bekannt von Auseinandersetzungen über die Endlagerung radioaktiver Abfälle. Die Region liegt zwischen Elbe, Altmark und Lüneburger Heide. Auch hier kommen Städte vor, die Gartow oder Wustrow heißen. Eine slawische Besiedlung kann seit dem 8. Jahrhundert nachgewiesen werden.
Auch hier hängen die Ortsnamen meist mit der Natur zusammen, Bäume sind prominent vertreten. So heißt Breese nach slawisch breza (Birke), Bückau nach buk

(Buche), Jabel nach jablo (wilder Apfelbaum), Jeetzel nach jesion (Esche), Klennow nach klen (Ahorn), Liephoven nach lipa (Linde) und Laase nach Wald. Gühlitz kommt von gola (Heide), Jameln von imela (Mistel), Lensian und Lanze von lanka (Aue), Lüggau von lug (Morast), Reetze und Reitze von reka oder retschiza (Fluss bzw. Flüsschen), Schmarsau von smarz (Morchel), Seerau von zirava (Weideland), Glienitz von glina (Lehm), Soven von sova (Eule) und Vietze von vysok (hoch, im Sinne von Hochufer).
Belitz leitet sich ab von belyj (weiß), Dolgow von dolgyj (lang), Kriwitz von krivyj (krumm), Lübeln und Lübbow von ljubyj (lieb), Naulitz von novyj (neu). Und was man eigentlich viel weiter östlich, nämlich am Roten Platz in Moskau erwarten würde, gibt es auch mitten in Niedersachsen: ein Kremlin.
Auch im Süden Deutschlands gibt es Hinweise auf slawische Ansiedlungen. Im Nordosten Bayerns sind die so genannten Main-, Regnitz- und Naab-Wenden historisch belegt, die zwischen dem sechsten und dem neunten Jahrhundert aus dem Donaugebiet und aus Böhmen eingewandert waren. Karl der Große beauftragte um das Jahr 800 den Würzburger Bischof, das Slawengebiet an Main und Regnitz mit Kirchen auszustatten, damit die christianisierten Zuwanderer nicht wieder in ihre heidnischen Bräuche verfielen. Die Slawen lebten hier einigermaßen harmonisch mit der einheimischen, eher fränkisch geprägten Bevölkerung. Deshalb haben sie ihre Sprache und ihre kulturellen Traditionen wohl schon bis zum 11. Jahrhundert weitgehend aufgegeben.

Vor allem jene Ortsnamen in Oberfranken und in der Oberpfalz, die mit Windisch- beginnen oder mit -winden oder -wind enden und oft mit einem Personennamen verbunden sind, lassen auf slawische Wurzeln schließen. Dazu gehören beispielsweise Windischgrätz oder Geiselwind.

Es ist etwas gewagt, von einer Geschichte der Slawen in Deutschland zu sprechen. Denn es handelt sich um isolierte Gruppen, die kaum etwas miteinander zu tun hatten und teilweise bereits zu sehr frühen Zeiten ihr Slawentum oder wesentliche Teile davon aufgegeben haben. Aber sie haben unser Land, seine Kultur und seine Traditionen ebenso geprägt wie keltische oder germanische Einflüsse. Vor allem in Teilen von Sachsen und Brandenburg ist das slawische Erbe immer noch präsent.

Auf der Walz

Handwerksgesellen unterwegs

Jeder hat sie schon gesehen, auf Baustellen oder Landstraßen. Aber die prominentesten Vertreter stellt – wie so oft im Leben – der Film: das DEFA-Epos »Die Spur der Steine« aus dem Jahr 1965. Hier nervte der junge Schauspieler Manfred Krug (»Liebling Kreuzberg«) zusammen mit seinen Kameraden vom

Bau die DDR-Oberen derart, dass der Film schließlich nicht mehr gezeigt werden durfte.
Krug und seine Kollegen kamen daher, fast wie einem klassischen Western entsprungen: breitkrempige Hüte, schwarze Westen, Hosen mit ausgestellten Beinen – und am Gürtel baumelte der Maurerhammer statt des 45er Colts. Der Vergleich mit den »Glorreichen Sieben« (1960) um den Hollywood-Edelkahlkopf Yul Brynner lag nahe, auch hier ging es um Menschenwürde und Gerechtigkeit.
Schwarze Hüte, Westen und Hosen mit Schlag sind das Markenzeichen der fahrenden Handwerksgesellen. Die Tradition ist uralt. Bereits im Mittelalter zogen junge Männer jahrelang von Ort zu Ort, um zu arbeiten und bei fremden Meistern im In- und Ausland neue Techniken zu erlernen. Vielleicht war es auch ein sinnvoller Trick, um sie aus dem »Hotel Mama« zu vertreiben, bevor sie ihren eigenen Hausstand begründeten. Jedenfalls erfuhren sie nicht nur in rein fachlicher Hinsicht viel Neues, sondern gewannen im Umgang mit den Wanderkameraden, den Kollegen vor Ort und den wechselnden Meistern das, was man heute »soziale Kompetenz« nennt.
Einst war die Absolvierung der Wanderjahre sogar Bedingung, um den Meister zu machen. Aber auch um die Wende vom 19. zum 20. Jahrhundert stand das Tippeln noch hoch im Kurs. Der Schreiber dieser Zeilen verdankt seine Existenz unter anderem der Tatsache, dass sich sein Großvater, ein Bäckergeselle aus dem Neckartal, auf der Walz in eine junge Dame im Rhein-Main-Gebiet verliebte, sich dort niederließ und sie heiratete.

Für bestimmte Berufe bestand nachgerade die Pflicht zum Wandern, so etwa für die norddeutschen Maurergesellen bis in die erste Hälfte des 19. Jahrhunderts. Wenn die Männer auf die Walz gingen, wurden sie in die Gesellenbruderschaft aufgenommen. Diese Vereinigungen hatten etwas Geheimnisvolles, Außenstehende sollten nicht mehr als nötig erfahren. Die Bruderschaften waren gleichzeitig Gewerkschaft, Arbeitsamt, »Mitfahrgelegenheit« und Allround-Versicherung.

Schon seit dem späten Mittelalter galt unter Handwerkern das Verbot, anderen etwas von den Heimlichkeiten ihres Metiers zu offenbaren. Dies trug im 19. Jahrhundert dazu bei, den staatlichen Verboten gewerkschaftlicher Organisierung zu widerstehen. Im nationalsozialistischen Deutschland gelang es den Machthabern deshalb auch nur teilweise, die zünftigen Gesellenbruderschaften als Wanderorganisation der »Deutschen Arbeitsfront« gleichzuschalten.

Die Vereinigung der so genannten rechtschaffenen fremden Gesellen – so heißen die Handwerker auf der Walz – nahm von jeher für sich in Anspruch, überparteilich, überreligiös und übernational zu sein. Das heißt, ihr können Angehörige jeder politischen Auffassung, jeder Religion und jeder Nationalität beitreten, solange sie die Menschenrechte achten. Allerdings wird weder Politik gemacht noch Religion verkündet, auch nationale Interessen werden hier nicht vertreten. Seit 1968 sind die Wandergesellen auch international in der Confédération Compagnonnages Européens (C.C.E.G.) zusammengeschlossen, der Dachorganisation der europäischen Gesellenzünfte. Erste Kontakte gab es schon in den frühen fünfziger Jahren. Ihr gehören Vertreter Frankreichs, der Schweiz, Dänemarks, Belgiens sowie der Bundesrepublik an.

Heute ist die Walz freiwillig. Überlebt hat sie nur im Bauhandwerk, mit allerlei Anpassungen im Laufe der vergangenen zwei Jahrhunderte. Bei Maurern und Zimmermännern ist die Tradition immer noch oder wieder populär, mittlerweile ziehen auch junge Frauen mit. Losgehen darf aber nur, wer die Gesellenprüfung bestanden hat, jünger als 30 Jahre und unverheiratet sowie schuldenfrei ist. Die Handwerksgesellen, die auf die Walz gehen, dürfen drei Jahre und einen Tag nicht näher als 50 Kilometer an ihren Heimatort herankommen. Ausnahmen sind nur schwerwiegende Vorkommnisse wie schwere Krankheit oder Tod von Angehörigen.

Wo und wie lange der Geselle arbeitet, hängt von ihm selbst ab. Nach Möglichkeit und Laune tippelt er zu Fuß, lässt sich aber auch gerne als Anhalter mitnehmen. Öffentliche Verkehrsmittel über längere Strecken sind etwas verpönt, allerdings nicht grundsätzlich verboten.

Typisch für die Gesellen ist die spezielle Tracht – sie wird sowohl während der Arbeit als auch auf der Wanderschaft getragen. Der breitkrempige Hut schützt bei Bauarbeiten über Kopf vor Dreck und Spänen, die in den Kragen fallen könnten. Daneben sieht man auch Wandergesellen mit Zylinder oder »Melone«.

Die Schlaghosen, oft mit zwei Reißverschlüssen, sind deswegen ausgestellt, damit kein Schmutz in die Schu-

he rutscht. Echt zünftig ist das Beinkleid nur, wenn es einen Schlag von 65 Zentimetern aufweisen kann.
Hose, Weste und Jacke sind üblicherweise aus grobem Cord (»Manchester«) bzw. Samt, weil sie dadurch am besten mit der Bürste zu reinigen sind. Früher war es unüblich, die Oberbekleidung zu waschen, saubere Leibwäsche und ein sauberes Hemd mussten genügen.
Der Wandergeselle trägt ein kragenloses Hemd, Staude genannt. Der schwarze Schlips heißt im Walz-Jargon »Ehrbarkeit«. Er wird nur locker in den Kragen gesteckt, damit der Handwerker, falls er hängen bleibt, nicht mit dem Tuch in eine Säge hineingezogen oder gewürgt wird.
Die über dem Hemd getragene Weste hat acht Knöpfe. Sie symbolisieren »Acht Stunden Arbeit täglich«. Die Jacke des Gesellen hat mindestens drei Knöpfe, besser aber sechs Knöpfe als Symbol für »Sechs Tage Arbeit pro Woche«. Gewissermaßen war dies auch ein »gewerkschaftliches Programm«, das vor allzu langen Arbeitszeiten schützen sollte – 48 Wochenstunden sollten genügen.
Seine bescheidenen Habseligkeiten trägt der Wandergeselle immer mit sich, und zwar im so genannten Charlottenburger, einem etwa 80 mal 80 Zentimeter großen Tuch. Darin befinden sich Wechselwäsche, Handtuch, Kulturbeutel und dergleichen. Oft ist der Charlottenburger mit dem Zunftzeichen des Gesellen bedruckt.
Das Handwerkszeug wie Hammer oder Säge war Privateigentum, und wehe dem, der sich das Gerät auslieh! Wagte es gar ein Zunftfremder, sich daran zu ver-

greifen, wurde das Werkzeug »unzünftig« und musste in einer bestimmten Zeremonie wieder »zünftig« gemacht werden.

Beim Wandern zur Unterstützung, aber auch zur Abwehr aggressiver Zwei- und Vierbeiner diente der spiralige Wanderstab, Stenz genannt. Er wurde vom Gesellen selbst hergestellt, in das Holz waren spiralförmig Schlingpflanzen wie beispielsweise Hopfen eingewachsen.

Der Geselle trägt normalerweise einen Ohrring aus Gold. Der war früher dafür vorgesehen, im Falle des Falles ein ordentliches Begräbnis bezahlen zu können. Der Ohrring trägt neben dem Handwerkswappen noch einen sechszackigen Stern – angeblich war der erste Maurer ein Verehrer von König Salomo gewesen. Der hatte sich mit dem Tempelbau in Jerusalem bekanntlich unter den großen Bauherren der Weltgeschichte etabliert.

Verhielt sich früher ein Geselle unzünftig, indem er etwa seine Kameraden bestahl, wurde ihm der Ohrring aus dem Ohrläppchen gerissen. Daher kommt der Ausdruck »Schlitzohr« – daran konnte man ihn künftig als unsoliden Menschen erkennen und würde gewarnt sein.

Was heißt eigentlich …?

Abkürzungen und ihre Bedeutung

Sie begegnen uns täglich und überall, sie gehören zu unserem Leben wie das Frühstücksei und der Autobus. Sie sind uns vertraut, und doch wissen wir oft nicht, wofür sie stehen: die Abkürzungen, die mit meist dicken Lettern an Tankstellen und auf Hustenbonbons, auf Drogerieprodukten oder Büroausstattungen prangen.

Die großen heimischen Traditionsunternehmen sind meist noch bekannt. *AEG* heißt Allgemeine Electricitäts-Gesellschaft, *BMW* steht für Bayerische Motoren Werke, *MAN* bedeutet Maschinenfabrik Augsburg-Nürnberg, *BASF* ist die Kurzfassung von Badische Anilin- und Soda-Fabrik.

Aber schon bei den Ölfirmen *ARAL* (Aromaten und Aliphaten) und *DEA* (Deutsche Erdöl-Aktiengesellschaft), bei *Edeka* (Einkaufsgenossenschaft der Kolonialwarenhändler) oder *Eduscho* (Firmengründer Eduard Schopf), bei dem Zusteller *DHL* (Firmengründer Adrian Dalsey, Larry Hillblom, Robert Lynn) oder der Touristikfirma *LTU* (Lufttransport-Unternehmen) mussten wir – bisher! – meist passen.

Viele Firmennamen stehen für die irgendwie abgekürzten Vor- und/oder Nachnamen der Unternehmensgründer, ihrer Mitarbeiter oder Verwandten. Dazu gehören August Bremicker und Söhne vom Schlüssel- und Schlösserfabrikanten *ABUS*; Adolf »Adi« Dassler vom Sportausstatter *Adidas*; Egmont Harald Petersen vom *Ehapa*-Verlag; Edwin Rössler,

Gelenau/Erzgebirge, vom Strumpfproduzenten *Ergee*; Ernst Staengel und Karl Ziller von *Eszet*-Schokolade; Georg Hübner vom Füller-Hersteller *Geha*; Hans Klenk von dem papierenen Hygieneartikel *Hakle*; Hans Raab von dem »Haushaltsreiniger« *Ha-Ra*; Hans Riegel, Bonn, vom Frohmacher *Haribo*; Haus Bergmann von dem Tabakkonzern *HB*; *Melitta* Bentz als Erfinderin des gleichnamigen Kaffeefilters; Romann, Michael, Kaufmann, von der *Romika*-Schuhfabrik; Carl Tchilling-Hiryan (Tchilling-Bohne) vom Kaffeeröster *Tchibo*; oder Robert Weintraub vom Haushaltsgerätehersteller *Rowenta*. An die tüchtige Sekretärin Elsa Tesmer bei Firma Beiersdorf erinnern die Klebestreifen *Tesa*. Auch reine Vornamen dienen der Unternehmensbezeichnung. So verweisen die Initialen *C&A* auf Clemens und August Brenninkmeyer, die einst die Kaufhauskette begründeten. Die *Chio* Chips heißen nach den Initialen der Gründerfamile Carl, Heinz und Irmgard von Opel.

Der Name kommt auch mehr oder minder chiffriert bei dem unmöglichen Möbelhaus *IKEA* vor, dessen Gründer Ingvar Kamprad vom Hof Elmtaryd im schwedischen Agunnaryd stammte. Der nach dem Bobbycar zweite fahrbare Untersatz der ganz jungen Generation, der *Kettcar*, heißt nach seinem Hersteller Heinz Kettler.

Bei zwei Produkten vermutet man zunächst keinen Familiennamen: bei dem *Inbus*-Schlüssel und dem *Martinshorn* auf Einsatzfahrzeugen. Tatsächlich heißt das Werkzeug, oft falsch auch Imbus genannt, entschlüsselt Innensechskant, Bauer und Schaurte, während der hilfreiche Krachmacher auf Einsatzfahrzeugen einst von einem Herrn Max Martin entwickelt worden ist und deshalb eigentlich Martin-Horn genannt werden müsste.

Einige Abkürzungen lassen auf einstige oder aktuelle Inhalte des Unternehmensprodukts schließen. So erwarten hexenschussgeplagte Zeitgenossen Linderung vom *ABC*-Pflaster, dessen ursprünglichen Ingredienzen waren Arnika, Belladonna und Capsicum. Der Antischmerz-Klassiker *Aspirin* besteht aus acetylierter Spirsäure. Im Hustenlöser *Em-eukal* finden sich Menthol und Eukalyptusöl, *Hanuta* ist einfach (aber genial) eine Haselnusstafel. Ebenso einfach und gleichermaßen genial ist *Milka*: es bedeutet Milch und Kakao. Die Firma *Osram* stellte früher Glühbirnen her, deren Faden aus Osmium und Wolfram bestand. In *Persil* finden sich die Bestandteile Perborat und Silikat. Die Kaffeemarke *Onko* bedeutete eigentlich »ohne Koffein«. Wer als Heimwerker oder Profi *Rigips*-Wände aufstellt, wird kaum vermuten, dass sie ihren Namen von der lettischen Hauptstadt Riga (*Rigaer Gips*) haben, wo sie zuerst produziert wurden.

Andere Kürzel verweisen auf die Produkte, Tätigkeiten oder Dienstleistungen, die das Unternehmen anbietet. Dazu gehören *AGFA* als Aktiengesellschaft für Anilinfabrikation, *ARAG* als Auto-Rechtsschutz-AG; *ASS* als Altenburger und Stralsunder Spielkarten-Fabriken; *Degussa* als Deutsche Gold- und Silberscheideanstalt; *Hagenuk* als Hanseatische Apparatebau-Gesellschaft Neufeldt und Kuhnke; *Hapag* als Hamburg-Amerikanische Packetfahrt-Actien-Gesellschaft; *Kaffee Hag* als Kaffee-Handels-Aktien-Gesellschaft; *Preussag* als Preußische Bergwerks- und Hütten-Aktiengesellschaft; *Rewe* als Revisionsverband der Westkauf-Genossenschaften; *Trigema* als Trikotwarenfabrik Gebrüder Mayer; *UFA* als Universum Film AG; *Varta* als Vertrieb, Aufladung und Reparatur transportabler Akkumulatoren GmbH; *VEBA* als Vereinigte Elektrizitäts- und Bergwerks-AG; *Zewa* (»wisch und weg«) als Zellstoff Waldhof; sowie *VIAG* als Vereinigte Industrie-Unternehmungen Aktiengesellschaft.

Gelegentlich ist bei den Firmennamen auch die klassische und fremdsprachliche Bildung der Gründer und Betreiber durchgebrochen. So ist *Alete* die lateinische Version der Aufforderung »Gedeihet!«, *Eternit* kommt von lateinisch »aeternus« und bedeutet unvergänglich, *Kaloderma* bedeutet im Griechischen »schöne Haut«, *Lanolin* setzt sich aus »lana« (Wolle) und »oleum« (Öl) zusammen, *Nivea* heißt »schneeweiß«.

Odol ist ein griechisch-lateinisches Mischwort aus »odous« (Zahn) und »oleum«, *Penaten* bezieht sich auf die gleichnamigen römischen Hausgötter, *Sinalco* setzt sich aus »sine alcohole« (ohne Alkohol) zusammen. Und auch *Volvo* ist nicht ur-schwedisch, sondern bedeutet im Lateinischen schlicht »ich rolle« – ein passender Name für das solide Gefährt.

Gelegentlich lenkt der abgekürzte Firmenname auch auf eine falsche Spur – die dann allerdings trotzdem plausibel ist. Wer bei *SPAR* kauft, hofft durch günstige Preise zu sparen. Tatsächlich jedoch kommt der Name im doppelten Sinne aus dem Niederländischen. Er steht für DE SPAR, »Door Eendrachtig Samenwerken

Profiteren Allen Regelmatig«, das heißt: »einträchtige Zusammenarbeit nutzt regelmäßig allen«. »De spar« bedeutet im Holländischen auch »die Tanne«, weshalb das Unternehmen diesen Baum in seinem Logo führt. Das Erfrischungsgetränk *Sunkist* hat zwar mit »sun«, aber nichts mit irgendeiner Kiste zu tun. Es soll suggerieren, dass es von der Sonne geküsst (englisch: »sunkissed«) ist. Sprachlich ähnlich unkonventionell ist *Bi-Fi*, das vom englischen »beefy«, also »rindfleischig« kommt. Auch der Kleber *Loctite* hat englische Wurzeln und kommt von »lock tight«, also fest verbinden. In *Kleenex* steckt das Wort »clean«, das beschreibt, was man mit dem Produkt tun kann. Die *Pampers*, die die Hüften unseres Nachwuchses umschließen, stammen von dem Verb »to pamper«, also »verhätscheln« ab. Auf deutschsprachige Assoziationen setzen die Produkte *Widia*, also ein Stahl hart »wie Diamant«, *Nirosta*, das heißt »nie rostend« oder *Vileda*, ein Reinigungstuch mit Qualitäten »wie Leder«.

Weit verbreitet, aber kaum entschlüsselt ist die Ölfirma *Esso*. Der Name kommt von der amerikanischen Abkürzung von Standard Oil (S.O.), woraus dann im Deutschen Esso wurde. Was Damen gelegentlich und Herren nie brauchen, steht als *o.b.* im Drogerieregal. Die Lösung liegt auf der Hand und ergibt sich aus der eigentlichen Eigenschaft des Produkts: ohne Binde. Geheimnisvoller ist da die Entschlüsselung des Leichtbaustoffs *Ytong*. Das Kürzel kommt aus Schweden und bedeutet Yxhults ånghärdade gasbetong, also gehärteter Gasbeton aus der Ortschaft Yxhult. Wie gut, das zu wissen!

Klafter, Zentner und Tagwerke

Alte Maßeinheiten

Die Menschen mögen es metrisch. Meistens jedenfalls. Von ein paar prominenten Ausnahmen wie etwa den USA und Großbritannien abgesehen, rechnet die Mehrheit der Erdenbewohner – zumindest offiziell – mit Kilometern und Quadratmetern und Kubikzentimetern, mit Litern, mit Gramm, Kilogramm und Tonnen.

Auch in Deutschland hat sich das Rechnen und Berechnen mit Zehnern und Hundertern und Tausendern durchgesetzt. Vorläufer war das revolutionäre Frankreich, das zum 1. Juli 1794 am Dezimalsystem orientierte Maßeinheiten wie den Meter, das Kilogramm und den Liter einführte. Damit wollten die jakobinischen Apostel der Vernunft regionale Unterschiede beim Messen und Wiegen überwinden. Urmeter und Urkilogramm liegen denn auch wohl verwahrt in Paris.

Aber noch im 19. Jahrhundert wimmelte es in den Territorien, die später zum Deutschen Reich vereinigt werden sollten, von einer Vielzahl von Maßeinheiten, für Strecken und Flächen ebenso wie für Raummaße und Gewichte. Vom Dezimalsystem war noch nicht viel zu bemerken. Es war wegen seiner revolutionären Abstammung sogar ein wenig anrüchig. Dennoch: Langsam, aber sicher setzte es sich durch, in den deutschen Staaten wie in den meisten anderen europäischen Ländern.

So vereinheitlichte die »Preußische Maaß- und Gewichtsordnung« von Mai 1816 die Größen des Königreichs unter Zugrundelegung des Pariser Normalmeters. Mehr als ein halbes Jahrhundert später beschloss der Norddeutsche Bund 1868, zum Jahreswechsel 1868/1869 das metrische System einzuführen. Bayern folgte 1869 mit Wirkung zum 1. Januar 1872. Die Gründung des im Januar 1871 neu gegründeten Deutschen Reiches beschleunigte den Vorgang, das neue System galt praktisch sofort und überall.

Im Mai 1875 unterzeichneten 18 Staaten die internationale Meterkonvention. Es handelte sich dabei um ein Abkommen, das Maße und Gewichte international vereinheitlichen und dafür auch die nötigen Organisationsformen schaffen sollte. Nach dem Ersten Weltkrieg wurde der Vertrag 1921 anlässlich der sechsten Allgemeinen Konferenz für Gewichte und Maße (Conférence générale des poids et mesures, CGPM) noch einmal revidiert. Derzeit sind 51 Staaten der Meterkonvention beigetreten, daneben hat sie 16 assoziierte Mitgliedstaaten.

Aber zurück in jene Zeiten, wo bei Maßen und Gewichten eine fröhliche Anarchie herrschte. Von den Zählmaßen sind uns das Paar und das Dutzend noch einigermaßen bekannt, das eine von Schuhen, das andere von Austern. Daneben gab es die Stiege (20 Stück) und die Halbstiege (10 Stück), der oder das Malter (15 Stück, daneben auch ein Getreidemaß), das Bund (30 Stück), das Schock (60 Stück), das Großschock (64 Stück) oder das Gros (12 Dutzend oder 144 Stück).

Während die Zählmaße noch einigermaßen überschaubar sind, wird es bei Längenmaßen schon unübersichtlicher. Zwei Beispiele: Ein Fuß war früher etwas zwischen 25 und 43 heutigen Zentimetern. Offenbar variierten die Schuhgrößen unserer Altvorderen erheblich. Eigene Messungen ergaben, dass 28 Zentimeter bereits Größe 46 bedeuten.

Noch extremer unterscheiden sich die Meilen: Sie reichen von der immer noch gebräuchlichen angloamerikanischen *mile* von 1609 Metern über die Seemeile oder Nautische Meile von 1852 Metern bis zu einer Vielzahl regionaler Meilen: die Schweizer Meile mit 4808 Metern, die Preußische Landmeile mit 5533 Metern, die Hannoversche bzw. Braunschweigische Meile mit 7419 Metern, die Bayerische Meile mit 7420 Metern, die Kleine oder Neue Postmeile von Sachsen, dem Großherzogtum Hessen, dem Norddeutschen Bund und dem Deutschen Reich mit 7500 Metern, und schließlich als Rekordhalter die Oldenburgische Meile mit 9867 Metern und die Westfälische Große Meile mit 10 044 Metern.

Von ihrer sprachlichen Abstammung und ihrer römischen Tradition her hätte die Meile eigentlich fest definiert sein müssen. Denn *Meile* kommt von dem lateinischen Wort für *tausend*, uns als *mille* auch aus dem Französischen und Italienischen vertraut. Die alten Römer pflegten die Entfernungen für ihre Infanterie-Legionen mit Doppelschritten à 150 Zentimetern zu messen, und tausend Doppelschritte – milia passuum oder mille passuum – bildeten dann eben eine Meile, in der römischen Version etwa zwischen 1482 und 1500 Metern.

Vertraut ist uns auch der Zoll, nicht nur in Form von neugierigen Beamten an den Grenzen oder Flughäfen, sondern auch als Längenmaß von einem zwölftel Fuß. Wir benutzen heute noch den Zollstock, der allerdings längst mit Zentimetern beschriftet ist. Auch der Zoll variiert: von rund 2,6 bis knapp 3,7 Zentimetern.

Ebenfalls an menschlichen Körpermaßen orientiert sich die Spanne. Sie umfasst zwischen 18 und 25 Zentimetern und existierte einst als Kleine Spanne (Abstand zwischen der Daumen- und der Mittelfingerspitze) und als Große Spanne (Abstand zwischen der Spitze des Daumens und der Spitze des kleinen Fingers). Zwischen *Groß* und *Klein* machte die Differenz etwa einen Zentimeter aus.

Auch die Elle orientiert sich an Körpermaßen, sie bezeichnet den Abstand zwischen Ellbogen und Mittelfingerspitze. Dem Vernehmen nach hatten groß gewachsene Schneider deshalb früher mehr Zulauf von Kunden. Sie mussten aufgrund ihrer Länge auch großzügiger beim Vermessen von Spannen und Ellen sein.

Ein Klafter war sowohl ein Längen- als auch ein Raummaß. Zunächst bezeichnete es bei waagrecht ausgestreckten Armen den Abstand von linker bis rechter Mittelfingerspitze. Dies entspricht auch ungefähr der Körpergröße des betreffenden Menschen. Sechs Fuß machen einen Klafter aus. Als Raummaß bezeichnet es zwischen zwei und vier Kubikmeter Holz.

Zogen unsere Vorväter einst zu Fuß oder mit dem Karren los, dann rechneten sie kleinere Strecken in Schritt (71 bis 75 Zentimeter), größere in Tagesreisen. Dies sind etwa 27 bis 36 Kilometer. Angesichts der einst eher rauen Wege ist dies eine ordentliche Marschleistung.

Ein Flächenmaß, das immer noch weit verbreitet ist, hat seinen Namen von einer Tageszeit: der Morgen. Er bezeichnete ursprünglich die Fläche, die ein Bauer an einem Vormittag mit einem Ochsen umpflügen konnte. Gegenwärtig entspricht ein Morgen 2500 Quadratmetern oder einem Viertelhektar.

Tierischer wird es beim Joch. Es gibt an, wie viel ein Landmann pro Tag mit einem Gespann aus zwei Ochsen bearbeiten kann. In Südwestdeutschland sind das etwa 3300 Quadratmeter. Ungefähr in dieser Größenordnung liegt auch das Tagwerk, das in Baden oder Bayern zwischen 2500 und 3600 Quadratmetern umfasst. Etwas üppiger fällt die Mannsmahd aus, jene Wiesenfläche, die ein Mann bei der Heuernte an einem Arbeitstag abmähen konnte, also 3400 bis 4700 Quadratmeter.

Regional höchst unterschiedlich ist das, was man die flächenmäßige Grundausstattung eines gewöhnlichen Bauernhofes nennen könnte: die Hufe. Sie variierte von acht Hektar im alten Preußen bis 24 Hektar in Franken, der Durchschnitt lag bei 15 bis 20 Hektar.

Auch die Hohlmaße hatten zwar oft gleiche Namen, aber nicht immer war gleich viel darin. Wer in unterschiedlichen Gegenden Deutschlands einen Schoppen Wein oder Most bestellte, erhielt entweder einen Viertelliter oder einen halben Liter. Auch das Seidel konnte 0,535 Liter, 0,5 Liter oder gar nur 0,354 Liter fassen. Ein Scheffel ist nicht nur etwas, worunter man möglichst nicht sein Licht stellen sollte, sondern auch ein

Maß für »schüttbare feste Körper«, meist für ausgedroschene Getreidekörner. In Hessen oder Württemberg fasste er 0,2 bis 0,32 Hektoliter (also den Inhalt von zweieinhalb bis drei heutigen Haushalts-Putzeimern), in Bayern dagegen 2,2 Hektoliter. Ein Malter wiederum war meist zwölf Scheffel und variierte dementsprechend.
Volksgetränke wie Bier und Wein wurden meist in größeren Mengen gebraut, transportiert und getrunken. So lag ein Oxhoft irgendwo zwischen 150 und 235 Litern, ein Fuder zwischen 800 und 1840 Litern – je nach Region, Periode oder Ware.
Vor der »Erfindung« von Gramm, Kilogramm und Tonne rechneten die Menschen, abhängig von ihren Berufen, mit Lot (rund 15 Gramm), Unze (etwa 30 Gramm) oder Pfund. Letzteres hatte dereinst 467 Gramm und damit etwa so viel wie seine aktuelle angelsächsische Schwester *pound.* Im Jahr 1858 wurde es dann aber vom Deutschen Zollverein auf 500 Gramm festgelegt. 100 Pfund waren und sind in Deutschland ein Zentner, ebenfalls per Verordnung des Zollvereins.
Doch aufgepasst: Bis heute ist ein schweizerischer oder ein russischer Zentner nicht 100 Pfund, sondern 100 Kilogramm schwer – eine Tatsache, die schon manches Geschäft fast zum Platzen gebracht hätte. So muss immer noch beachtet werden, was schon in früheren Jahrhunderten wichtig war: Bei Verhandlungen sollten sich alle Beteiligten immer darüber im Klaren sein, ob sie auch von derselben Sache reden. Und das gilt nicht nur für Zentner.

Ausgezeichnet

Der Verdienstorden der Bundesrepublik Deutschland

»*Gar mancher schleicht betrübt umher, sein Knopfloch ist so öd und leer*«, schrieb Wilhelm Busch vor mehr als hundert Jahren. Heute gibt es keinen Grund mehr zur Trauer: Es gibt den Verdienstorden der Bundesrepublik Deutschland, kurz auch Bundesverdienstkreuz genannt. Und das kann – im Prinzip – eigentlich jeder bekommen.

Im Schnitt erhalten ihn alljährlich zwischen 3500 und 4500 Menschen, Frauen sind dabei mit etwa einem Viertel der Ausgezeichneten noch deutlich unterrepräsentiert. Insgesamt wurden bisher mehr als 210 000 Verdienstorden aller Klassen verliehen. Mehr als ein Viertel der Ehrungen geht an Menschen, die sich sozial-karitativ engagieren, jeweils rund 14 Prozent an Kommunalpolitiker und Kulturschaffende. Etwa 250 Männer und Frauen wurden ausgezeichnet, weil sie während des Nazi-Regimes unter hohem Risiko jüdischen Mitbürgern oder politisch Verfolgten geholfen haben.

Gestiftet wurde der Orden im September 1951 von dem damaligen Bundespräsidenten Theodor Heuss. Er wollte »verdienten Männern und Frauen des deutschen Volkes und des Auslandes Anerkennung und Dank sichtbar zum Ausdruck« bringen. Die Auszeichnung sollte verliehen werden »für Leistungen, die im Bereich der politischen, der wirtschaftlich-sozialen und der geistigen Arbeit dem Wiederaufbau des Vaterlandes dienten«.

Das Engagement des künftigen Ordensträgers sollte sich über einen längeren Zeitraum erstrecken und besondere Verdienste umfassen. Finanzielle Zuwendungen sind mit der Verleihung nicht verbunden. Der Orden kann auch nicht nach dem Tode eines Auszuzeichnenden verliehen werden.

Der Bundespräsident hat bis heute die oberste Entscheidungsbefugnis über das Ordenswesen in Deutschland. Er wird dabei in seinem Hause unterstützt von der Ordenskanzlei. Vorschläge hinsichtlich einer Auszeichnung sind jedoch an andere Stellen zu richten.

Ansprechpartner für den normalen, in der Bundesrepublik wohnenden Deutschen ist die Staatskanzlei seines Bundeslandes bzw. die Senatskanzlei seines Stadtstaates. Für Ausländer oder im Ausland Wohnende ist das Auswärtige Amt zuständig.

Wer also einen würdigen Mitmenschen für die Ordensverleihung vorschlagen will, richtet sich formlos an diese Institutionen. Neben den persönlichen Daten wie Namen, Adresse und Geburtsdatum sollte der »Antrag« die Art und den Umfang der besonderen Verdienste sowie Referenzen beinhalten.

Das Bundespräsidialamt weist darauf hin, dass nicht jede Anregung zu einer Ordensverleihung führt, was aber die Ehrung mit einer Auszeichnung des jeweiligen Bundeslandes nicht ausschließt. Wer sich selbst für den Verdienstorden vorschlägt, hat Pech: Die ordensrechtlichen Vorschriften untersagen das.

Neben der von Privatleuten betriebenen Auszeichnung gibt es in der Bundesrepublik so genannte Vorschlagsberechtigte. Dazu gehören der Bundestags- und der Bundesratspräsident, die Ministerpräsidenten der Bundesländer, der Außenminister sowie die Leiter der Obersten Bundesbehörden. Nach einem Prüfverfahren werden die Vorschläge im Bundespräsidialamt bearbeitet und dem Staatsoberhaupt zur Entscheidung vorgelegt.

Fällt diese Entscheidung positiv aus, so erhält der Ausgezeichnete die Ordensinsignien. Dies sind das Ordenszeichen, die Miniatur des Ordenszeichens fürs Revers sowie die vom Bundespräsidenten unterzeichnete Verleihungsurkunde. Normalerweise erhält der Geehrte die Auszeichnung vom Bürgermeister, Landrat oder Regierungspräsidenten, gelegentlich auch von Bundes- oder Landesministern oder Ministerpräsidenten. In seltenen Fällen überreicht der Bundespräsident die Orden selbst.

Die Insignien sind Eigentum des Ordensträgers, sie können nach dessen Tod vererbt werden. Allerdings darf ausschließlich der Ausgezeichnete den Orden bzw. die Miniatur tragen. Unbefugte Träger begehen eine Ordnungswidrigkeit, die mit einer Geldbuße belegt werden kann.

Auszeichnung ist jedoch nicht gleich Auszeichnung. So wird der Bundesverdienstorden in acht Stufen verliehen, in fast allen Fällen in einer Ausgabe für Herren und einer Ausgabe für Damen. Bei der Herstellung der Ordenszeichen wurde als Kernelement das Kreuz gewählt, auch die Bundesfarben Schwarz-rot-gold kommen zum Einsatz.

Die »einfachste« Version der Auszeichnung ist die Verdienstmedaille. Sie ist rund, von goldener Farbe, hat einen Durchmesser von 38 Millimetern und zeigt auf der Rückseite die Inschrift: »Für Verdienste um die Bundesrepublik Deutschland«.

An zweitletzter Stelle in der Bedeutungsskala steht das Verdienstkreuz am Bande, danach kommt das Verdienstkreuz 1. Klasse als Steckkreuz. Das darauf folgende Große Verdienstkreuz wird als Halsband getragen. Für diese Auszeichnungen sollte der Geehrte das 40. Lebensjahr vollendet haben. Für die Verleihung der nächsthöheren Ordensstufe muss der Auszuzeichnende bereits im Besitz der vorangehenden Stufen sein. Dazwischen muss, je nach Stufe, ein Zeitraum von drei oder vier Jahren liegen.

Allerdings gibt es hier auch Ausnahmeregelungen: Unabhängig von diesen Bestimmungen kann der Verdienstorden für eine »Leistung verliehen werden, die sich durch ihre Einmaligkeit und Beispielhaftigkeit, ihren bahnbrechenden Erfolg oder andere weit reichende Auswirkungen« auszeichnet. Dazu gehören der Gewinn von Weltmeisterschaften, Flüge in den Weltraum und andere Aufsehen erregende Taten.

Bei offiziellen Anlässen oft gesichtet wird die nächste Ordensstufe, das imposante Große Verdienstkreuz mit Stern. Dieser Stern mit einem Durchmesser von 80 Millimetern besteht aus vier goldenen Strahlenbündeln, in der Mitte ist ein Ordenszeichen aufgesetzt. In der Gestaltung identisch, jedoch mit einem Ordensband versehen, das von der rechten Schulter zur linken Hüfte getragen wird, ist das Große Verdienstkreuz mit Stern und Schulterband.

An oberster Stelle für Normalbürger steht das Groß-

kreuz, das ebenfalls an einem Ordensband getragen wird. Der dazu gehörende Stern besteht aus sechs Strahlenbündeln mit aufgesetztem Ordenszeichen.
Die Sonderstufe des Großkreuzes mit einem Stern von 90 Millimetern Durchmesser, der aus acht Strahlenbündeln besteht, ist Staatsoberhäuptern vorbehalten. Die Bundespräsidenten tragen ihn ex officio, auch nach dem Ausscheiden aus dem Amt.
Im Bundespräsidialamt sind sie zwar nicht aufgelistet, aber es gibt immer wieder Menschen, die eine Ordensverleihung ablehnen. Eine der prominentesten Nein-Sagerinnen war Inge Meysel. Sie erklärte 1981, es sei keinen Orden wert, »dass jemand sein Leben anständig gelebt« habe. Ihr Schauspielerkollege Hans-Joachim Kulenkampff verzichtete mit Hinweis auf Traditionen: »Hanseaten nehmen keine Orden«. Auch die Schriftstellerin Irmgard Keun hat die Ehrung abgelehnt: Sie habe genug Kreuze zu tragen.
Der Psychoanalytiker Horst-Eberhard Richter und die Autorin Inge Deutschkron verzichteten mit der Begründung, dass vor allem in den fünfziger Jahren zu viele Ex-Nazis den Orden erhalten hätten. Auch die Schriftsteller Heinrich Böll, Siegfried Lenz und Günter Grass lehnten eine Auszeichnung ab, ebenso Rupert Neudeck, Gründer des »Komitees Cap Anamur«.
Der Filmregisseur Billy Wilder erhielt das Große Verdienstkreuz mit Stern im Alter von 93 Jahren, kommentierte dies jedoch in seiner bekannt sarkastischen Weise: Preise solle man nicht ernst nehmen, sie seien – wie Hämorrhoiden – eine reine Altersfrage: Früher oder später bekomme jedes A… ein paar …

Ähnlich bissig – und ablehnend – äußerte sich der TV-Unterhalter Harald Schmidt: »Wenn man sich ansieht, wer das alles kriegt … Ich sehe mich da zwischen einem Rocksänger und einem Schäferhund stehen.«
Doch auch wer schon einen Orden hat, kann ihn wieder loswerden. So sagt der Paragraph 4 des Gesetzes über Titel, Orden und Ehrenzeichen: »Erweist sich ein Beliehener durch sein Verhalten, insbesondere durch Begehen einer entehrenden Straftat, … der verliehenen Auszeichnung unwürdig oder wird ein solches Verhalten nachträglich bekannt, so kann ihm der Verleihungsberechtigte … die Auszeichnung entziehen und die Einziehung der Verleihungsurkunde anordnen.«
Dies bedeutet indes nicht, dass ein bereits Verurteilter grundsätzlich keinen Anspruch auf eine Auszeichnung haben kann. Voraussetzung ist allerdings, dass die Strafe nicht mehr in das Führungszeugnis aufgenommen wird. Auch kann eine Ehrung dann erfolgen, wenn wegen eines fahrlässigen Vergehens nur auf eine Geldstrafe erkannt worden ist. Vorstrafen sind allerdings bei der Vorschlagsbegründung zu erwähnen.
Jedenfalls erspäht man auch weiterhin bei gesellschaftlichen Ereignissen jene Politiker, die in der Vergangenheit gelegentlich bei Parteispenden-Affären gestrauchelt oder gar gestürzt sind. Ihrer Freude, sich mit bundesdeutschen Orden zu schmücken, tut dies offensichtlich keinen Abbruch.
Wer bei der heimischen Ordensverleihung leer ausgeht, kann es ja immer noch im Ausland versuchen. Doch aufgepasst – Paragraph 5 des bereits erwähnten

Ordensgesetzes gibt dazu klar Auskunft: »Ein Deutscher darf … Orden und Ehrenzeichen von einem ausländischen Staatsoberhaupt oder einer ausländischen Regierung nur mit Genehmigung des Bundespräsidenten annehmen … Die Genehmigung kann widerrufen werden.« Es bleibt also nicht einfach, ausgezeichnet zu werden.

Ja, das Schreiben und das Lesen

Analphabetismus in Deutschland

Über die Anzahl streiten sich die Gelehrten: Sind es 500 000 Bürger, sind es vier Millionen oder sogar elf Millionen in Deutschland? Die Rede ist von Analphabeten, von Menschen, die nicht oder kaum lesen und schreiben können. Was eher als ein Problem der Vierten oder Fünften Welt gilt, ist auch hierzulande verbreiteter als gemeinhin vermutet.

Wenn man hierzulande von Alphabetisierung spricht, denkt man an die letzten 100 oder 150 Jahre. Dabei ist die allgemeine Schulpflicht viel älter. Sie wurde in Sachsen-Coburg-Gotha bereits gegen Ende des Dreißigjährigen Krieges, nämlich 1642 eingeführt, Württemberg folgte sieben Jahre später, Brandenburg 1662. Preußen insgesamt richtete ab 1717 Volksschulen für seine kleinen Untertanen ein.

In diesem Zusammenhang von massenhafter Alphabetisierung zu sprechen, wäre allerdings übertrieben. So wurden die Kinder vor allem in jenen Jahreszeiten unterrichtet, wo sie nicht bei der Feldarbeit gebraucht wurden. Tatsächlich besuchten nach Schätzungen im 17. und 18. Jahrhundert etwa 25 Prozent aller Kinder eine Schule, wirklich lesen und schreiben konnten damals wohl nur rund zehn Prozent. Zeitgenossen klagten, dass selbst Inhaber öffentlicher Ämter wie etwa gutbürgerliche Ratsherren diese Kunst nur unzureichend beherrschten.

Lernen war damals mit Standes- und Geschlechtszugehörigkeit verbunden. Knechte, Mägde und Tagelöhner standen am Ende der Alphabetisierungsskala. Mädchen erhielten später und weniger Unterricht als ihre männlichen Altersgenossen. Kirchenbücher jener Jahre zeigen oft genug die buchstäblichen drei Kreuze, mit denen Eheleute ihren Bund fürs Leben signierten, der Pfarrer setzte selbst die Namen daneben. Später lernten die Menschen immerhin, eine Unterschrift zu leisten. Der eigene Name war aber vielfach das Einzige, was sie schreiben konnten – dennoch galten sie damit nicht mehr als Analphabeten. Wie alle Statistiken, sind auch die Erhebungen jener Zeit mit Vorsicht zu genießen.

Dies beweisen die Zahlen, die uns für den Alphabetisierungsgrad unter den (ohnehin rein männlichen) Rekruten vorliegen. Während 1863 noch mehr als sechs Prozent der gezogenen Soldaten nicht lesen und schreiben konnten, ging dieser Anteil bis 1890 auf unter ein Prozent zurück. Offiziell galt das Analphabetentum in Deutschland seit spätestens 1912 als beseitigt. Tatsächlich aber gab es auch in den Folgejahrzehnten, über zwei Weltkriege und vier politische Systeme hinweg, einen bestimmten Prozentsatz der Bevölkerung, der nicht wirklich lesen und schreiben konnte.

Zum Thema wurden die Analphabeten erst gegen Ende der siebziger Jahre. Dies hat verschiedene Ursachen. Vorher konnten sich diese Menschen über Jahrzehnte hinweg in einem beruflichen und sozialen Milieu aufhalten, wo sie nicht wirklich lesen und schreiben können mussten. Sie arbeiteten als Hilfskräfte auf Baustellen, in der Landwirtschaft oder in der Dienstleistungssparte, oft im familiären Verbund. Schriftliches übernahmen Arbeitgeber oder Angehörige. Diese einfachen Arbeiten sind mittlerweile weit gehend weggefallen oder haben sich dergestalt verändert, dass man zumindest lesen können muss. Wer früher Analphabet war, musste die vorhandenen miesen Jobs machen. Wer heute nicht lesen und schreiben kann, hat wenig Chancen, überhaupt eine Arbeit zu finden.

Auch jenseits der Arbeitswelt erforderten früher viele Lebensbereiche keinen Umgang mit Schrift. Man erwarb beim Händler um die Ecke die Butter oder die Glühbirne, indem man sagte, was man wollte. Am Bahnhofsschalter teilte man dem Beamten mit, wohin man wollte, und man erhielt die Fahrkarte. Dies hat sich mit der zunehmenden Rationalisierung geändert. Im Supermarkt herrscht das Prinzip Selbstbedienung, auf den Bahnhöfen stehen Automaten, die nur Menschen mit ausreichenden Lesekenntnissen bedienen können.

Dies macht deutlich, warum das Problem Analphabetismus in Deutschland seit mehr als drei Jahrzehnten wieder auf der Tagesordnung steht, ja sogar in Videoclips im Fernsehen oder in Anzeigen in den Printmedien thematisiert wird. Ohne angemessene Hilfe gehen die betroffenen Menschen in einer Zeit der schriftlichen Kommunikation unter. Was bei dem magyarischen Schweinezüchter Kolman Zsupan in Johann Strauss' »Zigeunerbaron« (»Ja, das Schreiben und das Lesen ist nie mein Fach gewesen …«) spaßige Folklore ist, bedeutet heute für die Analphabeten eine persönliche Katastrophe.

Heute unterscheidet man je nach Hintergrund und Ursache drei Hauptkategorien von Menschen, die des Lesens und Schreibens gar nicht oder kaum mächtig sind: die totalen, die funktionalen und die sekundären Analphabeten.

Zu den totalen Analphabeten gehören zwei Gruppen: Dies sind zum einen Menschen, die aufgrund einer schweren Behinderung nicht lesen und schreiben lernen konnten. Zum anderen handelt es sich um Zuwanderer bzw. meist Zuwanderinnen, die in ihren Heimatländern keine Schulen besuchen konnten. Die Ursachen für die Schriftlosigkeit der Gruppen sind hier offensichtlich.

Weiter verbreitet sind die funktionalen Analphabeten, die ihrer Schulpflicht nachgekommen sind, minimale Lese- und Schreibkenntnisse hatten, diese aber im Alltag nicht für sich nutzen können. Sie unterschreiten, so

die wissenschaftliche Definition, die Mindestanforderungen bei der Beherrschung der Schriftsprache. Beeindruckend ist, mit welchem Geschick diese Menschen teilweise oft über Jahrzehnte ihr berufliches und privates Umfeld im Unklaren darüber halten konnten, dass sie die Schrift nicht beherrschen. Sie merken sich Farben, Formen und Symbole anstelle von Texten und verraten damit eine praktische Intelligenz, die sich bei ihren alphabetisierten Zeitgenossen nicht entwickeln musste.
Eine besondere Gruppe sind Zuwanderer, die in ihren Heimatländern Schulen besucht haben und dort ausreichend alphabetisiert worden sind, aber mit deutschen Texten aktiv und passiv nichts oder wenig anfangen können.
Gleichwohl gibt es funktionale Analphabeten, die leichtere Texte durchaus lesen können. Ihr Hauptproblem liegt im Schreiben, im schriftlichen Beschreiben. Hier ist hier die Bezeichnung »Analphabet« durchaus relativ. Denn wer mit bestimmten Kenntnissen in einem bestimmten Beruf vor 50 Jahren noch als alphabetisiert galt, muss das heutzutage mit gleichen Kenntnissen im gleichen Beruf nicht mehr sein.
Von sekundärem Analphabetismus spricht man dann, wenn ein Mensch nach erfolgreich absolvierter Schule im Laufe seines Lebens die schriftsprachlichen Fähigkeiten wieder verlernt. Beobachtungen haben ergeben, dass es selbst im PISA-Wunderland Bayern junge Menschen mit Hauptschulabschluss gibt, die massive Probleme haben, sich schriftlich auszudrücken. Dies gilt für den Inhalt ebenso wie für die Rechtschreibung.

Was man aber nicht richtig kann, wendet man aus Angst zu versagen nicht mehr an. Damit werden die wenigen verbliebenen Kenntnisse auch noch verschüttet.

Die Neuen Medien scheinen dabei keine Hilfe zu sein – im Gegenteil. So tragen nach Ansicht der »Stiftung Lesen« in Mainz das Fernsehen, Computerspiele und dergleichen zu einer zunehmenden Entalphabetisierung bei. Rund drei Millionen Menschen hätten durch einen Mangel an Beschäftigung mit Texten das Lesen und Schreiben wieder weit gehend verlernt.

Das TV-Gerät als »Dauerbrenner« im Wohnzimmer unterbindet in vielen Familien die Kommunikation, dadurch wird die Sprachentwicklung verlangsamt und gestört. Diese Störungen wiederum erschweren das Lesen- und Schreibenlernen. Hinzu kommt, dass der Fernsehkonsum mit seiner rasanten Szenenabfolge die Konzentrationsfähigkeit vor allem der Kinder und Jugendlichen herabsetzt – eine Grundvoraussetzung, Lesen und Schreiben zu lernen. Beide Kulturtechniken sind zunächst einmal nur durch »harte Arbeit« in Verbindung mit ausreichend Geduld zu erwerben. Dies ist mit dem Ex-und-Hopp-Prinzip der gegenwärtigen Unterhaltungsbranche nicht zu vereinbaren.

Die eingangs genannten Statistiken zeigen, dass die Meinungen der Fachleute weit auseinander gehen. Dies hat teilweise auch politische Hintergründe: Kein Politiker will in einer Zeit der Wissensgesellschaft und der Globalisierung sein Land als ungebildet präsentieren, kein Kultusministerium will seinem jeweiligen Bildungssystem ein teilweises Scheitern attestieren.

Die Deutsche UNESCO-Kommission ging 1990 – kurz vor der Wiedervereinigung – davon aus, dass in der Bundesrepublik zwischen 0,75 und drei Prozent der Bevölkerung funktionale Analphabeten sind. Dies waren damals zwischen 500 000 und zwei Millionen Bundesbürger über 15 Jahre. In dieser Zahl sind nicht die ausländischen Mitbürger ohne ausreichende Lese- und Schreibkenntnisse berücksichtigt. Eine Studie der OECD aus dem Jahr 1995 spricht gar von 14 Prozent aller Erwachsenen hierzulande, die nicht einmal die unterste Fähigkeitsstufe ihrer Muttersprache beherrschen. Das wären elf Millionen Menschen. Der Bundesverband Alphabetisierung e. V. in Münster nennt vier Millionen funktionale Analphabeten.

Weil das Problem mittlerweile erkannt und bekannt ist, bieten zahlreiche Bildungsträger Kurse für Erwachsene an. Die Schüler erkennen, dass sie nicht alleine sind mit ihrer Lese- und Schreibschwäche, sie verlieren ihre Ängste und gewinnen an Selbstvertrauen. So sinnvoll und so wertvoll diese »Therapie« ist – der eigentliche Ort, Analphabetismus schon im Ansatz zu vermeiden, ist die Schule. Hier stehen die Kultusministerien in der Pflicht. Aber darüber hinaus sollten auch das Elternhaus und die Gesellschaft insgesamt erkennen, welchen Wert diese Kulturtechniken ausmachen. An dieser Stelle zu sparen bedeutet, später das Mehrfache bezahlen zu müssen.

Toi, toi, toi!

Aberglaube hierzulande

Es handelt sich gewissermaßen um die größte »Glaubensgemeinschaft« in Deutschland, und irgendwie gehören wir alle ein bisschen dazu. Und auch wenn die Umfrageergebnisse schwanken, die Tendenz ist eindeutig: Was hierzulande gemeinhin Aberglaube genannt wird, ist in der Bevölkerung fest verankert und nimmt sogar noch zu. Allerdings kollidiert dies nicht notwendigerweise mit konventionellen religiösen Vorstellungen: Fast zwei Drittel der Menschen glauben an Gott.

Wie das Forschungsinstitut Forsa ermittelt hat, benutzen fast drei Viertel der Bevölkerung für bestimmte Vorhaben beschwörende Formeln wie »toi, toi, toi!«. Rund 57 Prozent der Befragten lesen Horoskope, auch wenn angeblich nur knapp 30 Prozent daran glauben. Mit zunehmendem Bildungsstand nimmt der Aberglaube ab, mit zunehmenden Jahren legt er zu. In der Altersklasse der 50- bis 59-Jährigen gibt es mit 62 Prozent den höchsten Anteil. Aber auch die Bürger unter Dreißig sind mit 53 Prozent stark vertreten. Ostdeutsche scheinen für Übernatürliches empfänglicher zu sein als Westdeutsche. Vielleicht sind sie auch nur ehrlicher in ihren Antworten.

Eine vom Allensbacher Institut für Demoskopie durchgeführte Langzeitstudie förderte noch mehr Erstaunliches zutage. Zu Beginn des dritten Milleniums ist der Aberglaube in der Republik heute stärker verbreitet als noch in den siebziger Jahren. Nach der

Untersuchung können 51 Prozent der Befragten als abergläubisch genannt werden, sich selbst bezeichnet ein Viertel der Befragten so. Frauen sind mit 62 Prozent stärker vertreten als Männer mit 38 Prozent. Möglicherweise genieren sich aber die Herren der Schöpfung zuzugeben, dass ihr Leben von schwarzen Katzen und Hufeisen bestimmt sein könnte.

So halten beispielsweise 42 Prozent der Bundesbürger das vierblättrige Kleeblatt für ein Glückssymbol, 1973 glaubten dies in Westdeutschland nur 26 Prozent. Wie aus der Studie ferner hervorgeht, halten 40 Prozent aller Deutschen Sternschnuppen für bedeutsam, vor 33 Jahren meinten dies nur 22 Prozent. Und 36 Prozent glauben, dass die Begegnung mit einem Schornsteinfeger Glück bringt, 1973 waren es 23 Prozent. Immerhin: 39 Prozent der Männer und 21 Prozent der Frauen geben an, dass derlei Dinge überhaupt keine Bedeutung für sie haben.

Allerdings ist schon der Begriff Aberglaube umstritten. Denn er wurde und wird als Kampfbegriff meist abwertend für ein Glaubensgebilde gebraucht, das als irrational, unvernünftig, nutzlos und manchmal sogar als unmenschlich betrachtet wird. Häufig steht er im Zusammenhang mit voraufklärerischen Epochen, mit dem Mittelalter oder mit mangelnder Bildung. Für grundsätzliche Religionsfeinde wird jedes Bekenntnis zum Aberglauben.

Selbst in den etablierten Religionen, die über eine geschlossene logische Struktur verfügen, kann es in bestimmten Zeiten und Situationen zu mehr oder minder starken abergläubischen Exzessen kommen.

Auch kommen hier gelegentlich noch Überreste von vorjüdischen, vorchristlichen oder vorislamischen Glaubensbestandteilen vor, die sich über Jahrhunderte und Jahrtausende halten konnten.

Es ist kein Zufall, dass im Abendland der Begriff Aberglaube in der christlichen Religion am Ende des Mittelalters auftaucht. Damals sollte er Abweichungen von der geltenden Kirchenlehre anprangern und ins Abseits stellen. Zwar war zu jener Zeit die Bekehrung der Heiden in Europa abgeschlossen. Aber die regionalen Volksglauben lebten in gewissen Grenzen weiter. Zauber, Amulette, der »böse Blick«, heilige Bäume und heilige Haine spielten dabei eine Rolle. Dem wollte man entgegenwirken, damit die Treue zur herrschenden Religion erhalten bleibt. Deshalb wurde auch den frühen reformatorischen Bewegungen, den Abweichlern und »Ketzern«, vorgeworfen, vom Aberglauben besessen zu sein.

Soziologen und Ethnologen erklären die Verbreitung des Aberglaubens damit, dass der traditionelle Glaube mit der gesellschaftlich-kulturellen Entwicklung nicht mehr Schritt halten kann. Katholizismus und Protestantismus verlieren gewissermaßen an Kraft. Ein Indiz dafür war bereits die politische Entwicklung im frühen 20. Jahrhundert. Der Nationalsozialismus mit seinen starken pseudo-heidnischen Elementen fand vor allem dort Anhänger, wo die klassischen christlichen Konfessionen an Zulauf verloren. Und es ist wohl kein Zufall, dass ausgerechnet der »erste Arbeiter- und Bauernstaat« der Welt, die Sowjetunion, zu kommunistischen, das heißt atheistischen Zeiten eine Hochburg des Aberglaubens geworden ist. Die Kremlspitze höchstselbst besuchte Wahrsagerinnen, deren Tätigkeit mit dem Dogma der Wissenschaftlichkeit kaum zu vereinbaren war. Die Zunahme des Aberglaubens in den vergangenen Jahrzehnten, so die Wissenschaft, hängt möglicherweise damit zusammen, dass die Menschen von der technischen und gesellschaftlichen Entwicklung überrollt und mit ihr nicht fertig werden, dass sie Angst vor der Zukunft haben. Dies ist dann die Stunde von allerlei Heilsbringern. Die meisten davon verteilen ihren »Segen« nur gegen Bares. Mittlerweile gibt es in Deutschland weit mehr Wahrsager und Hellseher als katholische und evangelische Geistliche zusammen. Aber daneben gibt es die sympathischen Formen des Aberglaubens, die uns und unseren Vorfahren seit Langem vertraut sind und die meistens nichts schaden, wenn sie vielleicht auch nicht viel nützen. Dazu gehört die schwarze Katze, die einem – besser nicht – von links über den Weg läuft. Überhaupt ist die Tierwelt prominent vertreten. Wenn das Käuzchen ruft, stirbt ein Verwandter. Wenn der Kuckuck ruft, sollte man die Geldbörse schütteln – sie füllt sich dann. Die Spinne am Morgen bringt aus irgendwelchen nicht einsichtigen Gründen Kummer und Sorgen. Schwalbennester am Haus bringen Glück. Das Gleiche gilt für den Anblick eines Schornsteinfegers. Unter einer Leiter durchzugehen sollte der Mensch unterlassen, auch einen Spiegel zu zerschlagen und Salz zu verschütten verschafft dem künftigen Schicksal Minuspunkte. Eine Sternschnuppe hingegen lässt Wünsche in Erfüllung gehen, wenn man es richtig macht.

Stark mit Volksmagie besetzt sind auch die Sieben und die 13, letztere besonders in Zusammenhang mit einem Freitag. An einem solchen Tag lässt man besser die Finger von Wichtigem. Interessanterweise haben Mathematiker errechnet, dass der Dreizehnte eines Monats tatsächlich geringfügig häufiger auf einen Freitag als auf einen anderen Wochentag fällt. Jedenfalls haben nahezu 30 Prozent der Menschen mehr oder minder heftigen Bammel vor Freitag, dem 13.
Dies hängt unter anderem damit zusammen, dass einst beim letzten Abendmahl von Jesus und seinen Jüngern der dreizehnte, nämlich Judas, ein Verräter war. In einer Reihe von Ländern gilt 13 als das »Dutzend des Teufels«. Der Freitag wiederum hat seinen schlechten Ruf daher, dass Christus der Überlieferung nach an diesem Tag (Karfreitag) gekreuzigt worden ist. Hotels verzichten auf die Zimmernummer 13, Fluggesellschaften auf die Sitzreihe 13 – darunter auch deutsche. Andere Airlines müssen die Reihe 17 überspringen, denn diese Zahl gilt bei Italienern und Brasilianern als bedrohlich.
Auch in der Welt des Theaters verlassen sich viele Akteure auf »höhere Gewalten«. So darf man nicht pfeifen, sonst könnte es brennen. Es ist verpönt, sich für den Wunsch »Toi, toi, toi!« zu bedanken. Damit wird eigentlich der ziegenfüßige Herr der Unterwelt benannt und somit verbannt, dessen Name nicht komplett ausgesprochen werden darf. Auf der Bühne darf nicht gegessen und getrunken werden, es sei denn, das Stück verlangt es. Und zur Sicherheit bespucken sich die Schauspieler vor der Premiere, auf dass das Stück ein Erfolg wird.

Nicht nur in Deutschland, auch anderswo in Europa und auf der Welt gibt es Dinge zwischen Himmel und Erde, die man nicht erklären kann, auf die man aber wohlweislich achten sollte. So steht Besuch ins Haus, wenn ein Gegenstand herunterfällt. Wer auf Reisen geht und etwas in der Wohnung vergessen hat, sollte niemals zurückgehen. Muss es doch sein, dann hilft der Blick in einen Spiegel. Auf lautes Pfeifen sollte man verzichten, denn bei so viel Herzensfröhlichkeit zerrinnt das Geld. Juckt einem dagegen die rechte Hand, winkt Bares. Juckt aber die Nase, muss man mit Prügel rechnen. Klingeln die Ohren, ist man Thema einer Gesprächs – meist wird schlecht über einen geredet. Und juckt das rechte Auge, dann heißt es aufpassen: Bald wird man weinen und klagen.

Wer an einem langen Tisch sitzt, sollte sich hüten, seine Füße links und rechts neben ein Tischbein zu stellen, denn dann droht eine böse Schwiegermutter. Auch ist es gefährlich, sich am Küchentisch übers Eck zu setzen.

Russen schütteln nicht die Hände über der Türschwelle. Vor dem Examen verzichten sie darauf, das Gesicht zu waschen und die Haare zu kämmen. Hat sich die Kleidung bei früheren Prüfungen bewährt, hieße es das Schicksal herauszufordern, wenn man sie in die Waschmaschine steckte oder in die Reinigung gäbe. Und für alle Fälle kann ein Fünf-Kopeken-Stück im Schuh nicht schaden.

Auch die sonst so vernunftbegabten Amerikaner sind nicht frei von Aberglauben. Selbst wenn dies mit zusätzlichen öffentlichen Ausgaben verbunden ist. So wurde denn auch im Sommer 2003 der 300 Kilometer lange Highway 666, der sich durch New Mexico, Utah und Colorado zieht, in Route 491 umbenannt. In der Offenbarung des Johannes gibt es im 13. Kapitel eine Stelle, wonach die 666 gewissermaßen als Code für das Teuflische an sich interpretiert werden kann. Damit werden auch die Unfälle in Verbindung gebracht, die in der Vergangenheit auf der Route 666 passiert sind.

Ob die »Four-Nine-One« künftig sicherer sein wird, bleibt abzuwarten. Für alle Fälle hat sich der Gouverneur von New Mexico bei der feierlichen Änderung der Straßennummer nicht nur des Zuspruchs der christlichen Konfessionen versichert, sondern auch die religiösen Repräsentanten der Navajo-Indianer eingeladen.

Derlei Aufwand wird uns hierzulande hoffentlich erspart bleiben: Wir werden weiterhin Ausschau halten nach vierblättrigen Kleeblättern und verlorenen Hufeisen. Besonders Jungverliebte werden – gemeinsam – in lauen und klaren Sommernächten den Himmel nach Sternschnuppen absuchen. Ein Kettchen als Glücksbringer kann ebenfalls nicht schaden. Und zur Sicherheit schauen wir dann doch noch kurz in unser Horoskop. Auch wenn wir davon natürlich nix glauben.

Der Berg ruft

Die Geschichte des Alpinismus

Er war wohl nicht der Erste, der in vorgeschichtlicher Zeit vor rund 5000 Jahren durch die Alpen wanderte. Aber er ist seit 1991 der Bekannteste: Ein Mann Mitte 40, etwa 160 Zentimeter groß, mit Fellkleidern und Fellstiefeln bekleidet. Die Rede ist von »Ötzi«, dessen sterblichen Überreste vergleichsweise gut erhalten auf 3200 Metern unweit der Fineilspitze entdeckt wurden. Bemerkenswert: Der antike Alpinist besaß zwar noch alle Zähne ohne jeglichen Kariesbefall, hatte aber eine Lunge wie ein Kettenraucher – wohl wegen der offenen Feuerstellen.

Auch in den Jahrtausenden nachher stiegen immer wieder Menschen in die Berge. Gelegentlich machten sie damit Geschichte wie der Karthager Hannibal, der im Jahr 218 vor unserer Zeitrechnung mit einigen zigtausend Soldaten sowie 37 Kriegselefanten die Alpen überquerte und den Römern gewissermaßen in den Rücken fiel.

Manchmal dienten derlei Exkursionen militärischen und politischen Zwecken. Meist aber waren die Frühalpinisten unterwegs, um aus geschäftlichen oder familiären Gründen von Punkt A nach Punkt B zu kommen.

Der erste bekannte Bergsteiger, der einen Gipfel um der Sache selbst willen erklomm, war ein Intellektueller: der große italienische Gelehrte und Dichter Francesco Petrarca. Er bestieg 1336 den »windigen« Mont Ventoux in Südfrankreich. Dies gilt gewissermaßen als

Geburtsstunde des Alpinismus, auch wenn es mittlerweile Zweifel an Petrarcas kühner Tat gibt.
Dem Poeten aus Arezzo folgte lange Zeit niemand – zumindest niemand Prominentes. Dann kam 400 Jahre später das Zeitalter der Aufklärung, zu dessen Kardinaltugenden die wissenschaftliche Neugier gehörte. Der Berg rief nicht deshalb, weil ein verirrtes Rind einzufangen war, sondern weil man den geheimnisvollen Sitz höherer Mächte erkunden wollte.
Fast zeitgleich mit der Französischen Revolution bestiegen Michel-Gabriel Paccard und Jacques Balmat 1786 den Mont Blanc, mit 4800 Metern der höchste Berg Europas. Anderthalb Jahrzehnte quälte sich der deutsche Forscher und Weltreisende Alexander von Humboldt in Südamerika auf den 5800 Meter hohen Chimborazo. Im Jahr 1800 erfolgte die Erstbesteigung des österreichischen Großglockners, und 1809 machte Marie Paradis Furore – als erste Frau auf einem Berggiganten, dem Mont Blanc.
Gegen Mitte des 19. Jahrhunderts wurde dann im Himalaya der höchste Berg der Erde (8850 Meter) vermessen und – ganz unspektakulär – nach dem damaligen Leiter des Vermessungsamtes Ihrer britischen Majestät, Sir George Everest, benannt. Selbstverständlich hatten derlei alpinistische Aktivitäten vor allem mit den kolonialen und geostrategischen Interessen des Empire in Indien zu tun.
Kaum vermutet, aber doch irgendwie logisch: Der erste Bergsteigerverein wurde denn auch nicht in Bayern, in Tirol oder in der Schweiz gegründet, sondern 1857 als *Alpine Club* im doch eher ungebirgigen Lon-

don. Erst 1862 folgten die Untertanen von Kaiser Franz-Joseph mit dem *Österreichischen Alpenverein*, ein Jahr später wird der *Schweizer Alpen-Club* aus der Taufe gehoben.

Und noch kurz vor der Gründung des Deutschen Reiches, nämlich bereits im Mai 1869, ging aus dem bereits bestehenden *Bildungsbürgerlichen Bergsteigerverein* der *Deutsche Alpenverein* hervor. Seine Gründer waren überwiegend unzufriedene Mitglieder des österreichischen Vereins. Sie wollten die touristische Erschließung der Alpen nicht nur akademisch, sondern auch praktisch unterstützen, etwa durch den Bau von Hütten und Wegen.

Selbst wenn sich Berliner und Wiener einige Jahre vorher noch bei Königsgrätz die Köpfe eingeschlagen hatten – am Berg wurden sie rasch zu Kameraden. So schlossen sich die zwei Vereine von 1873 bis 1938 zum Deutschen und Österreichischen Alpenverein (DuÖAV) zusammen.

In den folgenden Jahrzehnten rief der Berg immer lauter. Damit einher ging eine Professionalisierung in Sachen Organisation und Ausrüstung. Nach einer Reihe von Unfällen wurde 1896 der *Alpine Rettungsausschuss Wien* gegründet, ein Vorläufer des nachmaligen österreichischen *Bergrettungdienstes*. Zu dieser Zeit kamen auch erstmals gedruckte Bergführer heraus, in denen die beschriebenen Touren mit Schwierigkeitsgraden präsentiert wurden.

Noch vor dem Ersten Weltkrieg bestieg Karl Blodig, gewissermaßen ein früher Bergrekordler, alle Viertausender der Alpen. Im Krieg verloren bei den Kämpfen vor allem zwischen österreichischen und italienischen Truppen Zehntausende von Soldaten im Gebirge ihr Leben.

Erfreulich war die Internationalisierung der Kletterei nach Kriegsende 1918 – auch wenn die Kameradschaft den zunehmenden politischen Spannungen wenig entgegenzusetzen hatte. So kam es 1927 zu einer deutsch-sowjetischen Pamir-Expedition, wo unter Führung von Willy Rickmer-Rickmers unter anderem der Pik Lenina mit 7100 Metern erforscht wurde. Auch andere Bergriesen wurden angegangen – manchmal mit tödlichem Ausgang, etwa bei der deutschen Nanga-Parbat- oder K2-Expedition. Im Jahre 1932 wurde die *Union Internationale des Associations d'Alpinisme* (UIAA) gegründet, ein Zusammenschluss der nationalen Bergsteigervereine.

Nach dem »Anschluss« Österreichs an das Deutsche Reich 1938 wurde der DuÖAV, jetzt nur noch *Deutscher Alpen Verein* (DAV), als *Fachverband Bergsteigen* in den *Nationalsozialistischen Reichsbund für Leibesübungen* eingegliedert. Im Jahr 1945 wurde der *Österreichische Alpenverein* OeAV neu gegründet. Bis zur Wiedergründung des DAV 1952 verwaltete der OeAV dessen Vermögen treuhänderisch.

Der Deutsche Alpenverein bildet gegenwärtig mit 713 000 Mitgliedern die größte Bergsteigervereinigung der Welt und den achtgrößten Sportverein Deutschlands. Er ist Dachverband für die derzeit 366 eigenständigen, Sektionen genannte Mitgliedsvereine.

Zunächst hatte der Verein zwei Hauptanliegen: den alpinistischen Erfahrungsaustausch sowie den Bau und die Erhaltung von Wegen und Berghütten. Mittlerweile liegt ein weiterer Schwerpunkt auf dem Natur- und Umweltschutz. Dies ist auch ein wesentlicher Grund, warum der DAV keine weiteren Wege und Hütten mehr baut, für ihn ist die Erschließung der Alpen beendet.

Demgegenüber stellen die anderen Gebirgsregionen dieser Erde weiterhin eine Herausforderung dar. Bereits 1950 hatte eine französische Expedition mit dem Annapurna den ersten Achttausender bezwungen, 1953 setzten (heute Sir) Edmund Hillary und Tenzing Norgay ihren Fuß auf den Mount Everest. Im gleichen Jahr wurde auch der Nanga Parbat, der »Schicksalsberg der Deutschen«, von Hermann Buhl erstbestiegen.

Zwei Jahrzehnte später veröffentlichte die UIAA ihre bis heute gültige und mittlerweile nach oben offene Schwierigkeitsskala. Seither wird der Extremalpinismus zunehmend medialisiert und damit kommerzialisiert. Der Südtiroler Reinhold Messner bestieg 1978 erstmalig den Mount Everest ohne Sauerstoffgerät und bis 1986 alle 14 Achttausender im Himalaya. Andere folgten ihm, oft weniger gut vorbereitet und gelegentlich mit tödlichem Ausgang.

Die meisten organisierten und nicht organisierten Bergfreunde geben sich mit weniger zufrieden, sei es mit Höhenwanderungen oder mit leichten bis mittelschweren Kletterpartien. Andere schätzen Ski- oder Schneeschuhtouren. Eine Definition dessen, was Alpinismus eigentlich ausmacht, gibt es nicht, und das ist wohl auch gut so.

Für welche Version sich der Bergliebhaber auch entscheidet: Die Ausrüstung macht's. Das fängt an bei festen Schuhen und wetterfester Kleidung – der nächste Wettersturz kommt bestimmt, auch im Sommer. Selbst für die warme Jahreszeit empfiehlt sich ein Wollpullover und Leibwäsche zum Wechseln oder Drüberziehen. Vorsicht bei Gewitter: Hier gilt es schnell die geeignete Deckung zu suchen (zu den diesbezüglich oft irrigen Volksweisheiten wurde im einschlägigen Kapitel dieses Buches das Nötige gesagt). Auch Steinschlag ist gefährlich, hier schützt ein leichter Plastikhelm. Selbstverständlich muss der Wanderer ausreichend Wasser und Lebensmittel dabei haben – manchmal sind die Wege lang, die bewirteten Hütten rar, und die Sonne ist brennend.

Auch der Umgang mit Karte und Kompass sollte gelernt worden sein – vor dem Abmarsch in die Höhen. Auskunft über aktuelles und zu erwartendes Wetter erteilen die entsprechenden alpinen Organisationen, aber auch die Hüttenwirte vor Ort. Wichtig ist, die eigenen Kräfte und die eigene Bergtauglichkeit wie auch die der Begleiter nicht zu überschätzen. Man muss bei entsprechendem Wetter auch Manns – oder Frau – genug sein, um umzudrehen. Der Berg fordert, aber er soll nicht überfordern. Verbissenheit ist hier nicht nur überflüssig, sondern lebensgefährlich.

Ein geübter Wanderer legt in einer Stunde etwa 400 bis 500 Höhenmeter im Aufstieg und rund 600 bis 800 Höhenmeter beim Abstieg zurück. Auf einer ebenen Fläche schafft er vier bis fünf Stundenkilometer. Wie die jeweilige Strecke beschaffen ist, verrät der Blick auf

eine geeignete Karte – etwas professioneller als die Broschüre vom örtlichen Touristenverein sollte sie schon sein. Wer eher selten im Gebirge ist, muss ab 2000 Meter mit »dünner Luft« rechnen.
Auch sollte sich der Bergfreund darüber im Klaren sein, wie weit er schwindelfrei ist. Selbst relativ unspektakuläre Wanderpfade haben gelegentlich an ihrer bergabgewandten Seite nichts als freie Sicht und freien Fall zu bieten. Da sollten die Knie nicht ins Zittern geraten.
Wer einigermaßen alpennah lebt und öfters in den Bergen wandert, erlebt einerseits die Scharen von Sandalen- und Jagertee-Alpinisten. Weit unangenehmer sind jene »Extremsportler«, die ohne Rücksicht auf Mitmenschen und Umwelt auch den höchsten erreichbaren Punkt der Landschaft unbedingt mit dem Mountainbike glauben bezwingen zu müssen.
Die Mehrzahl der Menschen am Berg genießt die Natur, die Einsamkeit beim Einzelwandern oder auch die Geselligkeit in der Gruppe, die körperliche Herausforderung und die Freude, eine neue interessante Strecke oder eine bisher unbekannte Aussicht entdeckt zu haben. Hier ist der Weg zum Ziel geworden.

Schröpfköpfe und Aderlass

Medizinische Ratschläge aus dem Mittelalter

Solange es Menschen gibt, sind Menschen auch krank. Und solange Menschen krank sind, brauchen sie Hilfe. Selbst höher entwickelte Tiere kümmern sich instinktiv um ihre siechen Artgenossen. Sie sorgen für Ruhe, Wärme und Sicherheit. Das war über die Jahrhunderttausende auch ein wesentlicher Bestandteil menschlicher Krankenpflege. Hinzu kamen Nahrung und erste Formen medizinischer Betreuung, etwa bei Brüchen oder äußeren Verletzungen. Spuren von vergleichsweise komplizierten Operationen gehen weit in die Vergangenheit zurück.

Heilkundige Menschen gab es zu allen Zeiten. In den klassischen Hochkulturen von Mesopotamien über Ägypten bis nach Hellas kam die Wissenschaft hinzu. Bereits in der Antike basierten Diagnose und Therapie auf akademischen Grundlagen. Gerade in der alternativen Medizin ist man derzeit wieder dabei, alte Heilweisen neu zu entdecken – nicht nur jene aus Asien, sondern auch die aus der eigenen Heimat.

Mit der Christianisierung der abendländischen Welt hielten religiöse Vorstellungen Einzug. Die Idee, dass Krankheit eine Strafe für sündiges Treiben sei, war im Mittelalter weit verbreitet. Immer wieder, bis ins 20. Jahrhundert hinein, hat die Religion auch die Medizin wesentlich beeinflusst. Und gelegentlich hat die Kirche die jahrhundertealten Erfahrungen der einfachen Menschen verdrängt, sogar verfolgt.

Einst gab es für nahezu jede Krankheit oder jedes kranke Organ einen Heiligen, den man bei Bedarf anrufen konnte und musste. Der hl. Lukas oder der hl. Michael waren gewissermaßen »Allgemeinmediziner« und bei jedem Leiden zu gebrauchen. In die Sektion »Spezialisten« fielen der hl. Sebastian (Pest), der hl. Christopheros (Epilepsie), die hl. Artemis (Geschlechtskrankheiten), der hl. Rochus (Pestbeulen), der hl. Blasius (Halsleiden), der hl. Laurentius (Rückenleiden), der hl. Fiacrius (Hämorrhoiden) oder die hl. Appolonia (Zahnschmerzen). Die Reliquien solch frommer Männer und Frauen lockten Tausende von Pilgern an, Heiligenbilder und Souvenirs wurden bald zu einem Wirtschaftsfaktor für die betreffenden Orte.

Einen leibhaftigen akademisch ausgebildeten Arzt haben bis in die Neuzeit hinein die meisten Erdenbürger niemals gesehen – auch in Deutschland nicht. Die Medizinerdichte in den Dörfern und Weilern jenseits der Städte war gering. Und dort lebten bis ins neunzehnte Jahrhundert die meisten Menschen. Diese Siedlungen waren klein und durch schlechte Wege nur unzureichend miteinander und mit dem Rest der Welt verbunden. Eine Fahrt in die nächste Stadt war ein Abenteuer und aus praktischen wie aus finanziellen Gründen für die Landbevölkerung kaum oder nur selten möglich. Aber auch in den Städten konnten sich nur die einigermaßen Begüterten professionelle medizinische Hilfe leisten.

Alle anderen Patienten mussten sich mit dem behelfen, was ihnen »vor Ort« medizinisch zur Verfügung stand. Jahrhunderte alte Erfahrungen und die Beobachtungen aufmerksamer Zeitgenossen taten dabei das Ihre.

Auf dem Land waren es die weisen Frauen oder die Kräuterweiblein, die halfen. Es gab auch für ärmere Schichten den Bader, der die Zähne riss oder kleinere Operationen vornahm. Hinzu kamen Behandlungen mit Pflastern, Aderlässen und Schröpfköpfen.

Des Baders eigentliches Metier, nämlich das Bad, ist eine der ältesten Therapien. Falls vorhanden, nutzte man natürliche und warme Quellen. Andernfalls füllte man die Holzzuber mit heißem Wasser und gab bei Bedarf und nach Wunsch Kräuter hinzu.

Die künstlerische Darstellung von Badestubenszenen aus der frühen Neuzeit ist weit verbreitet. Offenbar gewann beim wohligen Planschen neben dem hygienisch-therapeutischen Effekt zunehmend auch das erotische Moment an Bedeutung. Den weltlichen und geistlichen Herren war dies ein Dorn im Auge, und den Badern ließ es zeitweise einen etwas zweifelhaften Ruf zuteil werden.

Dies war aber nicht immer und überall so, denn in einer Reihe von deutschen Territorien legten die Bader gewissermaßen so etwas wie eine medizinische Prüfung bei ihren akademischen Kollegen an der Universität ab. Die Wirkung ihrer Tätigkeit, die auch einfache chirurgische Eingriffe oder Zähneziehen einschloss, war unbestritten. Eine Reihe von Badern qualifizierte sich auch weiter zu so genannten Franzosenärzten, also Heilkundige für Syphilis. Jedenfalls gehörte die Badestube in vielen Gegenden Deutschlands ebenso zur Infrastruktur wie Wirtshaus, Backhaus, Mühle oder Kirche.

Bei der Wonne in der Wanne wird das Herz entlastet, die

Durchblutung in den peripheren Gefäßen verstärkt, die Nierenfunktion angeregt, die Atmung erleichtert, Muskeln gelockert und auch die Ausschüttung einiger Hormone verändert. Ganz »nebenbei« wird der Mensch sauber. Gerade in jenen Epochen vor der Erfindung des häuslichen Badezimmers befreiten sich die Menschen im Bad von üppigen Dreckschichten auf der Haut und von allerlei Klein-Getier, das sich dort aufhielt. Nicht umsonst sind Bäder, Dampfbäder, Saunen und dergleichen bei vielen Völkern zu finden, von den Indianern Arizonas bis zu den Finnen im hohen Norden. Oft folgt auf ein heißes Bad oder Dampfbad, die zu stärkerer Durchblutung führen und die Atemwege befeuchten, eine kalte Dusche. Dieser Kältereiz steigert den Blutdruck und dient als Training der Gefäße.

Eine weitere »klassische« Therapie war das Schröpfen. Es gewinnt hierzulande in den letzten Jahren wieder an Bedeutung und hat eine ähnliche Grundlage wie die – nur in unseren Breiten moderne und ansonsten uralte – Akupunktur. Über lokale Reize an der Körperoberfläche werden die inneren Organe beeinflusst. Die Devise heißt also: Gewusst wo!

Beim Schröpfen werden die gläsernen Schröpfköpfe erwärmt, wodurch im Inneren des Glases warme, »dünnere« Luft entsteht. Nach dem Aufsetzen der Gläser auf die Körperoberfläche kühlt die Luft im Inneren ab und erzeugt so einen leichten Unterdruck, der die Haut etwas ins Innere des Schröpfglases zieht. Dadurch wird die Hautstelle stark durchblutet, je nach Größe der Hautfläche und nach der Stärke des Unterdruckes entsteht eine Rötung oder ein leichter Bluterguss. Ist eine besonders starke Wirkung gewünscht, kann die Haut eingeritzt und etwas Blut entzogen werden – dies wird als »blutiges Schröpfen« bezeichnet. Bei vielen Beschwerden kann Schröpfen Linderung bringen. Dabei hat diese Therapie den Vorteil, dass sie auch falsch angewendet kaum schadet und frei ist von Nebenwirkungen. Sie wurde und wird eingesetzt bei Erkältungen, Grippe und Asthma, bei Verdauungsproblemen, rheumatischen Erkrankungen, Entzündungen der Harnwege und Zyklusstörungen, bei Migräne und Kopfschmerzen sowie bei Herz-Kreislauf-Erkrankungen.

»Blutiger« geht es beim Aderlass zu. Hier wurde maximal ein Drittelliter Blut entnommen. Dadurch nimmt das Blutvolumen des Menschen ab, und zwar sowohl die festen als auch die flüssigen Bestandteile des Lebenssaftes. Um diesen Verlust zu ersetzen, bildet sich relativ schnell eine Blutflüssigkeit, die verschiedene Eiweißstoffe enthält und sich gegen alle eingedrungenen Keime richtet. Die Freisetzung von weißen Blutkörperchen unterstützt diesen Kampf gegen Keime noch.

In der traditionellen Heilkunde wurde der Aderlass auch bei Schlaganfällen oder plötzlichen Herzbeschwerden eingesetzt. Hintergrund könnte die Erfahrung sein, dass nach der Entnahme das Blut dünnflüssiger wird. Damit wird eine bessere Durchblutung von gefährdeten Organen oder Geweben erreicht. Heutzutage wird dieser Effekt durch gerinnungshemmende Medikamente, also auf pharmazeutischem Wege, erreicht.

Dennoch ist gerade in der alternativen Medizin gegenwärtig der Aderlass wieder rehabilitiert worden. Wenn er in der Vergangenheit einen schlechten Ruf genoss, dann lag das eher im Unvermögen vieler Ärzte, ihn angemessen anzuwenden, als an der Therapie an sich – sie haben ihre Patienten regelrecht ausbluten lassen. Aber Übertreibungen bei prinzipiell sinnvollen Anwendungen sind kein »Privileg« der Mediziner vergangener Tage.

Blutegel sind eklig. Aber nur für uns. Das mag damit zusammenhängen, dass das Fernsehen uns gerne Mimen präsentiert, die in einem Weiher im Dschungel landen und dann mit den fingergroßen Ringelwürmern auf der Haut wieder auftauchen. Tatsächlich ist der *Hirudo medicinalis* Therapie pur und aufgrund seiner natürlichen »Hausapotheke« noch effektiver als der Aderlass. Denn beim – fast schmerzlosen – Biss sondert er über seinen Speichel einen Medikamenten-Cocktail aus etwa zwanzig Substanzen ab. Man weiß derzeit noch nicht ganz genau, was da alles drin ist und wie genau es wirkt. Aber es wirkt. Entzündungen werden gehemmt, Schmerzen gestillt.

Die Einsatzmöglichkeiten dieser medizinischen Wunderwaffe sind vielfältig. Sie reichen von Verstauchungen und Blutergüssen über Venenprobleme, chronische Rückenleiden und Arthroseschmerzen bis hin zu Menstruationsbeschwerden. Selbst in der plastischen Chirurgie finden die kleinen Helfer Anwendung. Bei Operationen sorgen sie dafür, dass der venöse Rückfluss aus der Wunde in Gang kommt und das Transplantat besser einheilt. Auch hier gilt: praktisch keine Nebenwirkungen.

Der Vorteil des Blutegels besteht darin, dass er die Krankenkassenbudgets kaum belastet. Sein Nachteil liegt in seiner Genügsamkeit. Denn wenn er sich einmal den »Magen voll geschlagen« hat, ist er für die nächsten ein bis zwei Jahre satt.

Scheinbar noch unappetitlicher ist der Einsatz von Fliegenmaden, aus der Volksmedizin ebenfalls seit langem bekannt. Der steril gezüchtete Nachwuchs der Goldfliege wird auf schwer heilende Wunden, Geschwüre oder Weichgewebeinfektionen angesetzt. Dort verspeist er abgestorbenes Gewebe. Dabei spuckt er ein Verdauungssekret aus, das Bakterien abtötet – eigentlich, um sich selbst zu schützen, aber hier zugunsten des menschlichen Patienten.

Gleichzeitig tragen die Maden mit zur Heilung von intaktem, aber angeschlagenen Gewebe bei. Die medizinische Wissenschaft sieht in den kleinen Kameraden schon eine Behandlungsalternative bei gefährlichen Bakterien, die gegen Antibiotika resistent geworden sind. Mittlerweile arbeiten in Deutschland rund tausend Ärzte mit den Maden der *Lucilia sericata*.

Was mit der Entwicklung der modernen Medizin verloren gegangen ist, wird mittlerweile von der modernen Medizin wieder neu entdeckt. Sie profitiert von Erfahrungswerten und Versuchsepochen, die sich kein moderner Pharmakonzern leisten könnte. Die Heilkundigen früherer Jahrhunderte und anderer Kulturkreise wussten nicht, *wie* ihre Therapien wirkten. Sie wussten nur, *dass* sie wirkten. Derzeit wird ihre Kunst von der medizinischen Wissenschaft rehabilitiert. Profitieren werden beide – und vor allem die Patienten.

Der Bauer baut nicht, der Polier poliert nicht

Falsche Volksetymologien

Es scheint sonnenklar zu sein: Die Hängematte heißt deswegen Hängematte, weil sie eine Matte ist, die zwischen zwei Bäumen oder Wänden hängt. Auch im Niederländischen heißt das Matrosenlager »hangmat«. Aber das Wort kommt weder aus dem Deutschen noch aus einer anderen germanischen Sprache, es stammt aus der Karibik, genauer gesagt von der Insel Haiti. Die dortigen Bewohner hängten zwecks Siesta eine »hamaca« zwischen die Palmen. Vorbeisegelnde Franzosen oder Briten übernahmen mit »le hamac« and »the hammock« diesen Ausdruck. Ursprünglich sprachen auch die Holländer noch von »hangmak«. Aber dann passte es so schön zu »hängen« und »Matte« – ein neues, ein scheinbar urdeutsches Wort war geboren.

Nicht immer haben unsere Vokabeln eine derart verzwickte Sprachgeschichte mit derart täuschenden Ergebnissen. Es gibt genug heimische Wörter aus dem Deutschen oder verwandten Sprachen, die uns bezüglich ihrer Herkunft auf eine falsche Spur führen. Fangen wir mit einem Beruf, mit einem Stand an, dem noch vor wenigen Jahrhunderten die meisten unserer Vorfahren angehörten: den Bauern.

Unser Kopf sagt uns, dass der Bauer jemand ist, der etwas anbaut. Das ist natürlich richtig – ebenso wie die Hängematte eine hängende Matte ist. Aber tatsächlich hat der Landmann nichts mit bauen zu tun. Denn

ursprünglich kommt das Wort von dem althochdeutschen Wort »bur« in der Bedeutung »Haus«, Bauer heißt also Mitbewohner, Dorfgenosse oder Nachbar. Im Niederländischen steht neben dem Wort »boer« (»buhr« ausgesprochen) für »Bauer« das Wort »buur« (»bühr« ausgesprochen) für »Nachbar«. Erst die soziale Differenzierung im Mittelalter machte »Bauer« zur Berufs- und Standesbezeichnung – im Gegensatz zu Adel oder Bürger. Auch Letzterer war zunächst nur jemand, der eine Burg verteidigte, dann jemand, der in einer Burg wohnte – egal in welcher sozialen Position. Erst später bezeichnete das Wort ein vollberechtigtes Mitglied einer städtischen Gemeinschaft.
Ein echter Mann vom Bau ist der Polier, eine Art Feldwebel zwischen Architekt und gewöhnlichem Maurer bzw. Zimmermann. Nun wird sicherlich in verschiedenen Werkstätten poliert, auf dem Bau aber keineswegs – zumindest nicht dort, wo der Polier arbeitet. Das Substantiv hieß dereinst »parlier« oder »parlierer« (lateinisch parlare, französisch parler) und bezeichnete einen Sprecher, einen Wortführer einer Gruppe von Handwerkern. Die Menschen konnten später mit »polieren« mehr anfangen als mit »parlieren« und nannten den Vorarbeiter »Polier«.
Hängematte, Bauer oder Polier sind nur drei Beispiele für so genannte Volksetymologien. Etymologie ist die Wissenschaft über die tatsächliche Herkunft und Entwicklung der Wörter einer Sprache. Die Volksetymologie hingegen, manchmal auch Pseudoetymologie genannt, gibt einleuchtend klingende, aber falsche Erklärungen über die Herkunft von Wörtern. Norma-

lerweise wird eine »fremde« Vokabel an bestehende und bekannte Wörter angepasst. Im Idealfall wie bei Hängematte oder Bauer hat das neue Wort etwas mit der Sache zu tun, die es bezeichnet. Für die Volksetymologie gilt, was in anderen Bereichen des menschlichen Lebens nicht gelten sollte: Wenn es alle falsch machen, wird das Falsche zum Richtigen.

Wenn im Mittelalter ein tapferer Streiter mit dem Arm eine Waffe an die Brust drückte, dann bot sich als Bezeichnung das Wort Armbrust an. Tatsächlich kam es aus dem lateinischen »arcuballista« (»Bogenschleuder«) über das französische arbalète ins Deutsche. Erleichtert wurde die sprachliche Integration noch durch das mittelhochdeutsche »berust« im Sinne von Bewaffnung – und das war die »Bogenschleuder« ja. Später machte »berust« dann der Brust Platz, an die die Waffe gedrückt wurde.

In einem alten Witz aus DDR-Zeiten wird ein Genosse gefragt, was er denn so für den antiimperialistischen Kampf auf der Welt tue, worauf dieser antwortet: »Ich esse jeden Tag zwei Amerikaner.« Das Gebäck mit dem zuckerüberzogenen Boden hat indes nichts mit den Bewohnern der Neuen Welt zu tun, die Erklärung ist chemischer Natur. Denn um es zu backen, brauchte man Hirschhornsalz, auch Ammoniumhydrogencarbonat genannt. Zunächst hießen die Küchlein deshalb Ammoniakaner, woraus der Volksmund schließlich Amerikaner machte.

Zum Amerikaner trinkt man gerne ein Tässchen jenes köstlichen Getränks, das aus Kaffeebohnen gebrüht wird. Nun ist die Kaffeebohne gar keine Bohne. Bota-

nisch gesehen gehört die Frucht zu den Steinfrüchten, die zwei Kerne enthalten. Diese Kerne sind die »Bohnen«, die dann gemahlen werden. Nun ist es nicht nur die ungefähre Ähnlichkeit der Kaffeebohne mit anderen Bohnen, die ihr den Namen gab. Denn im Arabischen heißt Kaffee »kachwa« und die dazu gehörende Frucht »bunn« – die »Bohne« war geboren.
Um beim Essen zu bleiben: Ein typisches norddeutsches Gericht ist das Eisbein. Dies kann man allerdings auch in wärmeren Jahreszeiten genießen, in Bayern heißt es »Surhax'n«, als Bezeichnung für eine mit Pökelsalz (»Sur«) haltbar gemachte Schweinshaxe. Es ist also weder gefroren noch ein Bein aus Eis, sondern bezeichnet das Schienbein des Borstentiers. Diesen Knochen (ein anderes Wort ist »Bein«, siehe auch englisch »bone«) spaltete man früher in Skandinavien auf und machte Schlittschuhkufen daraus. Das Eisbein kann also, sauber abgenagt, hinterher noch zum Eislauf verwendet werden.
Auch in der Tierwelt gibt es allerhand etymologisch falsche Fuffziger. So ärgert sich gelegentlich der Hobbygärtner, dass ihm ein kleiner vierbeiniger Zeitgenosse den gepflegten Rasen mit dem Auswurf von Erde »verziert«. Der Maulwurf macht das allerdings eher mit seinen Füßen als mit dem Maul. Ganz früher, etwa zu Zeiten Karls des Großen, hieß er noch »muwerf«, also »Haufenwerfer«. Rund drei Jahrhunderte später wurde er dann zum »moltwerf«, »Erdwerfer«. Als das Wort »molt« für »Erde« ausstarb, konnte niemand mehr etwas mit dem »moltwerf« anfangen, der Maulwurf war geboren.

Eindeutiger scheint die Abstammung eines anderen Vertreters des Tierreichs zu sein, nämlich des Windhunds: Er saust schnell wie der Wind hinter dem Hasen her. Tatsächlich hat der flotte Sprinter gar nichts mit dem Luftzug zu tun. Denn eigentlich bezeichnet sein Name einen wendischen, das heißt slawischen Hund. Diese Vierbeiner wurden bei unseren osteuropäischen Nachbarn gezüchtet.

Der amphibische Vetter des Hundes ist die Robbe, auch Seehund genannt. Die Etymologie scheint klar: ein Tier, das in der See lebt. Tatsächlich hat der Bestandteil »See« nichts mit dem Meer zu tun, früher hieß der Bursche »selhunt«, worin noch die Verwandtschaft mit dem englischen »seal« (Robbe) zu erkennen ist. Weil es aber perfekt passte (die Hängematte lässt grüßen), wurde aus dem »sel« ein See.

Verwirrend sind die Bezeichnungen Meerkatze oder Meerschweinchen, denn hier ist offensichtlich, dass beide Tiere keinesfalls im oder am Meer wohnen. Die genannte Affenart hat grobe Ähnlichkeit mit Katzen, der kleine Kinderfreund quiekt gelegentlich wie ein junges Schweinchen – so weit alles klar. Die Verbindung mit Meer kommt daher, dass sie einst von »jenseits des Meeres« zu uns gekommen sind.

Dies war auch einmal die Erklärung für den Meerrettich – eigentlich ein Gewächs, das gewissermaßen seit Urzeiten bei uns heimisch ist. Deswegen hat er abstammungsmäßig auch nichts mit dem Meer zu tun, sondern mit »mehr« – was dereinst auch »größer« bedeutete.

Ein Tierreichvertreter der besonderen Art ist der

Amtsschimmel. Mal assoziiert man mit ihm den Bewuchs auf liegen gebliebenen Akten, mal lässt man ihn sogar wiehern. Aber er hat weder mit dem Pilz noch mit einem Pferd zu tun. Es handelt sich um eine »Eindeutschung« des Wortes Simile, verwandt mit dem uns bekannteren Faksimile. Ein Simile war ein behördliches Musterformular, nach dem bestimmte amtliche Angelegenheiten schematisch erledigt wurden. So wurden dann Beamte, die sich allzu bürokratisch gerierten, als Similereiter und später Schimmelreiter bezeichnet.

Wo der Amtsschimmel wiehert, ist in Österreich der Geheimrat nicht weit. Auch wenn dies nach vertraulichen Geschäften oder gar Spionage klingt, die Erklärung ist viel profaner: Der Geheimrat beschäftigt sich nicht mit geheimen, sondern mit heimischen Dingen, mit vertrauten – und nicht vertraulichen – Vorgängen vor Ort.

Der Tag vor Karfreitag heißt Gründonnerstag – und hat mit grün überhaupt nichts zu tun. Tatsächlich wurden – Ostern war nahe – an diesem Tag die Sünder und Büßer in die Gemeinschaft der Gläubigen aufgenommen, wobei sie Tränen der Reue weinten. Ein altertümliches Wort für »weinen« ist »greinen«, siehe auch im Englischen »to groan«. Der Gründonnerstag ist also eigentlich ein Klagetag.

Auch ausländische Wörter kommen nicht darum herum, eine falsche Herkunft untergeschoben zu bekommen. So scheint jemand dann »ausgepowert«, wenn er keine Power, keine Kraft mehr hat. Tatsächlich – schon der Duden von 1926 weist darauf hin – kommt das

Wort von dem französischen Wort »pauvre«, arm. Jemanden »auspowern« (gesprochen »auspohwern«, nicht »auspauwern«) heißt, ihn bis zur Verelendung ausbeuten. Mit dem zunehmenden Einfluss des Englischen im Deutschen machte der französische Ursprung einer englischen Erklärung Platz.

Französischer Herkunft ist auch das Wort Bohnerwachs. Es hieß ursprünglich »Beauner Wachs«, weil es in der burgundischen Stadt Beaune aus Traubenkernen gewonnen wurde. Es passte hervorragend zu dem »urdeutschen« Wort bohnen oder bohnern, das »scheuern«, »glänzend machen«, bedeutet. Denn man bohnerte das heimische Parkett mit »Beauner Wachs«, das dann irgendwann zum Bohnerwachs wurde.

Wie in der Volksetymologie viele fremdsprachige Wörter »eingedeutscht« werden, gibt es auch urdeutsche Wörter, die gewissermaßen »verausländischt« wurden. Ein Beispiel dafür ist der Abort, unser stilles Örtchen. Es hieß einst noch »afort« und bedeutete »abgelegener Ort« – bestimmt für »anrüchige Geschäfte«. Später wurde es unter dem Einfluss von »abortus« (Fehlgeburt) latinisiert, die Betonung wechselte auf die zweite Silbe.

Anrüchige stille Örtchen

Wissenswertes über das Klo

Ihr Verbreitungsgrad in deutschen Wohnungen ist höher als der von Fernsehapparaten oder Waschmaschinen, nahezu jeder hat sie: die Toilette im Haus. Noch vor fünfzig oder sechzig Jahren lag die Sache anders. Vor allem auf dem Land war das kleine Häuschen mit dem Herzchen in der Tür weit verbreitet, nachts und im Winter war ein Besuch nur von sehr begrenztem Reiz. Deshalb standen im Schlafzimmer unter den Betten die Nachttöpfe, deren Inhalt am nächsten Morgen entsorgt wurde.

Dabei gab es Zeiten und Regionen, in denen ausgesprochen gepflegte sanitäre Verhältnisse herrschten – zumindest bei wohlhabenden Menschen in den Städten. So kannten sowohl die antiken Hochkulturen im Nahen Osten als auch die klassischen Griechen und Römer ausgefeilte Wasser- und Abwassersysteme, die den menschlichen Unrat wegspülten. Öffentliche Klos und städtische Kanalisation sind keine ausschließlichen Errungenschaften unserer Epoche.

Dass »hinterlistige Geschäfte« nicht zu vorübergehender Vereinsamung führen und die Unterhaltung stören müssen, beweisen die Toiletten im antiken Ephesos: Man saß gesellig nebeneinander und plauderte über Privates wie Geschäftliches. Statt des noch nicht vorhandenen Klopapiers wurden Schwämmchen, Wolle oder Stofffetzen eingesetzt. Vorbehalten waren diese Klosetts allerdings den urbanen Reichen – der Pöbel und die Landbevölkerung musste sich im Freien entleeren und reinigte sich anschließend mit Laub oder Sand.

Derlei zivilisatorische Leistungen der Antike sind später in ihren Ursprungsländern verloren gegangen. In jenen Regionen Deutschlands, die abseits des römischen Herrschaftsbereichs lagen, hatten sie niemals Fuß gefasst. Dort ging man in den Wald, hinters Haus zum Misthaufen oder an den nächsten Bach. Die Ritter auf ihren Burgen und ihr Gesinde entsorgten sich über Nischen und Erker im freien Fall direkt in die freie Natur.

In den Städten landete der Inhalt der Nachttöpfe auch auf den Straßen – die vielfältigen behördlichen Verbote zeigen, dass dies ein Problem war. Die Damen der Gesellschaft mussten sich außerhalb ihrer Wohnung in Schuhen ähnlich den später modernen Clogs bewegen, um einigermaßen sauber durch den Dreck der Gassen zu kommen. Bäche und Wasserläufe in den Städten und Siedlungen versorgten die Menschen mit Trinkwasser, dienten aber gleichzeitig als Kloake. Dass dies zu Seuchen führte, bei denen die Menschen massenhaft starben, ist wenig erstaunlich.

Der Bürgermeister von London ließ im fünfzehnten Jahrhundert die erste öffentliche Toilette in seiner Stadt errichten. Immerhin fanden hier fast hundertdreißig Menschen gleichzeitig Platz. So genannte »Grubenräumer« schaufelten die flüssigen und festen Exkremente anschließend auf Felder, in Senkgruben, Bäche und Flüsse. Von den öffentlichen Bedürfnisanstalten im Nürnberg dieser Zeit wird berichtet, dass sie zwar vorhanden, aber nicht unbedingt regelmäßig geleert worden seien. Als Schutzpatron der Latrinenreiniger gilt übrigens Papst Julius I. aus dem vierten Jahrhundert.

An den europäischen Königs- und Fürstenhöfen verließ man sich auch in der Neuzeit lieber auf Parfum und Puder statt auf den regelmäßigen Gebrauch von Wasser zu Hygienezwecken und zur Entsorgung »menschlicher Abfälle«. Gegen die allgegenwärtigen kleinen Tierchen unter Plüsch und Perücken halfen so genannte Kratzhändchen. Ein Zwischending aus Klo und Nachttopf war der in vornehmeren Kreisen populäre Leibstuhl.

Allerdings machte die zunehmende Verstädterung eine durchgreifendere Lösung des Problems erforderlich. So sorgte man in Berlin, das nach dem Dreißigjährigen Krieg in wenigen Jahrzehnten von 6000 auf 20 000 Einwohner angewachsen war, per Erlass für eine gewisse Reinlichkeit. Eine Verordnung von 1680 besagte: »Wer aus Höfen und Ställen den Unrat auf die Straße werfe, dem solle er wieder ins Haus geworfen werden« – Hygienepädagogik der herzhaften Art.

Aber die Städte wuchsen schneller, als die anfallenden Abfälle beseitigt werden konnten. Immer wieder kam es zu bedrohlichen Epidemien, die Verschmutzung der Gewässer konnte durch biologische Selbstreinigung nicht aufgefangen werden. Man erkannte, dass man Seuchen nur Einhalt gebieten konnte, indem man Trinkwasser und Abwasser strikt voneinander trennte. So wurden ab Mitte des neunzehnten Jahrhunderts erste zentrale Anlagen zur Abwasserableitung gebaut,

so in Hamburg bereits 1842. Die erste Toilette mit Wasserspülung auf deutschem Boden wurde 1860 in Schloss Ehrenburg in Coburg installiert, eigens aus England für Queen Victoria importiert, die damals bei der Familie ihres Prinzgemahls Albert zu Gast war.
Aber die Ableitung menschlicher Fäkalien in die Flüsse verschob das Hygieneproblem nur, sie löste es nicht. Erst gegen Ende des neunzehnten Jahrhunderts verhinderten Kläranlagen eine weitere Verschmutzung der Wasserläufe.
Zu dieser Zeit kamen auch bei den Normalbürgern die Klos in die Häuser oder zumindest an die Häuser. In den Mehrfamilienhäusern der wohlhabenderen Schichten waren sie in kleinen, wasserbespülten Zimmerchen eingerichtet, die oft an die Treppenhäuser grenzten. Von dort wurden die Abwässer direkt in die Kanalisation geleitet. Wo es möglich war, wählte man die Nordseite, da sie vergleichsweise wenig sonnenbeschienen war und somit am wenigsten Gerüche verursachte.
Die Menschen aus ärmeren Schichten marschierten bei Bedarf weiterhin in den Hinterhof, wo die »Abfälle« in gemauerten Gruben landeten, die regelmäßig entsorgt wurden. Oder sie fielen direkt in Kübel oder Tonnen, die relativ einfach geleert werden konnten. Klopapier gab es erst ab 1880 – bis weit ins zwanzigste Jahrhundert wurde die Tageszeitung sorgfältig zerschnitten und im »Häuschen« auf einen Nagel gedrückt. Dem Vernehmen nach verdanken allerlei Zeitgenossen ihre Lesefähigkeit nicht nur der Schule, sondern auch den einsamen Minuten auf dem stillen Örtchen. Flächendeckender Standard wurde das Klo

im Haus deutschlandweit erst in den sechziger Jahren. Erst dann konnte der Normalbürger sein kleines oder großes Geschäft im Warmen erledigen, ohne Gang über den Hof. Das ist schon deshalb kein Luxus, weil ein Mensch von sechzig Jahren immerhin rund hundertfünfzig Tage seines Lebens mit dieser spezifischen »sitzenden Tätigkeit« verbracht hat.

Öffentliche Bedürfnisanstalten, mit fließendem Wasser versehen, gab es seit dem neunzehnten Jahrhundert. Schon in den 1930er Jahren war das Klo neben der Kirche zu einem beherrschenden Thema in Gabriel Chevalliers Roman »Clochemerle« geworden – gewissermaßen als republikanisch-moderner Kontrapunkt zum traditionalistisch-frommen Frankreich. Nicht nur in den Städten und Bahnhöfen, auch in Zügen, Schiffen und Flugzeugen konnten Passagiere in einer kleinen Kabine ihrem inneren Drang nachgeben. Im Gegensatz zu den stationären öffentlichen Toiletten, die nach Männlein und Weiblein trennen, sind die mobilen Aborte für beide Geschlechter vorgesehen. In den öffentlichen »Herrenabteilungen« sind für das »kleine Geschäft« Pissoirs bzw. Rinnen üblich, die in privaten Haushalten selten anzutreffen sind.

Bei den Zügen kannte man zunächst nur die »offene Bauart« mit Entleerung nach außen. Früher war das in allen Zügen der Bahn üblich, mittlerweile wird dieses System aus ökologischen Gründen nicht mehr eingebaut. Auf manchen Eisenbahnstrecken dürfen Fahrzeuge mit offenen Klos nicht mehr eingesetzt werden. Früher war ein Besuch der Zugtoilette beim Halt auf Bahnhöfen verboten.

Moderne Züge wie auch Flugzeuge haben »geschlossene« Vakuumtoiletten, die nach Ankunft bzw. Landung entleert werden. In Wohnmobilen kann der Weltenbummler mobile Erleichterung auf einer chemischen Toilette finden. Von besonderer technischer Finesse sind die Astronautenklos, die gewissermaßen per Staubsauger funktionieren. Ihre Benutzung muss allerdings trainiert werden, da die Öffnung nur etwa handtellergroß ist.

Unser »haushaltsübliches« Wasserklosett des frühen 21. Jahrhunderts besteht aus einem Spülrohr, dem Spülkasten, der Toilettenschüssel und dem Abfluss. Drückt man auf Knopf oder Hebel bzw. zieht man an einer Kette, wird die Saugglocke angehoben, das Ablaufventil öffnet sich. Das Wasser strömt in das Spülrohr, bis der Schwimmer so niedrig schwimmt, dass durch ihn der Zufluss der Wasserleitung geöffnet wird und so lange offen bleibt, bis der Wasserbehälter wieder aufgefüllt ist und der Schwimmer den Zufluss wieder verschließt. Die im unteren Teil des Klosetts stehende Wassermenge verhindert das Eindringen unschöner Düfte in den Raum.

Bei den Porzellan-Standardbecken in unseren Badezimmern gibt es die Tiefspüler, in dem das, was wir loswerden wollen, direkt ins Wasser eines Siphons fällt. In Deutschland verbreiteter sind die Flachspüler, wo die Ausscheidungen zunächst auf einen Sockel fallen und erst beim Spülen ins Wasser verschwinden. In vielen Ländern der Erde ist das Stehklo verbreitet.

Eigentlich sollte der Gang zum stillen Örtchen das Normalste auf der Welt sein. Dennoch wird diese Lokalität sowohl in der Umgangshochsprache als auch in den Dialekten mit allerlei Ersatzbezeichnungen belegt. Auch die Menschen in der englischsprachigen Welt bedienen sich allerlei Euphemismen wie bathroom, convenience oder restroom. Poetischere Gemüter sprechen gar von »Down the gardenpath«, den Gartenweg runter.

Die Deutschen sind nicht deutlicher. Die hochsprachig-neutralste Benennung ist Toilette. Diese bezeichnete ursprünglich das Tuch (»toile«), auf dem die französische Dame von Welt ihre Utensilien zur Verschönerung von Haut und Haar ausbreitete. Ebenfalls weit verbreitet sind Klosett bzw. Klo sowie die Abkürzung WC des englischen »water closet«. Gerade noch gesellschaftsfähig sind die Ausdrücke stilles Örtchen, Lokus (»locus necessitatis«, Ort der Notwendigkeit) oder Abtritt. Soldaten oder Pfadfinder müssen sich mit Latrinen oder Donnerbalken begnügen.

Hinweisschilder tragen oft die Aufschrift »00«. Dies kommt daher, dass es früher in Hotels nur Etagenklos gab, die sich in der Nähe des Aufzugs oder Treppenhauses befanden. Da von dort aus mit der Nummerierung der Zimmer begonnen wurde, trugen die Toiletten die Doppelnull-Nummer.

Was die volkssprachlichen Bezeichnungen für jenen Ort anlangt, wo selbst »der Kaiser zu Fuß hingeht«, so sind sie kaum zu zählen. Sie lassen sich grob unterteilen in vulgäre und umschreibende Namen. Zu der eher rauen Diktion gehören das einst noch verbreitete Scheißhaus, das Arschspülkämmerlein, die Brunzscherb, die Dunglege, der Kackstuhl, die Pissbütt, der Seichkübel oder das Stankgemach.

Interessanter sind die »Kosenamen«. Da gibt es neben dem stillen Örtchen das Café Achteck, den Doppelsitzer, den Anstandsort, die Heimlichkeit, das Herzhaus, den Pappenheimer, die Schamwand oder gar den Thron. Frankophone Zeitgenossen besuchen das Lieu à l'anglaise (englischer Ort) oder pflegen das Aller au jardin (In-den-Garten-Gehen).

Auch wenn das Verhältnis des Menschen zu seinem intimsten Zimmer immer noch von Unwägbarkeiten bestimmt zu sein scheint: Es gibt genug Anlass für die Hoffnung auf friedliche Koexistenz. Zum einen werden die heimischen Klos zunehmend zu Kleinstbibliotheken inklusive Musikbeschallung umfunktioniert, zum anderen war schon früher das kleine Häuschen im Garten mit dem Symbol der ewigen Liebe versehen – dem Herzen. Offenbar hat man schon damals die positive Kraft einer gesunden Verdauung verstanden.

»Nichts ist unmöglich ...«

Werbesprüche als Dauerbrenner

Was macht gelungene Werbung aus? Sie setzt sich in den Köpfen der Kunden, Noch-nicht-Kunden und sogar Nicht-Kunden fest, sie wird Bestandteil der Alltagskultur. Oft ist sie noch mit einer bestimmten Melodie verbunden, die dann dauerhaft im Ohr bleibt. Und den Gipfel an Popularität gewinnt sie, wenn sie Eingang findet in hausgemachte Gedichte oder Witze – auch wenn die nicht immer ganz gesellschaftsfähig sind.

Die Geschichte erfolgreicher Werbeslogans geht weit zurück. Einer der ersten nach dem Zweiten Weltkrieg, noch wenig berührt vom emanzipierten Mann, betraf die Haushalte im Wirtschaftswunderdeutschland. Schon 1957 galt, dass »Bauknecht weiß, was Frauen wünschen« – die Herren gaben sich mit derlei nicht ab, sie lasen Zeitung. Denn zeitgleich reklamierte eine führende deutsche Gazette aus dem Rhein-Main-Gebiet für sich: »Dahinter steckt immer ein kluger Kopf«.

Damit der Wiederaufbau der Republik die Nerven der Menschen nicht überstrapazierte, empfahl der Hersteller der berühmtesten Brause der Welt ebenfalls bereits 1957: »Mach mal Pause – trink Coca-Cola«. Ende der fünfziger Jahre avancierte dann ein deutsches Waschmittel zum »besten Persil, das es je gab!« Die Erklärung folgte umgehend: »Da weiß man, was man hat.«

Seiner Zeit wegen der feinen Ironie werbepsychologisch womöglich weit voraus war ein Hersteller von Damendessous. Er ließ Operndivas mit Produkten der Konkurrenz auf die Bühne treten, damit sie dort klagen konnten: »Mein Hüfthalter bringt mich um!« Anschließend wurde das eigentlich beworbene Bekleidungsteil präsentiert, das natürlich perfekt saß.

Mit der Invasion des Fernsehens in deutsche Wohnzimmer ab den frühen Sechzigern wurde auch die

Werbung zunehmend zur Massenware – Dutzende erfolgreicher Sprüche haben sich damals etabliert. Ein Elektrounternehmen entschlüsselte seine Anfangsbuchstaben AEG als »Aus Erfahrung Gut«; ein Zigarettenhersteller assoziierte einen früheren Gouverneur des späteren New York mit »Peter Stuyvesant – der Duft der großen weiten Welt«. Heute kaum mehr bekannte Marken baten den Raucher zur Kasse mit dem Argument »Es war schon immer etwas teurer, einen besonderen Geschmack zu haben«.

Andere Tabakwarenproduzenten griffen bereits damals zum bewährten Zeichentrick, um am Ende die Zuschauer zu beruhigen: »Wer wird denn gleich in die Luft gehen? Greife lieber zur HB, dann geht alles wie von selbst.« Und ganz heiter-naiv gab eben dieses Haus Bergmann dem Raucher einen Tipp, der heutzutage als gesundheitsschädigend womöglich die Gerichte beschäftigen würde: »Frohen Herzens genießen.«

Da mochte auch der qualmende Abenteurer aus Dschungel und Wüste nicht zurückstehen, der am Ende des Clips erklärte: »Ich geh' meilenweit für eine Camel!« Und auch falls bei der Exkursion etwas schief gehen sollte, war Hilfe nicht fern: »Im Falle eines Falles klebt Uhu wirklich alles.«

Die Menschen der sechziger Jahre wurden immer mobiler. Da konnte ein deutscher PKW-Dauer(b)renner aus Wolfsburg nach drei Jahrzehnten Käferdasein immer noch punkten mit dem Spruch »Er läuft und läuft und läuft«.

Lange vor der ersten Energiekrise, nämlich 1966, empfahl ein Mineralölunternehmen »Pack den Tiger in den Tank!«. Ein Rüsselsheimer Autobauer behauptete über sein neuestes Modell: »Nur fliegen ist schöner«. Und wenn deutsche Autobahnen aus klimatischen Gründen nicht mehr befahrbar schienen, konnte die Bundesbahn kokettieren: »Alle reden vom Wetter. Wir nicht!«

Schwerpunkte der Werbebranche waren auch damals alles Ess- und Trinkbare sowie die Produkte der Haushaltshygiene und Körperpflege. Da konnte ein Unternehmen ganz dynastisch seinen Sprudel als »The Queen of Table Waters« anpreisen und proklamieren: »Aus dieser Quelle trinkt die Welt.«

Hochprozentiger geht es zu bei »Doornkaat. Heiß geliebt und kalt getrunken« und bei »Bommerlunder – der große Klare aus dem Norden«. Dieses Attribut sollte später noch einen norddeutschen Ministerpräsidenten schmücken. Die transatlantische Konkurrenz hingegen setzte schon damals auf den Feierabend-Effekt: »Der Tag geht, Johnnie Walker kommt«.

Eher philosophisch geht es bei einem heimischen Weinbrandhersteller zu. Ein Mensch, ganz offensichtlich sympathisch, erlebt privat oder beruflich ein Happyend. Dies wird kommentiert: »Wenn einem so viel Gutes widerfährt, das ist schon einen Asbach Uralt wert.« Denn, so die Erklärung: »Im Asbach Uralt ist der Geist des Weines.«

Auch Süßes wurde gerne werbe- und konsumwirksam angepriesen. Dazu kam, dass die in den siebziger Jahren einsetzende Fitnesswelle eine leckere Belohnung nach körperlicher Anstrengung verlangte. Bei einem holländischen Schokoriegel gewannen gleich zwei Slogans einen Ohrwurmstatus: »Mars macht mobil – bei Arbeit, Sport und Spiel« sowie »Mars bringt verbrauchte Energie sofort zurück«. Letzteres fand Verwendung in dem Witz darüber, dass man verbrauchte Atombrennstäbe nicht per Rakete auf unseren Nachbarplaneten schicken könne …

Dass Schokoladentafeln nicht immer das gleiche Format haben müssen und erfolgreich in allerlei Geschmacksrichtungen auf den Markt gebracht werden können, beweist uns Ritter Sport mit »Quadratisch. Praktisch. Gut.« Auch bei diesem Spruch bewahrheitete sich die alte Werbeweisheit, wonach die Kürze die Schwester des Talents ist.

Fein abgestimmte Erotik trat bei Milka ins Spiel – denn sie war »die zarteste Versuchung, seit es Schokolade gibt«. Den diskreten Charme der Alpenländer setzte Milka auch später ein, als ein rauschebärtiger Almbauer ein Produkt dieser Firma mit »It's cool man!« anpries.

Die schoko-überzogenen Pfefferminzplätzchen »After Eight« wiederum, vor dem lodernden Kamin genascht, verraten »die feine englische Art«. Wem all diese flüssigen und süßen Delikatessen auf den Magen geschlagen waren, der griff zum bewährten Rennie. Denn »Rennie räumt den Magen auf«.

Was ist das Anliegen von Hans Riegel in Bonn, des wohl bekanntesten Lakritzenherstellers der Welt? Sein Slogan verrät es bis heute: »Haribo macht Kinder froh und Erwachsene ebenso.« Die Nachhaltigkeit dieser Werbung kann selbst der Einsatz von Deutschlands längstem und blondestem Showmaster nicht mehr toppen.

Es gab auch Kaufappelle, die sich an Kunden richteten, die sie eigentlich gar nicht verstehen konnten, nämlich an die besten Freunde des Menschen: »Frolic schmeckt jedem Hund, das hat seinen besonderen Grund«, »Ein ganzer Kerl dank Chappi« und »Katzen würden Whiskas kaufen« – den Besitzern von Vierbeinern wurde nachdrücklich klar gemacht, was ihre Fell tragenden Hausgenossen im Fressnapf zu sehen wünschen.
Nach Jahrhunderten eher rustikaler Körperpflege und Haushaltshygiene machten sich mit wachsendem Wohlstand auch Seifen, Deodorants, Shampoos, Wasch- und Spülmittel breit, Herzchentoilette und Tröpferlbad verabschiedeten sich aus dem Alltag der Deutschen. Eine Dame der Reklame postulierte: »An meine Haut lasse ich nur Wasser und CD« – frei nach Marilyn Monroe, die auf die Frage, was sie nächtens trage, geantwortet haben soll: »Nur Chanel Nr. 5«. Exklusiven Anspruch verrät auch die Aussage »Warum L'Oreal? Weil ich's mir wert bin!«
Im Jahr 1975, in der Hoch-Zeit der Wohngemeinschaften, wurden selbst Deos zum Allgemeinbesitz: »Mein bac, dein bac; bac ist für uns alle da!« Die Gilette-Rasierer waren »Für das Beste im Mann« bestimmt – wie immer dies auch damals gemeint sein mochte.
Strahlende Sauberkeit in Küche und Bad schafft »Ajax – der weiße Wirbelwind«, auch »Meister Proper putzt so sauber, dass man sich drin spiegeln kann«. Und damit die häusliche Waschmaschine ordentlich ihren Job machen kann, empfiehlt sich das Pulver der bewährten Fachkraft Frau Klementine, denn »Ariel wäscht nicht nur sauber, sondern rein«. Noch durch-

schlagender ist Dash: Es »wäscht so weiß, weißer geht's nicht!«
Als ein regelrechter Jungbrunnen für Klamotten erweist sich ein anderes Waschpulver. Auf die Frage »Ist der Pullover / die Bluse / das Shirt neu?« kommt die Antwort »Nein, mit Perwoll gewaschen!«
Daneben existieren noch Multifunktionsmittel: Denn eigentlich dient Palmolive zur Geschirrreinigung, aber es »pflegt die Hände schon beim Spülen«; eine keck-sympathische Maniküre-Dame verrät einer Kundin sogar: »Sie baden gerade Ihre Hände drin.«
»Damit Sie auch morgen noch kraftvoll zubeißen können«, empfahl die TV-Werbung die Zahnpasta Blend-a-med. Und offenbar hat die dentale Hygiene geholfen: Gar manche Maid entsprang fröhlich dem Behandlungszimmer des Zahnarztes mit den Worten: »Er hat überhaupt nicht gebohrt!« – allerdings dank Colgate Fluor-S.
Für die Häuslebauer unter den Deutschen bieten die Bausparkassen Geld und guten Rat. Eine Kasse aus Schwäbisch-Hall versprach schon 1965 und bis heute: »Auf diese Steine können Sie bauen«, ein Mitbewerber gelobt: »Wir geben ihrer Zukunft ein Zuhause – LBS«. Damit dem mühsam Erworbenen auch nichts passierte, gab es den braven Mann von der Hamburg-Mannheimer. Der konnte kaum einen Schritt gehen, ohne von neugierigen oder dankbaren Kunden angesprochen zu werden: »Hallo, Herr Kaiser. Gut, dass ich Sie treffe ...!« Aber auch ein Münchener Assekuranz-Unternehmen versprach Hilfe, falls es zum Schlimmsten kommen sollte: »Hoffentlich Allianz-versichert«.

Auch in den letzten Jahren haben sich eine Reihe von Werbeslogans dauerhaft durchgesetzt. Dazu gehören die eher grob gestrickten vom Typus »Geiz ist geil« ebenso wie die feinsinnigeren, etwa der vom gehorsamen Hund und vom genossenen Clausthaler-Bier: »Nicht immer. Aber immer öfter ...«

Mit nur beschränkter Beherrschung der deutschen Sprache kokettiert Verona Pooth, geborene Feldbusch, mit ihrer Telefonansage »11880 – hier werden Sie geholfen!« Auch die Reklame von Eurocard, »Deutschlands meiste Kreditkarte« zu sein, würde den Ansprüchen eines Konrad Duden wohl kaum genügen. Ihren Zweck haben derlei sprachliche Extravaganzen indes erfüllt: Die Werbesprüche sind im Volks(unter)-bewusstsein hängen geblieben.

Mit einem pfiffigen, weil nachhaltigen Slogan hat sich auch ein schwedisches Möbelhaus ins Gespräch gebracht: »Wohnst du noch oder lebst du schon?« Dasselbe gilt für einen eidgenössischen Bonbon-Hersteller, dessen fixer Vertreter auf seine eigene Art Markenschutz betreibt: »Wer hat's erfunden? – Die Schweizer! – Wer genau? – Ricola!«

Wie schon früher, ist die Werbung mit Prominenten beliebt. Da bekennt sich Manfred Krug zu Advocard als »Anwalts Liebling«; Boris Becker fragt bei ersten Surf-Versuchen im Internet »Bin ich schon drin?«; und der greise Johannes Heesters schreckt mit »Ich bin doch nicht blöd!« nicht vor deutlicher Sprache zurück.

Weil aber Tierisches bekanntlich bei Menschen am besten ankommt, wird auch der wohl populärste Slogan der letzten Jahrzehnte unseren nächsten animalischen Verwandten in den Mund gelegt. Er soll uns zum Kauf von Produkten eines Autobauers aus dem Reich der aufgehenden Sonne animieren. Deshalb sagt uns eine Herde Primaten: »Nichts ist unmöööglich – Toyota!« Wer den Spruch einmal im Ohr hat, wird ihn so bald nicht wieder los …

Kalender und Konfessionen

Zeitrechnung hierzulande

Kurz vor der Jahreswende 1999/2000 spielte die Welt, oder zumindest Teile davon, verrückt. Endzeitstimmung kam auf, Vorräte wurden gehortet, Campingkocher und Mobilklos gekauft. Die globale Computer-Community rechnete mit dem Big Bang, dem totalen Crash – zumindest schloss sie ihn nicht aus.
Tatsächlich jedoch geschah nichts. Keine Außerirdischen nahmen Kontakt mit uns auf, kein Meteor schlug ein, Erdbeben und Hochwasser blieben aus, die Stromversorgung klappte einwandfrei und auch die Miete wurde vom Bankrechner reibungslos abgebucht.
Schon mehrfach in der überlieferten Geschichte des Abendlandes hatten »runde« Jahreszahlen für Ängste und/oder Erwartungen gesorgt. Die Chronisten berichten derlei auch von der Jahreswende 999/1000.

Dabei sind unser Kalender und unsere Zeitrechnung in hohem Maße willkürlich. Dies fängt schon bei dem heute gültigen »Urpunkt« unseres Kalenders an: bei der Geburt Christi. Wir feiern sie am 24. und 25. Dezember, obwohl das neue Jahr erst eine Woche später beginnt. Wann genau, in welchem Jahr, in welchem Monat oder an welchem Tag Jesus tatsächlich geboren wurde, kann ohnehin nicht einmal die Fachwelt der Historiker und Theologen zweifelsfrei sagen. Hinzu kommt, dass je nach Epoche und Land der Beginn des Jahres wechseln konnte. Mal fing es im Frühjahr an, mal im Herbst. Seit dem 13. Jahrhundert setzte sich langsam, aber sicher der 1. Januar durch – bei uns.

Unterschiedliche Kulturen und Religionen hatten und haben unterschiedliche Kalender. Dabei geht es vor allem um zwei Faktoren: zum einen um den Ausgangspunkt der Zeitrechnung, zum anderen um die Länge des Jahres.

Die antiken Hochkulturen im Zweistromland und am Nil orientierten sich beim Ausgangspunkt ihrer Zeitrechnung an der Regierungszeit ihrer Könige. Die jüdische Zeitrechnung bezieht sich an der Erschaffung der Welt, die laut Tradition 3761 vor der Zeitwende stattfand. Demnach haben wir seit Herbst 2005 das Jahr 5766 – das jüdische Neujahr (»Rosch HaSchana«) liegt gewöhnlich im Herbst. In Israel werden parallel die »christliche« und die jüdische Zeitrechnung gebraucht: Für das Alltags- und Geschäftsleben gilt unser Kalender, die Feiertage richten sich nach der traditionellen Zählweise.

Die antiken Griechen begründeten ihre Zeitrechnung auf den Olympischen Spielen und auf den Olympiaden, also die vierjährige Zeitspanne zwischen den Wettkämpfen. Die Spiele wurden erstmals 776 vor unserer Zeit durchgeführt. Die alten Römer waren Pragmatiker. Ähnlich wie Assyrer und Ägypter orientierten sie sich an der Abfolge ihrer Konsuln sowie am Jahr der legendären Gründung Roms, nämlich 753 vor unserer Zeit. Für die muslimische Welt beginnt ihre Zeitrechnung mit der Flucht des Propheten Mohammed von Mekka nach Medina. Sie fand im Jahr 622 nach Christi Geburt statt. Ebenso wie das jüdische ist auch das muslimische Jahr kürzer als das »christliche«. Deshalb werden die Feiertage in diesen Religionen zu unterschiedlichen Zeiten gefeiert, wenn man unseren Kalender als Maßstab anlegt.

Die christliche Zeitrechnung, wie wir sie kennen, ist relativ neu und orientiert sich erst seit dem 6. Jahrhundert an der Geburt Jesu. Es war der Mönch Dionysius Exiguus, der etwa von 470 bis 545 lebte und in Rom als Gelehrter und Übersetzer tätig war. Er legte auf der Grundlage sowohl »heidnisch«-römischer als auch christlicher Schriften die Geburt Jesu auf das Jahr 754 nach der Gründung Roms fest – mathematisch höchst kompliziert, aber willkürlich. Damit wäre Christus im Jahr 1 geboren. Zwar wurde die Theorie des Dionysius innerhalb der Kirche allmählich anerkannt. Bis sie sich jedoch durchsetzen konnte, sollten noch Jahrhunderte vergehen. Europa war von einer einheitlichen Zeitrechnung weit entfernt.

Auch hier zogen die Fürsten und Fürstchen des frühen

Mittelalters ihre eigenen Herrschaftsjahre zur Datierung heran, selbst Bischöfe und Päpste machten mit. Es war unter anderem wohl auch die Kaiserkrönung Karls des Großen an Weihnachten 800, die in Europa so etwas wie das Bedürfnis nach kalendarischer Systematik weckte. So orientierte man sich in amtlichen Dokumenten ab dem Jahr 1000 zunehmend an dem klugen Mönch Dionysius.

Dessen Zeitrechnungsbeginn war zwar willkürlich festgesetzt, die Länge des Jahres richtete sich aber nach astronomischen Fakten. Und die kollidierten zunehmend mit den Berechnungen, die einst im Auftrag Gaius Julius Caesars vorgenommen worden waren und als julianischer Kalender bis in die Neuzeit galten. Der Herr von Rom hatte im Jahr 46 vor Christus nach ägyptischem Vorbild – Cleopatra lässt grüßen – den Sonnenkalender mit 365 Tagen eingeführt und damit der chronologischen Anarchie im Imperium Romanum ein Ende gemacht.

Caesars Monate hatten eine Länge von 30 oder 31 Tagen. Der Monat Februar war nur mit 28 Tagen ausgestattet. Jedes vierte Jahr kam ein Schalttag dazu: Nach dem 23. Februar wurde ein Tag, der »dies caleris«, eingeschoben und erst danach der 24. Februar gezählt. So erreichte dieser Monat eine Länge von 29 Tagen.

Dies führte aber gegenüber dem astronomischen Jahr, das genau 365 Tage, fünf Stunden, 48 Minuten und 46 Sekunden lang ist, zu einem jährlichen negativen Überhang von 674 Sekunden oder rund elf Minuten. Bis zur Reform durch Papst Gregor XIII. im

Jahr 1582 hatte sich so ein Minus von 12,7 Tagen akkumuliert, das heißt, der Kalender hinkte der tatsächlichen Zeit hinterher. Gregor befahl Korrektur. Er war mit seinen Vorschlägen radikal, aber nicht radikal genug: Denn er strich keine zwölf oder 13, sondern nur zehn Tage. Auf den 4. Oktober folgte der 15. Oktober 1582.

Auch das Schaltjahr wurde neu geregelt. Grundsätzlich sind alle jene Jahre Schaltjahre, die durch 4 teilbar sind. Gregor und seine Astrologen ließen aber in ihrem Kalender für alle runden Jahrhundertjahre die Schalttage ausfallen mit Ausnahme jener Jahre, die durch 400 teilbar sind.

Deshalb hatten die Jahre 1700, 1800 und 1900 – obwohl durch 4 teilbar – keinen Schalttag, in den Jahren 1600 und 2000 hingegen gab es einen 29. Februar. Dadurch hat das gregorianische Jahr zwar immer noch einen Überhang von 26 Sekunden. Aber es handelt sich um eine *Quantité négligéable:* Immerhin müssen wir bis zum Jahr 5300 warten, bis daraus ein ganzer Tag geworden ist.

Die Reform Gregors war wichtig und richtig – unter astronomischen Gesichtspunkten betrachtet. Aber auch damals scheiterte die Vernunft gelegentlich an der Politik. Genauer gesagt: an der Konfession. Denn die Protestanten jener Epoche waren weit davon entfernt, dieses papistische Teufelszeug einer neuen Zeitrechnung zu übernehmen. So folgten nur wenige Staaten wie die allerkatholischsten Königreiche Spanien und Portugal der Idee des Papstes und machten sofort den Sprung im Oktober 1582 mit. Die meisten katho-

lischen Länder schlossen sich erst in den nächsten Jahren an.
Bayern, das österreichische Ober-Elsass und der Breisgau, das Herzogtum Jülich-Berg und das Herzogtum Cleve, die Markgrafschaft Baden sowie die Erzbistümer bzw. Bistümer Augsburg, Trier, Freising, Eichstätt, Regensburg, Salzburg, Brixen, Köln, Würzburg, Mainz, Strassburg und Münster übernahmen den neuen Kalender 1583, Österreich, Böhmen, Ungarn und das Herzogtum Westfalen ein Jahr später.
Die evangelischen Territorien des Heiligen Römischen Reiches Deutscher Nation ließen sich aus den genannten »ideologischen« Gründen mehr Zeit. Schließlich konnten aber auch sie sich der astronomischen Logik nicht mehr entziehen. Sie übernahmen den neuen Kalender im Jahr 1700, auf den 18. Februar folgte der 1. März. Zuvor mussten die Verträge zwischen katholischen und protestantischen Fürsten noch mit beiden Daten versehen werden. Auch das Königreich Dänemark, damals auch Herr über Norwegen, Island und Grönland, führte nach dem 18. Februar 1700 den gregorianischen Kalender ein.
Allerdings: Nicht alle Nicht-Katholiken in Europa schlossen sich der neuen Zählung an. In der Schweiz herrschte sogar fast zwei Jahrhunderte lang eine babylonische Zeitverwirrung. Die meisten katholischen Kantone hatten Gregors Kalender bereits 1584 übernommen, das Wallis folgte 1655. Die Mehrheit der protestantischen Kantone sprang erst in der Sylvesternacht 1700 direkt in den 12. Januar 1701. Appenzell-Außerrhoden und die protestantischen Gebiete von

Glarus traten 1724 bei, die Graubündener Eidgenossen folgten sukzessive ab 1760.
Wie immer sehr reserviert gegenüber Neuerungen des europäischen Festlandes und erst recht gegenüber einer Idee aus Rom waren die Briten. Sie – und ihre transatlantischen Kolonien – übernahmen erst in der Nacht vom 2. bis zum 14. September 1752 den neuen Kalender. Ein Jahr darauf war schließlich auch Schweden mit bei der Partie.
In Russland gestaltete sich die Sache noch etwas komplizierter: Hier zählte man bis in die Epoche Peters I. (»des Großen«) nach byzantinischen Vorgaben die Jahre seit der Entstehung der Welt im Jahr 5508 vor unserer Zeit. Erst dieser Zar führte mit dem 1. Januar 1700 (7208 alten Stils) eine moderne, allerdings julianische Zeitrechnung ein – die damals schon dem bereits existierenden und genaueren gregorianischen Kalender hinterher hinkte.
Durch die drei Schalttage, die in Russland in den Jahren 1700, 1800 und 1900 nach julianischer Tradition hinzugefügt wurden, waren daraus im zwanzigsten Jahrhundert bereits 13 Tage geworden. Die Revolution vom 25. Oktober 1917 fand gregorianisch gesehen am 7. November statt. Die Bolschewiki passten den russischen Kalender 1918 denn auch zügig der westlichen Zeitrechnung an. Die Genossen Russen legten sich am 31. Januar ins Bett und wachten nach einer Nacht am 14. Februar auf. Die Feiertage der Russisch-Orthodoxen Kirche werden auch heute immer noch nach alter julianischer Zeitrechnung gefeiert.
Eine Kuriosität: Zwischen 1929 und 1940 leistete sich

der »erste Arbeiter- und Bauernstaat« einen eigenen Kalender, der sich zwar an der gregorianischen Rechnung orientierte, aber das Jahr revolutionär neu gestaltete. Ab 1. Oktober 1929 sah die neue Zeit zwölf Monate zu jeweils 30 Tagen vor, hinzu kamen fünf Tage, die keinem Monat zugerechnet wurden. Die bisherige Siebentagewoche wurde abgeschafft und durch eine Fünftagewoche ersetzt. Damit verlor auch der christliche Sonntag seine Funktion als Ruhetag. Die Werktätigen wurden in fünf Gruppen eingeteilt, die abwechselnd vier Arbeitstage und einen arbeitsfreien Tag hatten. Die kommunistischen Kremlherren wollten nicht nur die bisherigen »bürgerlichen« Verhältnisse ändern, sondern auch die Industrieproduktion effizienter machen, da jetzt die Maschinen ohne Pause laufen konnten.

Bei der Bevölkerung kam dieses System verständlicherweise nicht gut an. Denn eine Familie musste damit rechnen, dass jedes ihrer Mitglieder an einem anderen Tag frei hatte. Auch die erwartete Steigerung der Produktion trat nicht ein. Ende 1931 wurden die alten Monate wieder eingeführt, jeweils der 6., der 12., der 18., der 24. und der 30. jedes Monats waren Ruhetage. Auch dieser Trick half wenig – die Sowjetbürger wollten ihren Sonntag zurück. So wurde schließlich 1940 schließlich die traditionelle Siebentagewoche wieder eingeführt – und ist bis heute geblieben.

Neu waren derlei revolutionäre Umgestaltungsideen von Woche, Monat und Jahr nicht. Schon die französischen Jakobiner hatten das Jahr 1792 gewissermaßen abgeschafft und durch das »Jahr eins der Republik«

ersetzt. Ein Jahr später wurde auch die Zählung der Tage und Monate verändert. Es folgte der »Zweite republikanische Kalender«, der bis Ende 1805 galt.
Danach hatte das Jahr zwölf Monate zu 30 Tagen mit drei »Wochen« zu zehn Tagen. Dazu kamen fünf Ergänzungstage. Die Monate erhielten neue Namen (Brumaire, Nivôse, Germinal, Thermidor usw.) und wurden gegenüber den konventionellen Monaten verschoben.
Ursprünglich sollte sogar der Tag umgekrempelt werden in zehn Stunden mit 100 Minuten à 100 Sekunden. Das hätte jedoch bedeutet, alle vorhandenen Uhren entsorgen zu müssen. Vor so viel Umgestaltung schreckten sogar die Revolutionäre zurück.
Im Jahr 1806 führte dann Kaiser Napoleon I. den gregorianischen Kalender wieder ein. Europa war wenigstens in Sachen Zeitrechnung endlich vereint, und ist es bis heute geblieben.

Ottokar, Kant und Kalinin

Geschichte Königsbergs

Die Stadt war einst neben Berlin die zweite Metropole Preußens und hatte noch 1800 mehr Einwohner als die Hauptstadt. Hier lebten Gelehrte und Dichter, hier herrschten uralte Adelsfamilien über

Güter von der Größe deutscher Landkreise, hier lag aber auch von den Zeiten Bismarcks bis 1933 eine Bastion freiheitlicher und demokratischer Gesinnung. Im Sommer 1944 wurde Königsberg durch Luftangriffe fast völlig zerstört, in den Folgemonaten floh der Großteil der Bevölkerung der Stadt und des Umlands vor der herannahenden sowjetischen Armee Richtung Westen. Unzählige Menschen starben.

Schon im Oktober 1945 gliederte die UdSSR dieses Gebiet an. Kurzzeitig war der Name Kenigsbergskaja Oblast (Gebiet) gebräuchlich. Im Jahr 1946 wurden Stadt und Region in Kaliningrad bzw. Kaliningradskaja Oblast umbenannt. Namensgeber war der kurz vorher verstorbene Michail Kalinin, seit 1919 nominelles Staatsoberhaupt der späteren UdSSR. Dem Partei- und Regierungschef Iosif Stalin diente er selbst dann noch, als seine Ehefrau für fünf Jahre in ein Straflager geschickt wurde.

Das alte Königsberg erhielt seinen Namen nicht etwa nach einem der gekrönten Häupter Preußens, sondern nach dem böhmischen König Ottokar II., einem der mächtigsten Fürsten seiner Zeit. Dieser Urenkel von Kaiser Friedrich Barbarossa hatte gemeinsam mit dem Deutschen Ritterorden in der Mitte des 13. Jahrhunderts die heidnischen Pruzzen und Samen unterworfen, christianisiert und dem Reich wie auch der Kirche des Abendlandes angegliedert.

Wo sich später die Stadt erheben sollte, bauten die Ritter 1255 zunächst eine einfache Festung. Nach und nach entstand eine Siedlung, in der neben den Ordensleuten auch deutsche Kaufleute aus Lübeck sowie

Pruzzen und Samen lebten. Von Anfang an spielte sie neben der militärischen Bedeutung auch ihre Rolle als Hafen zwischen der Ostsee und den Flüssen im Hinterland. Im Februar 1286 folgte die offizielle Gründung Königsbergs mit Verleihung der Stadtrechte. Ihre Herren blieben die Deutschritter. Ihre Burg wurde 1312 Sitz des Ordensmarschalls und bildete über lange Jahre den Ausgangspunkt der »Kreuzzüge« gegen die heidnischen Litauer.

Im Jahr 1525 wandelte der Hochmeister Albrecht von Brandenburg-Ansbach den Ordensstaat in das weltliche Herzogtum Preußen um und führte die lutherische Reformation im Lande ein. Noch 1925 waren 92 Prozent der Bevölkerung der Stadt evangelisch. Albrecht gründete bereits 1544 die erste evangelische Universität in Königsberg (»Albertina«) – übrigens bis in die Neuzeit hinein die einzige Universität an der deutschen Nord- und Ostseeküste.

Zunächst stand das Herzogtum noch unter polnischer Lehnshoheit. Es war der »Große Kurfürst« Friedrich Wilhelm von Brandenburg, der durch geschickte Diplomatie Mitte des 17. Jahrhunderts seine volle Souveränität erreichte. Im Jahr 1701 wurde das Herzogtum Preußen zum Königreich erhoben, Kurfürst Friedrich III. krönte sich am 18. Januar in der Königsberger Schlosskirche zum König in Preußen.

Schon wenige Jahre später wurde Ostpreußen von der Pest heimgesucht. Die Bevölkerungsverluste versuchte Friedrich Wilhelm I. (der »Soldatenkönig« und Vater Friedrichs II., »des Großen«) durch forcierte Einwanderungspolitik auszugleichen. So wanderten in den dreißiger Jahren des 18. Jahrhunderts Protestanten ein, die aus dem katholischen Salzburg vertrieben worden waren.

Der größte Sohn der ostpreußischen Kapitale, Immanuel Kant, wurde 1724 geboren – just in jenem Jahr, als die drei Städte Löbenicht, Altstadt und Kneiphof zur eigentlichen Stadt Königsberg vereinigt wurden. Der große Gelehrte und Nachkomme schottischer Zuwanderer hat zeit seines Lebens die Stadt kaum verlassen und starb hier 1804. Er wusste, warum er Angebote anderer Hochschulen ausschlug, selbst wenn sie lukrativer waren: Erlangen oder Weimar waren mit ihren rund sechstausend Bürgern gewissermaßen Dörfer im Vergleich zu seiner Heimatstadt. Durch Kant wurde die Universität zu einem Zentrum der deutschen Philosophie. Bei seinem Tod zählte Königsberg mit etwa 60 000 Einwohnern zu den größten deutschen Städten.

Über die Jahrhunderte hatte sich Königsberg zum Handelszentrum entwickelt. Die geographischen Voraussetzungen waren günstig. Denn die Stadt lag an der Mündung des Flusses Pregel, der dort das Frische Haff erreichte. Dieses wiederum wurde durch die schmale Halbinsel der Frischen Nehrung von der Ostsee abgegrenzt. Durch den Königsberger Seekanal zum 50 Kilometer entfernten Pillau bestand eine direkte Verbindung zum offenen Meer. Aus dem Westen kamen über die Ostsee Wein, Gewürze, Textilien oder Heringe. Aus dem Osten brachten die Flussschiffe Getreide, Hülsenfrüchte, Flachs oder Hanf. Zunächst überwogen die Schiffe der Hansestädte, aber auch Holländer und Engländer sowie die skandinavischen Nachbarn zeigten

Flagge. In der zweiten Hälfte des 19. Jahrhunderts wurde der Königsberger Hafen einer der größten Umschlagplätze für Roggen, Flachs und Linsen.
Zu dieser Zeit etablierte sich auch die Eisenbahn, zunächst 1853 mit der etwa 650 Kilometer langen Strecke nach Berlin. Als sie 1873 an das russische Bahnnetz angeschlossen wurde, erlebten die Getreideimporte aus dem Zarenreich einen gewaltigen Anstieg. Die Strecke von Königsberg nach Odessa war die kürzeste Verbindung zwischen der Ostsee und dem Schwarzen Meer. Die Eisenbahn war für den Königsberger Handel jetzt ebenso so wichtig wie die Wasserstraßen.
Es war wohl die Mischung aus früherer Grenzmentalität, Kant'schem geistigen Erbe und kaufmännischer Weltoffenheit, die die Königsberger zu ihrem Glück davor bewahrte, perfekte preußische Muster-Untertanen zu werden. Bereits dem preußischen König Friedrich Wilhelm IV. ging in den ersten Jahrzehnten des 19. Jahrhunderts der »Königsberger Oppositionsgeist« auf die erlauchten Nerven. Vor allem die Forderung der dortigen Zeitungen nach einer Verfassung raubte ihm die monarchische Ruhe.
Auch die Vergangenheit als Ordensstaat mag eine Rolle gespielt haben. Denn hierbei handelte es sich um das modernste und effektivste Staatswesen des ganzen Mittelalters. Die Ordensleute, größtenteils Adlige, die aus dem Reich hierher kamen, konnten als Geistliche keinen Besitz erwerben, auch ihr Amt bekleideten sie nur auf Zeit. Alles war auf das Funktionieren, das Gedeihen des Staates ausgerichtet.

Die Zeiten änderten sich, der Kaiser ging, eine Verfassung kam. Dennoch war der Ausgang des Ersten Weltkriegs für Ostpreußen dramatisch. Es war nun eine Exklave, durch einen Korridor vom Reich getrennt. Die benachbarten Danzig und Memel waren Konkurrenzhäfen unter fremder Oberhoheit geworden. Der Handel mit Russland schrumpfte infolge der kommunistischen Oktoberrevolution nach 1917 auf einen Bruchteil seines früheren Umfanges.

Ein wesentlicher Schritt zur Belebung der Königsberger Wirtschaft war die Ostmesse, die 1920 von Reichspräsident Friedrich Ebert erstmals eröffnet wurde. Sie entwickelte sich zu einem Umschlagplatz für den Handel Deutschlands mit den ostmitteleuropäischen Ländern sowie der Sowjetunion.

Von bewaffneten Auseinandersetzungen blieb Königsberg während des Zweiten Weltkriegs aufgrund seiner abseitigen Lage zunächst weitgehend verschont. Ende August 1944 brach dann ein Inferno über die Stadt herein: Britische Bomber zerstörten das historische Zentrum, etwa 4200 Menschen starben, rund 200 000 Königsberger, etwa die Hälfte der Bevölkerung, wurden obdachlos. Das Drama ging weiter. Gegen Ende des Weltkriegs wurde die Stadt zur »Festung« erklärt, eine rechtzeitige Flucht der Zivilbevölkerung wurde damit weitgehend unmöglich. Der letzte Zug vor der Kapitulation verließ bereits im Januar 1945 den Königsberger Hauptbahnhof in Richtung Berlin.

Die deutschen Truppen unter General Otto Lasch ergaben sich erst am 9. April 1945. Zu diesem Zeitpunkt stand die sowjetische Armee bereits vor der

Reichshauptstadt und hatte den »Größten Feldherrn aller Zeiten« Adolf Hitler in seinem Bunker und mit ihm die Berliner eingekesselt. Die in Königsberg und dem umliegenden Gebiet verbliebene deutsche Bevölkerung, die bis dahin noch nicht geflohen war, wurde im Oktober 1947 von den sowjetischen Behörden nach Westen in Richtung Deutschland (oder was davon übrig war) abgeschoben.

Im Gegenzug erfolgte die staatlich geförderte Ansiedlung sowjetischer Bürger. Seit den frühen 1990er Jahren haben sich viele Russen, die sich an ihren bisherigen Wohnorten in den unabhängig gewordenen baltischen Republiken nicht mehr wohl oder willkommen fühlten, in der Region Kaliningrad angesiedelt. Derzeit leben hier rund eine Million Menschen. Die gegenwärtig prominenteste Tochter des Oblasts lebt seit geraumer Zeit in Moskau: Ljudmila Putina, Ehefrau des russischen Präsidenten.

Das heutige Kaliningrad ist eine Stadt von knapp 500 000 Einwohnern und Hauptstadt des gleichnamigen Gebiets. Seit dem Zerfall der Sowjetunion Ende 1991 ist es erneut zu einer – diesmal russischen – Exklave geworden. Von Kern-Russland abgetrennt ist es durch Polen und Litauen, beide Mitglieder der Nato und der Europäischen Union. Seit der EU-Erweiterung im Mai 2004 hat sich die Isolierung der Region noch verschärft. Das macht die wirtschaftliche Entwicklung von Stadt und Umland nicht einfacher, die Arbeitslosigkeit ist hoch.

Pläne zur Errichtung eines russischen »Hongkongs an der Ostsee« scheitern immer wieder an Behördenwillkür, an grassierender Kriminalität und Korruption und an überzogenen russischen Ansprüchen gegenüber dem »Westen«. Auch die Einrichtung der Sonderwirtschaftszone »Jantar« (»Bernstein«) im Jahre 1991 zeigt nur sehr zögerliche Erfolge.

Die Regierung in Moskau hat Ende 2005 den Vorschlag des Kaliningrader Gebietsparlaments über eine visumfreie Einreise für EU-Bürger in die russische Exklave abgelehnt. Die Regionalabgeordneten hatten gehofft, dass dadurch in naher Zukunft auch ihre Landsleute einfacher nach Mittel- und Westeuropa würden reisen können.

Dennoch: Sowohl staatliche Stellen als auch russische Geschäftsleute und Vertreter des Kulturlebens suchen die Kooperation mit Deutschland und mit der EU. Was zu sowjetischen Zeiten – auch aus Gründen der militärischen Geheimhaltung – unmöglich schien, ist heute Alltag: der Besuch ausländischer Touristen, darunter auch jene Menschen, die ihre alte Heimat oder die Heimat ihrer Eltern sehen wollen.

Immer wieder in die Diskussion gerät die Namensfrage. Viele Russen sind nicht oder nicht mehr glücklich mit dem Namensgeber der Stadt, Michail Kalinin. Zeitweise wurde sogar die Umbenennung in Kantgrad (»Kantstadt«) erwogen, auch der russifizierte ursprüngliche Name Kenigsberg war im Gespräch. Allerdings befürchten die neuen Bewohner der Stadt, damit alten Ansprüchen früherer Eigentümer oder deren Nachkommen eine moralische Grundlage zu verschaffen. So wird Kaliningrad wohl noch weiter der offizielle Name bleiben, auch wenn immer mehr Einheimi-

sche schon fast zärtlich von ihrem »Kenig« sprechen, ebenso wie ein echter St. Petersburger seine Stadt mit dem Kosenamen »Piter« belegt.
Bürgermeister von »Kenig« ist seit 1998 Jurij Sawenko, zum Gouverneur der Region wurde im September 2005 Georgij Boos gewählt. Die stärksten politischen Kräfte sind die Putin-Partei »Einheitliches Russland« sowie die Kommunisten, auch die Militärs besitzen nach wie vor eine gewichtige Stimme.
Gouverneur Boos hat Großes vor mit der Region Kaliningrad. In der Sonderwirtschaftszone »Jantar« will er ausländischen Anlegern zwölf Jahre lang »Abgabenferien« anbieten: So entfallen in den ersten sechs Jahren jegliche Gewinn- und Vermögenssteuern, in den darauf folgenden sechs Jahren ist nur die Hälfte der in Russland geltenden Sätze zu zahlen. Darüber hinaus will Boos bis 2010 die Einwohnerzahl des Gebiets auf zwei Millionen Menschen verdoppeln.
Kaliningrad verfügt über das typische Kulturleben einer russischen Mittelstadt, mit Theatern, Philharmonie, Museen und Galerien. Auf der Kantinsel (früher Kneiphof) steht der Königsberger Dom. Er ist als einziges Gebäude von der alten Innenstadtbebauung erhalten geblieben. Hinter dem Dom befindet sich das Grab Immanuel Kants. Zu Ehren des Philosophen wurde auf Veranlassung von Marion Gräfin Dönhoff eine Statue nachgegossen und 1992 an der Universität aufgestellt. Das Original war 1945 verschwunden. Die Hochschule der Stadt trägt mittlerweile den Namen von Königsbergs größtem Sohn – auf Veranlassung der Russen.

Woher kommt's?

Deutsche Redewendungen

Es gibt sie zu Tausenden, sie machen die deutsche Sprache reicher, und man findet sie bei den Klassikern ebenso wie in der Alltagssprache. Für uns ist meist eindeutig, was sie ausdrücken sollen. Nicht immer klar ist, woher sie eigentlich kommen. Gelegentlich bieten verschiedene Sprachwissenschaftler auch unterschiedliche Erläuterungen.

Jedenfalls ist die Geschichte deutscher Redewendungen eine spannende Angelegenheit. Sie ist oft verwirrend und legt manchmal verkehrte Spuren. Ein paar Wendungen sollen hier erklärt werden.

Wer einer Sache beschuldigt wird, sei es in krimineller Hinsicht oder nur beim Büroklatsch und -tratsch, dem wird etwas angehängt. Dieser Ausdruck kommt daher, dass im Mittelalter Bösewichtern oder jenen, die man dafür hielt, ein Zeichen ihrer Untat um den Hals gehängt wurde. Den Trinker »zierte« ein Krug, zänkische Zeitgenossinnen ein Besen.

Kommen heutzutage Damen mit Pelz, Schmuck und überdeutlichem Make-up daher, nennt man sie aufgedonnert. Mit dem krachenden Begleiter des Blitzes hat das nichts zu tun. Es kommt vom italienischen *donna*, also einer Frau, die sich in ihrem Äußeren vom ländlichen und einfach gekleideten weiblichen Umfeld unterschied.

Italienisch geht es auch bei dem Vorwurf zu, jemand sei eine Flasche. Dies hängt wohl mit der doppelten Bedeutung des italienischen »fiasco« zusammen. Es bezeichnet zum einen tatsächlich eine Flasche, zum anderen aber auch ein komplettes Scheitern – ein Fiasko halt. Und derjenige, der es verursacht, ist eine Flasche.

Einer muss die Sache ausbaden – das hängt mit den Reinigungssitten früherer Zeiten zusammen. Damals hüpften mehrere Personen hintereinander in das gleiche Wasser. Der Letzte hatte dann die undankbare Aufgabe, die dreckige Brühe auszuleeren und den Bottich zu säubern, das heißt: die Sache auszubaden.

Gelegentlich geht der Vorwurf durch die Medien, ein Politiker habe seiner Partei einen Bärendienst erwiesen: beste Absichten, aber katastrophale Wirkung. Nach einer Fabel besaß ein Einsiedler einen gezähmten Bären. Das gute Tier wollte sein schlafendes Herrchen vor Mücken und Fliegen bewahren. Allerdings haute er zu fest drauf. Mit dem Ungeziefer starb auch der Einsiedler. Wie gesagt: beste Absichten, aber …

Tierisch geht es auch bei dem Brett vorm Kopf zu. Gemeint ist damit das Joch der Zugochsen. Und diese braven Vierbeiner galten zwar als fleißig, aber nicht als die schlauesten aller Geschöpfe – sie hatten eben ein Brett vorm Kopf.

Es sieht nach Tierreich aus, hat aber nichts damit zu tun: die Ente, genauer gesagt die Zeitungsente. Der Ausdruck kommt von der englischen Abkürzung N.T., die »non testified«, also »nicht bestätigt«, bedeutet. Eine derartige Nachricht auf dem Redaktionstisch hat also das Zeug zu einer Ente.

Auch der Kater nach vorhergehendem intensiven Alkoholgenuss hat nichts mit einem Vierbeiner zu tun.

Das Wort kommt von dem ebenfalls bekannten Katzenjammer, das eigentlich Kotzenjammer bedeutet. Womit eigentlich über die Konsequenz heftigen Trinkens schon alles gesagt ist …

Der Vogel wiederum, den man anderen unterstellt oder von ihnen angeredet bekommt, kommt zumindest indirekt aus dem Tierreich. Denn früher glaubte man, dass in den Köpfen geistig verwirrter Mitmenschen ein Vogel nistet. Von daher kommt auch der Ausdruck »bei dir piept's wohl«.

Will man auf die Essenz eines Problems hinweisen, so sagt man, »hier liegt der Hund begraben«. Der beste Freund des Menschen steht damit aber in keinem Zusammenhang. Denn das mittelhochdeutsche *hunde* bedeutet Schatz oder Beute – die nach dem Raub irgendwo verbuddelt wird, aber natürlich das Wichtigste bleibt.

Wer irgendwo erstaunt verharrt, muss damit rechnen, dass man ihm sagt, er stehe herum »wie die Kuh vorm neuen Tor!« Die Redewendung hat nichts mit der Verwunderung von Hornvieh zu tun. Das Rätsels Lösung: Früher trugen die Berliner Straßenbahnen Buchstaben zur Kennzeichnung. Die Linie Q fuhr zum Neuen Tor. Weil die Strecke aber eingleisig war, musste »die Q vorm Neuen Tor« häufig warten.

Vierbeiner kommen bei Redewendungen gerne zum Einsatz. Ein Exempel dafür ist auch die Eselsbrücke. Die Grautiere gelten als bockig, vor allem mögen sie offenbar kein Wasser. Um sie dazu zu bewegen, einen Bach zu überqueren, wurde ihnen aus Baumstämmen und Steinen eine Art primitiver Brücke gebaut, die sie dann trockenen Hufes überqueren konnten – ein kleiner, aber effektiver Trick, um sein Ziel zu erreichen.

Spricht man von etwas Unwahrscheinlichem, wird gerne der Vergleich gebraucht, man habe schon Pferde kotzen sehen. Hier hat der Volksmund Recht. Denn Pferde können sich nicht übergeben, weil ihnen die entsprechenden Muskeln im Verdauungsapparat fehlen.

Wer sich heftig daneben benimmt oder eine peinliche Bemerkung macht, ohne es zu wollen, der tritt in ein Fettnäppchen. Früher standen beim Eingang der Bauernhäuser Behälter mit flüssigem Fett, in die man die Stiefel eintauchte, damit sie geschmeidig und wasserdicht bleiben. Wer diesen Kübel umtrat und so die Schmiere auf dem Boden verbreitete, machte sich bei der Frau des Hauses äußerst unbeliebt.

Über die Herkunft von Fisimatenten oder Fissematenten streiten sich die Gelehrten. Eine schöne Erklärung geht auf die Kriege nach der Französischen Revolution und die anschließende Besatzung zurück. Die Soldaten der Grande Armée riefen den teutonischen Maiden ein frivoles »Visite ma tente«, »Besuch mein Zelt«, zu. Was die Burschen vorhatten, war nicht schwer zu erraten. Also warnten die Mütter ihre Töchter davor, Fisimatenten oder Fissematenten, also Dummheiten, zu machen.

Wenn etwas flöten geht, dann ist es futsch. Flöten gehen hat nichts mit dem Musikinstrument zu tun, sondern kommt von hebräisch plejta (Flucht), das über das Jiddische ins Deutsche gekommen ist. Von plejta kommt auch das Wort Pleite – hatte man die

gemacht, setzte man sich vor dem Zugriff der Gläubiger besser ab. Futsch wiederum kommt aus dem französischen »foutu«, kaputt.
Wer gehänselt wird, muss nicht unbedingt Hans heißen. Tatsächlich hat es mit diesem Vornamen keine Verbindung. Wer früher als Kaufmann in die Hanse aufgenommen wurde, musste sich allerlei grobe Zeremonien gefallen lassen. Derlei Veräppelungen kennen wir auch von Handwerkerbünden oder von der Äquatortaufe. Wer also gehänselt wurde, wurde dann Mitglied im exklusiven Hanse-Klub.
Schlimmer ging es jenen, die im Schlamassel saßen. Sie hatten einfach »kein Glück« – so die Übersetzung aus dem Hebräisch-Jiddischen. Wer indes Glück hat, der kann von Massel reden. Überhaupt können wir mehr Hebräisch-Jiddisch, als wir eigentlich wissen. So rufen sich Sportler gerne »Hals- und Beinbruch« zu – ein ungewöhnlicher Wunsch für Freunde und Kameraden. Aber tatsächlich ist es gar nicht gesundheitsschädigend gemeint. Denn es ist die »verdeutschte« Form vom hebräischen »HaSlacha-U-Vracha« oder jiddischen »HaSloche-un-Broche«, was schlicht »Glück und Segen« bedeutet.
Ein weiterer eigenartiger Wunsch, um Silvester herum millionenfach ausgesprochen, ist ein »Guter Rutsch«. Aber wer kann schon wollen, dass der Angesprochene ins Schlittern gerät? Tatsächlich kommt das vom hebräischen »Rosch«, auf Deutsch Kopf oder Anfang – hier des neuen Jahres. Ebenfalls aus der Sprache des Alten Testaments entstammt der Ausdruck »es zieht wie Hechtsuppe«. Mit heimischer Bouillabaisse hat

das nichts zu tun. Die Rede ist von »hech supha«, was einfach »wie Sturm« heißt.
Gewissermaßen biblisch geht es zu, wenn irgendwo Krethi und Plethi, also Hinz und Kunz auftauchen. Schon im Alten Testament, und zwar im Buch Samuel, ist davon die Rede. Gemeint sind die Stämme der Kreter und Pleter, die damals in Israel lebten. Die Kreter kamen eigentlich von der Insel Kreta, die Pleter waren die Philister, nach denen später die Römer die Gegend Palaestina (arabisch: Filastin) nannten. Hinz (von Heinrich) und Kunz (von Konrad) wiederum waren einst schlichtweg sehr häufig gebrauchte Vornamen – man konnte überall Leute treffen, die so hießen.
Hat ein Mensch Glück, so sagt man von ihm, er hat Schwein gehabt. Dies hängt zusammen mit der höchsten Karte eines alten Kartenspiels, dem Schellendaus. Darauf war ein Schwein abgebildet. Das Borstenvieh ist auch einer der klassischen Glücksbringer. Dies mag damit zusammenhängen, dass ein voller Schweinestall für ebenso volle Mägen oder Geldbörsen sorgt – zumindest also für materielles Glück.
Wer kein Glück hat, der wird im Stich gelassen. Der Ausdruck geht zurück auf die Ritterzeit. Wenn dort ein Knappe seinen gestürzten edlen Herrn nicht vom Feld zog, weil er Angst um sein eigenes Leben hatte, der ließ ihn für einen Stich des Gegners liegen.
Ebenfalls aus aristokratischem Milieu kommt der Ausdruck Prügelknabe. Denn wenn der hochherrliche Nachwuchs etwas ausgefressen hatte, was eine Portion Dresche verdient hätte, so durfte er aus Prestigegründen nicht angefasst werden. Stattdessen verprügelte

man einen Sohn »unedler« Leute, der für fremde Sünden herhalten musste. Der eigentliche Täter wurde immerhin dazu verdonnert, bei der Bestrafung zuzuschauen.

Konnte in einer bestimmten Angelegenheiten ein wesentliches Hindernis überwunden oder ein Großteil erledigt werden, dann ist das im Volksmund schon die halbe Miete. Mit dem Wohngeld hat das allerdings nichts zu tun. Denn die Miete ist ein Platz, wo der Bauer seine geernteten Feldfrüchte lagert. War sie halb voll, dann war ein ordentlicher Teil der Erntearbeit erledigt.

Spricht man von der ganzen Familie, so ist oft von Kind und Kegel die Rede. Nun waren auch früher die Menschen nicht so sportbegeistert, dass sie Kegel zur Sippschaft gezählt hätten. Tatsächlich bezeichnet Kegel ein uneheliches Kind. Dass es Einzug in eine Redewendung gehalten hat, könnte andeuten, dass derlei Früchte der Leidenschaft, vor allem zwischen Herren und deren Mägden, einst nicht selten waren.

Wer zaubert oder ausdrücken will, dass etwas nicht ganz klar ist, spricht von Hokuspokus. Auch für diesen Ausdruck gibt es verschiedene Erklärungen. Eine davon ist die verballhornte Form des katholisch-lateinischen »Hoc est corpus meus«, »Dies ist mein Leib«. Die Menschen in der Kirche haben dies gehört, aber nicht verstanden. Weil es von der Wandlung von Brot und Leib handelt, könnten sie in diesen Worten so etwas wie Zauberei vermutet haben.

Einfacher wird es bei »Oh Jemine« als Ausdruck der Überraschung oder des Entsetzens. Dies bedeutet »O Jesu Domine«, »O Herr Jesus«. Starke emotionale

Empfindungen wie große Freude oder großer Schrecken werden oft mit dem Anrufen religiöser Figuren eingeleitet.

Sie wird gerne in der öffentlichen Diskussion unterstellt – am liebsten dem politischen Gegner: die Milchmädchenrechnung. Sie hat ihren Ursprung in einer Fabel von Jean de la Fontaine, in der die Magd Perette in der nahen Stadt einen Topf Milch verkaufen soll. Auf dem Weg dorthin träumt sie, wie sie den Erlös vermehren könnte, am Ende kann sie sich sogar eine ganze Kuh kaufen. Leider stolpert sie und verschüttet die Milch – nix war's mit dem Reichtum. Zur Ehrenrettung der Milchmädchen sei hier betont, dass sie zu allen Zeiten rechnen konnten.

Allerlei Zeitgenossen machen uns gerne »blauen Dunst« vor. Übernommen haben sie es von den Zauberern früherer Zeiten, die auf den Jahrmärkten vor ihren Kunststücken gerne farbigen Rauch aufsteigen ließen. Dies hatte zwei Vorteile. Zum einen waren die Zuschauer beeindruckt, zweitens konnten diese dem Magier nicht so genau auf die Finger schauen und somit auf das Geheimnis des Tricks kommen.

Man macht es heute am Arbeitsplatz und noch lieber auf der Autobahn: einen Zahn zulegen. Eigentlich kommt die Wendung aber aus der Küche. An der Feuerstelle hing früher der Topf an einer Art Sägekamm. Sollte das Essen schneller fertig werden, wurde das Gefäß eben um einen Zahn nach unten befördert.

Wer einen anderen betrügen will, versucht, ihm ein X für ein U vormachen. Der Ausdruck stammt aus der Zeit, als Wirte die Trinkschulden ihrer Kunden mit lateinischen Ziffern notierten. Die Fünf war ein V bzw. ein U, die Zehn war ein X. Wenn man dem V die beiden Striche nach unten etwas verlängert, wird ein X daraus, die Zeche verdoppelt sich. Wer das Spiel durchschaut hat, lässt sich eben halt kein X für ein U vormachen.

Der rote Faden, der durch eine Sache geht, macht deren Kern aus. Der Ursprung der Redewendung geht auf die britische Kriegsmarine zurück. Um die wertvollen Taue der Royal Navy vor diebischen Zugriffen zu schützen, war in deren Mitte ein roter Faden versponnen. Damit konnte man das Seilwerk immer als Eigentum der Krone identifizieren.

Wer den roten Faden verliert, verfranzt sich. Der Ausdruck kommt aus der Fliegersprache des Ersten Weltkriegs. In deren Jargon hieß der Beobachter eines Flugzeugs Franz, der Pilot dagegen Emil. War der Pilot aufgrund schlampiger Navigationsarbeit des Beobachters der Orientierung verlustig gegangen, so hatte er sich verfranzt.

Ungeliebten Menschen zeigt man die kalte Schulter. Gemeint ist damit, dass man ihnen die rechte, also dem Herzen fernere Seite darbietet. Wer das Gegenteil tut, fängt hingegen ein Techtelmechtel an. Woher die Redewendung kommt, ist nicht ganz klar. Vielleicht hat sie ihren Ursprung im sonnig-temperamentvollen Italien. Wer dort mit jemandem unter vier Augen zusammen sein will, spricht von »teco meco«, also »ich mit dir, du mit mir«. Selbst wenn die Erklärung nicht richtig sein sollte, so ist sie doch immerhin plausibel. Da beißt die Maus keinen Faden ab …

Montgelas, Brentano, Kowalski

Ausländer in Deutschland, nicht erst seit fünfzig Jahren

Toni Turek, Heinz Kwiatkowski, Günter Sawitzki oder Hans Tilkowski waren in den fünfziger und sechziger Jahren allesamt hervorragende Fußball-Torhüter. Über den grünen Rasen liefen damals Spieler wie Ernst Kuzorra, dessen Schwager Fritz Szepan, Hans und Otto Tibulski, Herbert Burdenski, Erich Juskowiak, Horst Szymaniak, Willi Koslowski oder Helmut und Kurt Kowalski.

Neben der Liebe zum runden Leder war ihnen noch dreierlei gemeinsam: Sie kamen aus Gelsenkirchen (-Schalke), Bochum oder Dortmund – kurzum aus dem »Ruhrpott«, sie hießen anders als die dortige »Urbevölkerung«, und ihre Vorfahren waren einst aus den polnischsprachigen Gebieten Preußens, Russlands oder Österreichs zugewandert, um aus den rheinischen Gruben Kohle und Erz zu fördern.

Ausländer in Deutschland sind nichts Neues, Zuwanderung war immer die Regel und nicht die Ausnahme. Dies betraf hohe und höchst erlauchte Kreise ebenso wie die bürgerliche Mittelschicht und die große Masse jener Menschen, die im Laufe der Jahrhunderte den Boden bebauten, Stoffe webten oder Eisenbahnen bauten. Die meisten kamen nicht freiwillig, sondern wurden durch politische und religiöse Repression oder durch die erbärmlichen Lebensverhältnisse der alten Heimat vertrieben. Und viele blieben, wurden gute

Deutsche und wissen kaum noch etwas von den Ländern ihrer Ahnen.

Schon die Debatte darüber, wer von Bürgern des Heiligen Römischen Reiches Deutscher Nation, der Königreiche Preußen oder Sachsen oder des Wilhelminischen Deutschlands überhaupt als Ausländer oder »Inländer« anzusehen war, zeigt, dass man sich auf glattem Parkett bewegt. Eine deutsche Staatsangehörigkeit gibt es ohnehin erst seit 1934, vorher stand in den Reisepässen als Staatsangehörigkeit »Preußen« oder »Bayern«. Und selbst ein deutscher Pass wäre nicht unbedingt ein Beweis dafür gewesen, dass sein Besitzer deutsch denkt, spricht und fühlt.

Das beste Beispiel bildet das zweite deutsche Reich, gegründet 1871 von Otto von Bismarck. Laut Volkszählung aus dem Jahr 1900 waren von den 56 Millionen Bewohnern des Landes nur 780 000 Ausländer, davon fast die Hälfte Untertanen Österreich-Ungarns. Dies entspricht einer Quote von knapp anderthalb Prozent.

Aber bekanntlich ist die Statistik nicht die solideste aller Wissenschaften. So fehlt in dem Zensus von 1900 denn auch der größte Teil der nichtdeutschen Bewohner Deutschlands, und zwar aus einem Grund: Sie galten nicht als Ausländer.

Dies fängt an mit den 1,8 Millionen Elsässern und den Lothringern, die nach der Angliederung der beiden Gebiete nach 1871 Deutsche geworden waren – meist gegen ihren Willen. Bei einem Großteil der Lothringer kam hinzu, dass ihre Muttersprache Französisch war. Ebenso wenig deutschsprachig war die Mehrheit der rund 3,6 Millionen Reichsangehörigen polnischer Nationalität, die in Ost- und Westpreußen, Posen, Schlesien und Pommern lebten. In manchen dieser Gebiete machten sie vier Fünftel der Bevölkerung aus. Sie waren Kleinbauern, Tagelöhner und Dienstboten, sie verdienten am schlechtesten und wohnten in den miesesten Behausungen. Unter diesen Bedingungen war es nicht verwunderlich, dass viele Menschen der Kategorie »jung-ledig-flexibel« aufbrachen auf der Suche nach Arbeit in der Hauptstadt Berlin oder in den rheinisch-westfälischen und sächsischen Industrierevieren. Nach Schätzungen zogen bis 1914 allein ins Ruhrgebiet eine Million Menschen zu, die meisten polnischer Abstammung, aber mit deutschem Pass. Damals lebten im Deutschen Reich bereits 1,3 Millionen Menschen mit ausländischer Staatsangehörigkeit.

Diese Wanderung hielt bis 1930 an. Einige Gruben beschäftigten fast nur polnische Arbeiter, sodass sie im Volksmund »Polenzechen« genannt wurden. Diese Menschen galten wegen ihrer meist geringeren Schulbildung und wegen ihrer tiefen Verwurzelung im Katholizismus als weniger anfällig für gewerkschaftliche und sozialdemokratische »Umtriebe«.

Für »Heimat« sorgten allerlei Vereine, Frauengruppen, Jugendverbände und kirchliche Organisationen. Ein Dachverband »Zwiazek Polakow Niemczech« (»Bund der Polen in Deutschland«) wurde gegründet, eine polnischsprachige Zeitung »Glos polski« (»Polnische Stimme«) herausgegeben. Polnische Pfarrer predigten in ihrer Muttersprache. Erst die Nationalsozialisten

lösten den »Bund« 1939 auf – gleich nach dem deutschen Überfall auf Polen.
Für die preußisch-deutschen Ostprovinzen und die dortigen Großgrundbesitzer wurde die Abwanderung dieser Menschen zu einem Problem ersten Ranges. Mehr und mehr gingen ihnen – besonders in der Erntezeit – die Arbeitskräfte aus. Ihnen blieb in dieser Lage nur übrig, Saisonarbeiter aus den Gebieten jenseits der Grenze anzuwerben. Ab den frühen achtziger Jahren des 19. Jahrhunderts kamen in jedem Sommer Hunderttausende polnischer »Schnitter« aus dem russischen Reich. Sie galten als fleißig, anspruchslos und gehorsam. Hingegen hatten die Industriearbeiter im Westen des Reiches beim ostelbischen Adel den Ruf, »verwöhnt und sozialdemokratisch verseucht« zu sein. Kurzzeitig lief sogar eine Kampagne, den Arbeitskräftemangel durch die staatlich organisierte Zuwanderung von »Negern aus den deutschen Kolonien« und chinesischen Kulis zu beheben.
Wer der erste »Gastarbeiter« auf deutschem Boden war, ist schwer zu sagen. Selbst die Vorfahren jener Kern-Deutschen, deren Familien schon seit Menschengedenken in Deutschland siedeln, sind mit großer Wahrscheinlichkeit irgendwann woanders hergekommen. Während der Völkerwanderung strömten Stämme nach und durch Germanien. Die Römer hatten sich fast ein halbes Jahrtausend entlang des Rheines und im Süden unseres Landes etabliert. Und wenn von Römern die Rede ist, sind damit auch ihre Hilfstruppen von der Nordsee bis ins afrikanische Nubien gemeint. So mancher dunkelhäutige Ur-Mainzer mag

in seiner Ahnenreihe einen nubischen Legionär entdecken.

Pest und Krieg entvölkerten vom späten Mittelalter bis ins 17. Jahrhundert ganze Landstriche. Für die Landesherren bedeutete dies die Notwendigkeit der »Peuplierung«, der Ansiedlung von Menschen, die anderswo vor dem Druck der Überbevölkerung oder wegen ihrer »falschen« Konfession flohen. Nach dem Westfälischen Frieden, der 1648 den Dreißigjährigen Krieg beendete, ließen sich viele Soldaten und Söldner all der fremden Heere dort nieder, wo sie gerade standen. Woanders wurden sie nicht mehr als Landsknechte gebraucht, also wandelten sie sich zu Bauern, Schmieden, Bäckern oder Gastwirten. Oft wurden sie von den heimischen Fürsten noch mit dem Privileg der Steuerfreiheit geködert, nur damit sie blieben. Andere Landesherren importierten ganze Kontingente von jungen Menschen aus übervölkerten Gebieten, etwa der Lombardei, und siedelten sie in ihrem Territorium an. So kam es, dass in vielen Dörfern und Gebieten die Mehrzahl der Bewohner keine Einheimischen, ja keine Deutschen waren.

Kaum war das Gemetzel des Dreißigjährigen Krieges in Deutschland zu Ende, wurde im benachbarten Frankreich im Namen des Glaubens – wieder einmal – Blut vergossen und menschliches Leid verursacht. Besonders nach 1660 versuchte der »Sonnenkönig« Ludwig XIV., die Hugenotten in seinem Land zu bekehren, zu vernichten oder zu vertreiben. Zehntausende flohen in die evangelischen Kantone der Schweiz, nach Savoyen, Holland oder ins Elsass. Als dann 1685 noch das Toleranzedikt von Nantes widerrufen wurde, das den Hugenotten zumindest auf dem Papier Religionsfreiheit und Gleichberechtigung garantiert hatte, kam es zu einer weiteren Massenflucht. Die Zahl der Menschen, die zwischen der »Bartholomäus-Nacht« 1572 und dem 18. Jahrhundert Frankreich aus religiösen Gründen verlassen haben, geht in die Hunderttausende. Sie gehörten zu den fleißigsten und bestausgebildeten Bürgern des Landes. Allein in den 20 Jahren zwischen 1685 und 1705 kamen rund 40 000 Hugenotten und Waldenser nach Deutschland.

Ein großer Teil landete auf Einladung des preußischen Kurfürsten und nachmaligen Königs in den entvölkerten Gebieten von Brandenburg und Pommern. Die Großherzigkeit und Toleranz des Hohenzollernherrschers hatte natürlich auch einen sehr materiellen Hintergrund. Die da kamen, waren tüchtige Handwerker und Kaufleute, die auch tüchtig Steuern zahlten. Sie brachten mit, was es in seiner Hauptstadt nicht gab: die feinere Lebensart. Und die sollte schließlich auch der heimischen Bevölkerung zugute kommen. Der Aufstieg Berlins zu einer der Weltmetropolen des 19. und frühen 20. Jahrhunderts ohne seine »Franzosen« ist undenkbar.

Sie eröffneten Zuckerbäckereien und Modeateliers, sie errichteten Gymnasien und Krankenhäuser, sie gründeten Manufakturen und Fabriken. Dort wurde von Hüten und Handschuhen über Lampen bis hin zu Eisenwaren alles hergestellt, was eine moderne Wirtschaft jener Epoche auszeichnete.

Die hugenottischen Flüchtlinge, die Refugiés, brachten aber auch die Landwirtschaft um Berlin auf Vordermann. Sie entlockten dem sandigen märkischen Boden Gemüse und Obst, das dort bisher nie gesehen worden war. Die heutige Bundeshauptstadt war noch um 1650 ein trauriges Nest von sechstausend Einwohnern. Bis zur Jahrhundertwende war es auf dreißigtausend Menschen gewachsen – die meisten davon Zuzügler von fremder Erde. Auch in anderen Regionen der heutigen Bundesrepublik, in Hessen oder entlang des Rheins, ließen sich Refugiés nieder und sorgten für einen wirtschaftlichen und kulturellen Ruck im Lande. Drehscheibe und gelegentlich Endstation ihrer Suche nach einem neuen Leben in Ruhe und Würde war Frankfurt am Main.

Auch die Vertreter anderer Nationen ließen sich in Deutschland nieder. Vor allem die Hansestädte profitierten von Immigranten aus Skandinavien, Holland, England oder Italien, die die Kenntnis neuer Märkte und gute kommerzielle Kontakte mitbrachten. Eine ganze Reihe von ihnen entstammte jüdisch-sephardischen Familien, die aus dem katholischen Portugal zunächst ins tolerante Amsterdam geflohen waren und dann Richtung Norddeutschland weiterzogen. All diese – vergleichsweise privilegierten – Zuwanderer heirateten über die Jahre in das heimische gehobene Bürgertum ein, wie die Kirchenbücher und Standesämter belegen. Vor allem in den besseren Kreisen der Hansestädte wimmelte es bis in das 20. Jahrhundert von ausländischen Großvätern oder Großmüttern.

Die Italiener, die sich im späten 17. Jahrhundert in

Frankfurt am Main oder Mainz niederließen, gehörten nicht zu den »besseren Leuten« – zumindest noch nicht. Sie handelten in kleinem Maßstab mit Südfrüchten und ähnlichen Produkten ihrer Heimat. Allerdings dauerte es eine ganze Weile, bis sie von der heimischen Kaufmannschaft akzeptiert wurden. Irgendwann hatten auch die »Italiener« es geschafft: Sie wurden genauso deutsch wie ihre deutschen Nachbarn, und einige hüpften auf der sozialen Leiter nach oben. Dazu gehörten die Brentanos, die Deutschland einen Dichter ebenso wie Wissenschaftler und einen Außenminister schenkten.

Eine andere Gruppe von Ausländern wurde durch ein völlig anderes Schicksal nach München verschlagen. Wer um das Jahr 1700 in die bayerische Hauptstadt kam, konnte feststellen, dass nahezu zehn Prozent ihrer rund zehntausend Bewohner Türken waren. Über deren Integration machte sich damals niemand Gedanken, denn sie waren Kriegsgefangene von den Schlachten bei Wien und auf dem Balkan. Entsprechend wurden sie zunächst behandelt. Sie durften bei der Entwässerung von Moorgebieten die Gräben schaufeln und andere Dreckarbeiten erledigen. Eine Rückkehr in die Heimat war aber so gut wie ausgeschlossen. Wie sollte ein Mann zu diesen unfriedlichen Zeiten und durch die wilden Gegenden Südosteuropas die Türkei erreichen? Also blieben die meisten hier, ließen sich taufen, heirateten und ließen sich in Isarnähe im Stadtteil Au nieder. Dort trugen sie zu dem spezifischen Reiz bei, von dem schon Karl Valentin erzählt.

Eine Klasse war seit jeher multi-kulti: der deutsche

Adel. Dies galt für Kaiser ebenso wie für »einfache« Grafen, dies galt für die Aristokraten im Norden oder östlich der Elbe wie für die noblen Herrschaften in Bayern oder Baden. Und so ist es bei vielen Blaublütigen bis heute geblieben. Ein Beispiel ist Maximilian von Montgelas, der Schöpfer des modernen Bayern. Er kam in München zur Welt und war gewissermaßen ein »Gastarbeiterkind« der zweiten Generation. Sein Vater, ein Savoyarde, war schon Mitte des 18. Jahrhunderts in bayerische Dienste getreten. Montgelas lenkte seinen Herrscher Maximilian Joseph geschickt durch die Wirrnisse von Thronnachfolge, Französischer Revolution und napoleonischen Feldzügen. Er trug einen ordentlichen Teil dazu bei, dass Bayern dank des Korsen auf dem französischen Thron vom Kurfürstentum zum Königreich wurde. Im Jahr 1803 heiratete Montgelas eine Gräfin Arco, deren Familie aus Italien zugewandert war. Ihre acht Kinder und unzählige Enkelkinder sind dann waschechte Bayern und Deutsche geworden.

Aber zurück zu gewöhnlichen Sterblichen unserer Epoche. Nach dem Zweiten Weltkrieg wurden im Zuge des »Wirtschaftswunders« in der Bundesrepublik die Arbeitskräfte knapp. Das heißt: Knapp wurden sie zunächst nicht. Denn als die ersten zehntausend »Gastarbeiter« 1955 ins Land geholt wurden, waren immer noch mehr als eine Million Deutsche offiziell als erwerbslos gemeldet. Aber nicht jeder Vertreter der Wiederaufbau-Generation wollte sich die Hände schmutzig machen oder schlecht bezahlte und stumpfsinnige Arbeit verrichten.

Knapp ein Jahrzehnt später wurde im September 1964 der millionste Gastarbeiter festlich begrüßt und beschenkt. Schon nach weiteren zwei Jahren wurden 1,3 Millionen ausländische Beschäftigte gezählt. Ein Drittel davon waren Italiener, dazu kamen 200 000 Griechen, 180 000 Spanier, 160 000 Türken und 100 000 Jugoslawen. Infolge des Konjunktureinbruchs seit Mitte der 1960er Jahre gingen diese Zahlen zurück, um mit dem Aufschwung nach 1968 wieder nach oben zu schnellen. Im Sommer 1971 lebten 2,2 Millionen ausländische Arbeitnehmer in der Bundesrepublik und stellten damit etwa zehn Prozent der Beschäftigten. Hinzu kamen deren Angehörige und die in Deutschland geborenen Kinder mit nichtdeutscher Staatsangehörigkeit.

Derzeit leben in der Bundesrepublik etwa 7,3 Millionen Menschen mit ausländischem Pass. Rund 2,3 Millionen von ihnen kommen aus Staaten der Europäischen Union, 1,9 Millionen aus der Türkei und etwa eine Million aus den Nachfolgestaaten des früheren Jugoslawien. Nahezu eine Million Menschen stammen aus asiatischen Ländern.

Nicht immer ist das Zusammenleben reibungslos – auch wenn die negativen Schlagzeilen offenbar weit interessanter sind und mehr ins Auge fallen als die alltäglichen positiven Begegnungen am Arbeitsplatz, beim Einkauf, in der Freizeit oder unterwegs. Mehr und mehr Ehen und Familien sind binational geworden, die Werkshallen, Büros, Geschäfte und Sportvereine werden multinational oder, um ein ungeliebtes Wort zu gebrauchen: multi-kulti. Die deutsche Geschichte hat gezeigt, dass dies zu einem Segen für unser Land werden kann – vorausgesetzt, alle machen richtig mit.

Von Sorben, Friesen und anderen

Minderheiten in Deutschland

Rund 82,5 Millionen Menschen leben in der Bundesrepublik. Davon besitzen etwa 75 Millionen einen deutschen Pass. Viele Bundesbürger sehen sich selbst aber nicht nur als Deutsche, sondern fühlen sich daneben auch als Mitglieder einer Volksgruppe, die sich durch Sprache und/oder Geschichte von anderen Deutschen unterscheidet.

Zu den staatlich anerkannten nationalen Minderheiten in Deutschland zählen die Dänen in Schleswig-Holstein, die Sorben in Sachsen und Brandenburg sowie die deutschen Sinti und Roma. Die Friesen sehen sich in ihrer Mehrheit nicht als nationale Minderheit, sondern bezeichnen sich selbst als »friesische Volksgruppe«. Nicht geregelt ist der Status der Jenischen, obwohl sie rund 200 000 Menschen zählen und seit Jahrhunderten in Deutschland leben.

Alle diese anerkannten Minderheiten sind in der Bundesrepublik traditionell heimisch und leben im Allgemeinen in angestammten Siedlungsgebieten. Sie wollen ihre regionale Kultur, ihre sprachlichen und historischen Traditionen bewahren.

Dabei ist es hierzulande – anders als in anderen Staaten – die private Entscheidung des Einzelnen, sich zu einer nationalen Minderheit zu bekennen. Deshalb wird diese Zugehörigkeit auch nicht staatlich registriert. Somit gibt es keine amtlichen Statistiken, Zahlenangaben stammen in der Regel von den Gruppen selbst. Hintergrund ist hier unter anderem die mörderische Politik des »Dritten Reiches« gegen Sinti und Roma auf der Grundlage ihrer damaligen behördlichen Erfassung. Auch die Sorben waren als Slawen während der Nazi-Diktatur üblen Diskriminierungen ausgesetzt.

Für diese Gruppen gilt unter anderem das Rahmenübereinkommen des Europarates zum Schutz nationaler Minderheiten. Es ist in Deutschland am 1. Februar 1998 in Kraft getreten. Durch dieses Abkommen genießen sie als deutsche Staatsangehörige alle Rechte und Freiheiten des Grundgesetzes ohne Einschränkung, welches auch den Gleichheitsgrundsatz und das Diskriminierungsverbot beinhaltet. Seitens der Bundesregierung ist für diese Gruppen der Beauftragte für Aussiedlerfragen und nationale Minderheiten zuständig.

Die Sorben leben in der Lausitz (sorbisch: Łužyca), und zwar als Niedersorben in der Niederlausitz im Süden von Brandenburg sowie als Obersorben in der Oberlausitz im äußersten Osten Sachsens. Sie sprechen Sorbisch, das mit Tschechisch, Slowakisch und Polnisch die westslawische Sprachgruppe bildet. Es existiert in zwei Variationen: Das Obersorbische steht dem Tschechischen näher, während das vom Aussterben bedrohte Niedersorbisch dem Polnischen ähnelt. Die Niedersorben nennen sich selbst auch Wenden, während die Obersorben diese von den Deutschen aufgedrückte Bezeichnung ablehnen.

Derzeit bezeichnen sich rund 60 000 Menschen in den neuen Bundesländern als Sorben, davon etwa zwei Drittel in der sächsischen Oberlausitz und ein Drittel in der brandenburgischen Niederlausitz. Zwischen 20 000 und 30 000 Sorben beherrschen aktiv die beiden Sprachen.

Das kleine westslawische Volk lebte nie in einem eigenen Staat, sondern war bereits im neunten Jahrhundert in den Herrschaftsbereich der Franken geraten. Seither leben die Sorben in engem Kontakt mit ihren deutschen Nachbarn, die vor allem im Verlauf der mittelalterlichen Ostsiedlung vermehrt von Westen her in die Region gekommen waren.

Trotzdem hat sich nicht nur ihre Sprache erhalten, auch andere Traditionen wurden und werden gepflegt. Vorchristlichen Ursprungs sind die Mythen der Mittagsfrau (připołdnica/přepołdnica), des Wassermanns (wódny muž), der Gottesklage (Bože sadleško) oder des Geld und Glück bringenden Drachens (obersorbisch: zmij, niedersorbisch: plon).

Im Frühjahr werden das Osterreiten und das typische Bemalen von Ostereiern gepflegt – gelegentlich geben Wanderausstellungen auch in anderen Bundesländern Auskunft über diese Volkskunst. Im obersorbischen Kerngebiet um Bautzen sind Kruzifixe am Wegrand und in Vorgärten sowie gepflegte Kirchen und Kapel-

len Ausdruck einer bis heute gelebten Volksfrömmigkeit.
Mit der Entstehung der panslawischen Bewegung gegen Mitte des 19. Jahrhunderts gewann auch bei den Sorben die Diskussion um die »nationale Frage« an Bedeutung. Ziel dieser Bewegung war es, die slawischen Völker Ostmitteleuropas von ihrer Fremdherrschaft zu befreien, das wichtigste Zentrum war Prag, damals noch eine Stadt im Habsburger-Reich. Dort fand 1848 ein Panslawischer Kongress statt, auf dem die Sorben ihre blau-rot-weiße Flagge erhielten, in enger Anlehnung an die Fahne der Tschechen. Diese Flagge der Sorben wurde von den Nationalsozialisten 1935 verboten, seit Mai 1945 aber wieder offiziell von der Domowina verwendet.
Es ist gewagt, die sorbische »Renaissance« nach dem Zweiten Weltkrieg mit der sowjetischen Besatzungsmacht der Epoche in Verbindung zu bringen. Dennoch: Die Führung von Staat (DDR) und Partei (SED) unterstützten ideell und materiell die Pflege von sorbischer Sprache und sorbischem Brauchtum. Hintergrund war zum einen die enge Beziehung zum slawischen »großen Freund und Bruder« in Moskau, aber auch die engen politischen und wirtschaftlichen Kontakte an die angrenzenden sozialistischen Staaten Polen und Tschechoslowakei.
So wurde 1951 in Bautzen das »Institut für sorbische Volksforschung« (Institut za serbski ludospyt) eingerichtet, bis zur Wiedervereinigung eine Abteilung der Akademie der Wissenschaften der DDR. Heute trägt es die Bezeichnung »Sorbisches Institut« (Serbski Insti-

tut). In Bautzen war und ist auch der Domowina-Verlag ansässig, der Bücher in sorbischer Sprache herausgibt. Ebenfalls zu DDR-Zeiten entstand das Institut für Sorabistik an der Universität Leipzig.
Auch nach dem Fall der Mauer und der Wiedervereinigung geht das sorbische Leben weiter: So wurde 1991 die Stiftung für das Sorbische Volk gegründet, die die Förderung der Sorben von staatlicher Seite zusammenfasst. Auch haben sich die Bundesländer Sachsen und Brandenburg zur Unterstützung des sorbischen kulturellen Lebens verpflichtet. Im Einigungsvertrag war eine Garantie für den Fortbestand der sorbischen Institutionen gegeben worden.
Kulturelle Zentren der Sorben sind Bautzen (sorbisch Budyšin) und Cottbus (sorbisch Chóśebuz). Es gibt in der Lausitz sorbische, das heißt sorbischsprachige Kindergärten und rund ein Dutzend sorbischer Schulen, darunter je ein ober- und ein niedersorbisches Gymnasium. Als zentrale Interessenvertretung dient der bereits 1912 gegründete Dachverband Domowina, der die meisten sorbischen Vereine umfasst.
Derzeit erscheinen die obersorbische Tageszeitung »Serbske Nowiny« (»Sorbische Zeitung«), die niedersorbische Wochenzeitung »Nowy casnik« (»Neue Zeitung«), die sorbische Kulturmonatsschrift »Rozhlad« (Umschau), die Kinderzeitschrift »Płomjo« (deutsch Flamme) sowie eine katholische und eine evangelische Kirchenzeitung. Daneben produzieren sowohl der Rundfunk Berlin-Brandenburg (RBB) als auch der Mitteldeutsche Rundfunk (MDR) eine Reihe von Radio- und Fernsehprogrammen, darunter auch

Magazine speziell für junge Leute. Bedeutendster zeitgenössischer Autor ist Jurij Brûzan (geboren 1916), der auf Sorbisch und Deutsch schreibt. Auch Otfried Preußlers bekannter Jugendroman »Krabat« geht auf sorbischen Sagenstoff zurück.

Die dänische Minderheit in Deutschland hat im Gegensatz zu den Sorben den Vorteil, dass sie sprachlich und kulturell von den nahen Nachbarn in Dänemark profitieren kann. Sie lebt in Schleswig-Holstein und umfasst rund fünfzigtausend Angehörige. Gleichermaßen existiert eine deutsche Minderheit in Dänemark. Beide Gruppen genießen nach den deutsch-dänischen Erklärungen von 1955 besondere Minderheitenrechte.

Ursache für die Anwesenheit von Dänen in Deutschland und von Deutschen in Dänemark ist zum einen die jahrhundertelange dynastische Verbundenheit des – eher »deutschen« – Holstein mit dem – eher »dänischen« – Schleswig. Hinzu kommt, dass Preußen und Österreich nach dem Deutsch-Dänischen Krieg 1864 große Teile Schleswigs mit seiner dänischen Bevölkerung angliederten. Nach dem Ersten Weltkrieg wiederum wurde Schleswig per Volksabstimmung geteilt und die Annexion von 1864 rückgängig gemacht. Dabei wurde auf eine Grenzziehung gemäß der Sprachlinie verzichtet, auf beiden Seiten der Grenze blieben Minoritäten zurück.

Die 1955 garantierten Minderheitenrechte sehen bei den Landtagswahlen die Aufhebung der Fünf-Prozent-Sperrklausel für die Dänen-Partei Südschleswigscher Wählerverband (SSW) vor. Bis zur Bildung der großen Koalition aus CDU und SPD in Kiel im Februar 2005 war der SSW lange Jahre ein verlässlicher Partner der schleswig-holsteinischen Sozialdemokraten. Er kann derzeit auf rund fünfzigtausend Stimmen zählen, darunter offenbar auch von Wählern, die überhaupt nicht dänischer – oder friesischer – Abstammung sind.

Die deutschen Behörden sorgen für Zuschüsse für dänische Schulen und Bibliotheken, sie garantieren auch die Pflege der kulturellen Beziehungen zu Dänemark. Das Verhältnis zwischen Berlin, Kopenhagen und der dänischen Minderheit ist durch spannungsfreie Kooperation geprägt.

Zwischen den Sorben, die jenseits der deutschen Grenzen kein eigentliches »Brudervolk« besitzen, und den Dänen, denen neben Deutschland auch das benachbarte Königreich eine kulturelle Heimat bietet, stehen die deutschen Friesen. Ihre in den Niederlanden lebenden Stammesgenossen, mehr als hunderttausend Menschen, sind die Westfriesen. Die deutschen Friesen selbst treten als Ostfriesen, Saterfriesen und Nordfriesen auf. Deren Sprache wird von etwa zehn- bis zwanzigtausend Menschen gesprochen, vor allem auf den nordfriesischen Nordseeinseln und in der deutsch-dänischen Grenzregion. Sie arbeiten als »Friisk Foriining« (Friesischer Verband) mit der dänischen Minderheit zusammen.

Auch wenn die Friesen bis zum Aufstieg der Hanse ein bedeutendes Handels- und Seefahrervolk waren: Politisch wurden sie immer wieder von Franken, Sachsen und schließlich vom Königreich Preußen überrollt.

Mitte des 18. Jahrhunderts annektierte der Hohenzoller Friedrich II. (»der Große«) nach dem Tod von Fürst Karl Edzard das herrscherlose Ostfriesland.
In den Niederlanden leben Friesen vor allem in der Provinz Friesland, aber auch in den Provinzen Groningen und Nordholland. Friesisch wird allerdings nur in Friesland sowie auf den Wattenmeerinseln Terschelling und Schiermonnikoog gesprochen.
In Deutschland ist die Lage der friesischen Sprache komplizierter. So sprechen die Ostfriesen mittlerweile niederdeutsch, nur das dortige Platt ist noch friesisch geprägt. Ein letztes Refugium der ostfriesischen Sprache ist das niedersächsische Saterland. Lebendiger sind friesische Kultur und Sprache auf den Inseln Helgoland, Sylt, Föhr und Amrum sowie in Nordfriesland.
Von den geschilderten drei Minderheiten sind vor allem die Sorben und die Friesen als Sprachgruppen bedroht. Auch die Förderung durch Bundes- und Landesregierung verhindert nicht, dass sie sich im Alltag zunehmend des Hochdeutschen ihrer Umgebung bedienen. Brutal formuliert: Beide Sprachen sind vom Aussterben bedroht, das Sorbische noch eher als das Friesische mit seiner relativ starken Verankerung in den Niederlanden. Nur das Dänische wird als Amtssprache des Königreichs Dänemark wohl auch in Deutschland weiterleben.
Ob die Europäische Union und ihre Mitgliedsstaaten kulturell unberührt davon bleiben, dass die kleinen Kulturen und Sprachen des Kontinents verschwinden, wird sich zeigen. Den Menschen in den betreffenden Regionen wird jedenfalls etwas fehlen. Und uns ande-

ren, den so genannten Hochsprachigen, ebenfalls. Nur wird es vielleicht länger dauern, bis wir es merken.

Von IA bis B wie Berlin

Deutsche Autokennzeichen von einst bis heute

Wir kennen sie von alten Fotos oder Filmaufnahmen: Kaiser, Reichspräsident oder Führer sitzen in ihrer herrschaftlichen Motorkarosse und winken huldvoll dem gemeinen Volk zu. Das Automobil trägt ein Kennzeichen, das meist mit I A anfängt – der Chiffre für die Reichshauptstadt.

Es war im Jahre 1906, als der Bundesrat als Vertretung der im Kaiserreich vereinten deutschen Länder den Beschluss fasste, das bis dahin vergleichsweise chaotische Kraftfahrzeugwesen zu ordnen. Er bestimmte grundsätzlich die Einführung polizeilicher Kennzeichen sowie die Vorschrift des Rechtsfahrens und Linksüberholens. Diese wurden in der Folge in den Ländern durch entsprechende Verordnungen in Kraft gesetzt. Der Anarchie auf deutschen Wegen wurde ein Riegel vorgeschoben. Die Kennzeichen überlebten Kaiserreich und Republik und blieben bis zum Ende des Zweiten Weltkriegs gültig. Vor allem das letzte Jahrzehnt bis 1945 spiegelte auch die deutsche und mitteleuropäische Geschichte wider.

Die Systematik der Kfz-Kennzeichen war einfach, zumindest was die (früheren) Königreiche Deutschlands anging, nämlich Preußen, Bayern und Württemberg. Sachsen spielte nummernschildtechnisch gesehen eine Sonderrolle.

An erster Stelle stand – natürlich – Preußen und trug vorneweg die römische Eins, es folgten die jeweiligen Landespolizeibezirke, Grenzmarken, Provinzen oder Regierungsbezirke mit einem Großbuchstaben. Der Landespolizeibezirk Berlin trug I A, die Grenzmark Posen-Westpreußen I B, die Provinz Ostpreußen I C, die Provinz Brandenburg I E, die Provinz Pommern I H, die Provinz Ober- und Niederschlesien I K, der Regierungsbezirk Sigmaringen (heute Teil von Baden-Württemberg) I L, die Provinz Sachsen (heute Sachsen-Anhalt) I M, die Provinz Schleswig-Holstein I P, die Provinz Hannover I S, die Provinz Hessen-Nassau I T, die Provinz Westfalen I X, der Regierungsbezirk Düsseldorf I Y und die restliche Rheinprovinz I Z.

Die römische Zwei stand für Bayern. An erster Stelle stand natürlich die Hauptstadt München mit II A, es folgte der Kreis Oberbayern mit II B, der Kreis Niederbayern mit II C, der Kreis Pfalz mit II D, der Kreis Oberpfalz mit II E, der Kreis Oberfranken mit II H, die Stadtbezirke Nürnberg und Fürth mit II N, der Kreis Mittelfranken mit II S, der Kreis Unterfranken mit II U sowie der Kreis Schwaben und Neuburg mit II Z.

Württemberg setzte auf kleinere Einheiten. Für das Gebiet des Polizeipräsidiums Stuttgart galt die III A. Die vier Kreise des Landes waren in jeweils drei Distrikte unterteilt. So trug der Neckarkreis die III C

(Esslingen und Umgebung), III D (Heilbronn und Umgebung) und III E (Neckarsulm und Umgebung), der Schwarzwaldkreis die III H (Freudenstadt und Umgebung), die III K (Reutlingen und Umgebung) und die III M (Tübingen und Umgebung). Für den Jagstkreis galten die III P (Aalen und Umgebung), die III S (Gmünd und Umgebung) und III T (Mergentheim und Umgebung), für den Donaukreis die III X (Göppingen und Umgebung), die III Y (Ravensburg und Umgebung) und die III Z (Ulm und Umgebung).
Im einstigen Königreich und nachmaligen Freistaat Sachsen war alles ein bisschen anders. Hier hatte die Kreishauptmannschaft Bautzen (es hieß wirklich so!) die Ziffer I, die Kreishauptmannschaft Dresden die Ziffer II, die Kreishauptmannschaft Leipzig die Ziffer III, die Kreishauptmannschaft Chemnitz die Ziffer IV und die Kreishauptmannschaft Zwickau die Ziffer V.
Das Großherzogtum und spätere Land Baden erhielt die Chiffre IV B. Im Falle von Hessen war es etwas komplizierter: Bis 1937 war das Land in die Provinzen Oberhessen (Gießen und Umland) mit dem Kennzeichen V O, Rheinhessen (linksrheinische Gebiete) mit V R und Starkenburg (Darmstadt und Offenbach mit Umland) mit V S aufgeteilt. Ab 1937 trugen alle Nummernschilder am Anfang die römische Fünf und das H für Hessen, also V H.
Die kleineren Territorien erhielten Kennzeichen, deren erste Buchstaben sich aus dem Ländernahmen ergaben. So bekam Mecklenburg 1934 ein M. Bis zu diesem Zeitpunkt hatte es Mecklenburg-Schwerin mit M I und Mecklenburg-Strelitz mit M II gegeben.

Ähnliches gilt für Oldenburg, das 1937 zusammengelegt wurde und das Kennzeichen O I erhielt. Vorher gab es den Landesteil Oldenburg mit O, den Landesteil Lübeck mit O II und den Landesteil Birkenfeld mit O III.

Anhalt erhielt das A als erstes Zeichen des Nummernschildes, der Staat Braunschweig das B, die Hansestädte Hamburg, Bremen und Lübeck (bis 1937) das uns vertraute HH, HB und HL. Lippe bekam ein L, Schaumburg-Lippe ein SL, Thüringen ein Th und das wieder deutsch gewordene Saarland ab 1935 ein SAAR. Bis dahin hatte es sogar ein eigenes Nationalitätenkennzeichen (SA).

Bereits kurz nach dem Ersten Weltkrieg war es zu einer ersten Kennzeichenreform gekommen. Sachsen-Weimar-Eisenach (Kennzeichen: S), Sachsen-Meiningen (SM), Sachsen-Altenburg (SA), Sachsen-Coburg und Gotha (CG), Reuß ältere Linie (RA) und Reuß jüngere Linie (RJ) sowie Schwarzburg-Sondershausen (SS) und Schwarzburg-Rudolstadt (SR) mussten 1920 ihre Nummernschilder austauschen, weil sie an größere territoriale Einheiten angeschlossen wurden. Im Falle des ehemaligen Reichslandes Unter-Elsass (VI A), Ober-Elsass (VI B) und Lothringen (VI C) wurden ohnehin 1918 französische Schilder angeschraubt.

Die deutsche Reichspost wurde seit 1923 mit RP gekennzeichnet, die Deutsche Reichsbahn mit DR. Die Reichswehr trug ab 1923 ein RW auf ihren Fahrzeugen. Ab 1935 prangte bei der Wehrmacht/Heer ein WH, bei der Wehrmacht/Marine ein WM und bei der Wehrmacht/Luftwaffe ein WL. Daneben führte die nationalsozialistische Regierung das Pol für Polizei, das runig gestaltete SS für Schutzstaffel (ab 1936) und das RAD für Reichsarbeitsdienst (ab 1941) ein.

Österreich wurde von dem Hitler-Regime zwar im März 1938 an das Reich angegliedert, die dort geltenden Kfz-Kennzeichen wurden jedoch übernommen. So blieb W für Wien, Nd für Niederdonau, Od für Oberdonau, Sb für Salzburg, St für Steiermark, K für Kärnten und TV für Tirol-Vorarlberg.

Weniger Skrupel kannten die Nazis im Falle der erzwungenen Abtretung des Sudetenlandes von der Tschechoslowakei im Herbst 1938. Hier wurde der Buchstabe S für die Bezirke Karlsbad, Aussig und Troppau eingeführt. Auch nach der Annexion der restlichen Gebiete der Tschechoslowakei im März 1939 setzten die neuen Herren Zeichen. In dem so genannten Protektorat Böhmen und Mähren waren die Kennzeichen PA für das Land Böhmen, PB für das Land Mähren-Schlesien, PC für Bahn und Post, PD für die Stadt Prag sowie PS und PV für die Sicherheitsorgane und die Verwaltung vorgeschrieben.

Nach dem Einmarsch deutscher Truppen in Polen wurden im Oktober 1939 Teile Polens annektiert. Diejenigen Gebiete, die den Provinzen Ostpreußen und Schlesien angegliedert wurden, erhielten die dortigen Kfz-Kennzeichen. Die übrigen Gebiete wurden in zwei so genannte Reichsgaue eingeteilt. Der Reichsgau Wartheland erhielt P, der Reichsgau Danzig-Westpreußen DW.

Aus den restlichen besetzten polnischen Gebieten wurde das so genannte Generalgouvernement gebil-

det, in dessen Bezirken ab 1942 die Kennzeichen I Ost bis V Ost benutzt wurden.
Nach der Eroberung Frankreichs erhielten die de facto annektierten Territorien des Elsass ab 1941 die Kennzeichen IV ST (Strassburg) sowie IV T (Mülhausen), IV U (Schlettstadt), IV X (Kolmar) und IV Z (Zabern), für Luxemburg galt Lux. Nach der Zusammenlegung »Deutschlothringens« (das Département Moselle) mit dem »Gau Saarpfalz« (1941) zur »Westmark« war Wm als Kennzeichen gültig.
Im Mai 1945 waren die braunen Träume von Protektoraten, Reichsgauen, Ostmarken und Westmarken blutig ausgeträumt. Deutschland wurde in vier Besatzungszonen aufgeteilt, die alliierten Mächte setzten ihre Kennzeichnung von Fahrzeugen durch. Ganz einheitlich verlief dies zunächst nicht. Am rationellsten gingen die Briten vor, die bereits 1945 so etwas wie den Prototyp des heutigen deutschen Systems einführten: AUR für Aurich, BRA für Braunschweig, DUS für Düsseldorf, HAN für Hannover, KOL für Köln, LUN für Lüneburg, MUN für Münster oder OLD für Oldenburg.
Die Amerikaner und die Franzosen dachten in größeren Einheiten und gaben zunächst Süd-Baden das BD, Bayern das BY, Bremen das HB, Hessen das HE, der Pfalz das PF, dem Rheinland das RL, dem Saarland das SA sowie Süd-Württemberg und Hohenzollern das WT. Dem schlossen sich 1947 auch die Briten an: Niedersachsen erhielt ein HA, Hamburg ein HG, Nordrhein ein NR, Schleswig-Holstein ein SH und Westfalen ein WF.

In den Jahren 1948/1949 kam es zu einer Vereinheitlichung in ganz Deutschland. Die jeweiligen Besatzungsbehörden setzten vor die Kennzeichen der Länder ihrer Zone einen Buchstaben: A für amerikanische Zone, B für britische Zone, F für französische Zone und S für sowjetische Zone. So blieb es in der Sowjetischen Besatzungszone (SBZ, ab Oktober 1949: Deutsche Demokratische Republik) bis 1953 und in den drei Westzonen (ab Mai 1949: Bundesrepublik Deutschland) bis 1956.
Das Kürzel AB stand für Bayern, AE für Bremen, AH für Hessen und AW für Nordbaden-Nordwürttemberg. Die Chiffre BH stand für Hamburg, BN für Niedersachsen, BR für Nordrhein-Westfalen und BS für Schleswig-Holstein, FB für Südbaden, FR für Rheinland-Pfalz und FW für Südwürttemberg-Hohenzollern. Für das Saarland war FS vorgesehen – das Gebiet wurde dann aber vorläufig deutschen Normen entzogen, es erhielt bis 1956 OE.
In der SBZ begannen die Nummernschilder von Brandenburg mit SB, die von Sachsen (Leipzig) mit SL und die von Mecklenburg mit SM. In Berlin herrschte durch die Zeiten und Zonen eine Vielfalt von Kennzeichen: BG, BM, GB, GF, GM, IA (!) oder KB. Direkt nach Kriegsende hatten die Kennzeichen in der Hauptstadt nur Ziffern. Auch Lindau am Bodensee war ein Sonderfall.
In den Jahren 1953 bis 1956 wurden die DDR-Kennzeichen dann in den Bezirken von Norden nach Süden »durchalphabetisiert«. Der Buchstabe A stand für Rostock, B für Schwerin, C für Neubrandenburg, D

oder P für Potsdam, E für Frankfurt an der Oder, F oder L für Erfurt, H oder M für Magdeburg, I für (Ost-)Berlin, K oder V für Halle, N für Gera, O für Suhl, R oder Y für Dresden, S oder U für Leipzig, T oder X für Chemnitz/Karl-Marx-Stadt und Z für Cottbus.

In der Bundesrepublik wurde 1956 für nicht-behördliche Fahrzeuge das heute geltende System mit einem, zwei oder drei Buchstaben für den Zulassungsbezirk eingeführt. Dabei handelt es sich in aller Regel um eine kreisfreie Stadt oder um einen Landkreis. Danach kommen ein oder zwei Buchstaben sowie eine bis vier Ziffern. Nach der Wiedervereinigung 1990 wurde diese Regelung auch auf die neuen Bundesländer übertragen.

Kraftfahrzeuge von kommunalen Behörden haben das Kürzel des jeweiligen Zulassungsbezirks, gefolgt von einer Ziffernfolge. Dabei tragen die Fahrzeuge der Kommunalverwaltung (einschließlich Feuerwehren) die Ziffern 200 bis 299, 2000 bis 2999, 20 000 bis 29 999 oder 300 bis 399. Polizeiwagen sind mit 3000 bis 3999, 7000 bis 7999, 30 000 bis 39 999 oder 70 000 bis 79 999 gekennzeichnet, der Katastrophenschutz mit 8000 bis 8999 oder 80 000 bis 89 999. Seit Einführung der Euro-Kennzeichen sind viele Zulassungsstellen dazu übergegangen, kommunale Fahrzeuge mit dem Buchstaben Y zu kennzeichnen (zum Beispiel A-Y 100).

Die Autos von Länderministerien und Länderbehörden tragen oftmals kein Kürzel einer Stadt oder eines Kreises, sondern die Chiffre für das jeweilige Bundesland. Dazu gehören:

BBL für Brandenburg, Landesregierung und Landtag;

BWL für Baden-Württemberg, Landesregierung und Landtag; BYL für Bayern, Landesregierung und Landtag; HEL für Hessen, Landesregierung und Landtag; LSA für Sachsen-Anhalt, Landesregierung und Landtag; LSN für Sachsen, Landesregierung und Landtag; MVL für Mecklenburg-Vorpommern, Landesregierung und Landtag; NL für Niedersachsen, Landesregierung und Landtag; NRW für Nordrhein-Westfalen, Landesregierung und Landtag; RPL für Rheinland-Pfalz, Landesregierung und Landtag; SAL für Saarland, Landesregierung und Landtag; SH für Schleswig-Holstein, Landesregierung und Landtag; und THL für Thüringen, Landesregierung und Landtag.

Der Dienstwagen des Bundespräsidenten trägt das Kennzeichen 0–1, das Gefährt der Bundeskanzlerin bzw. des Bundeskanzlers die 0–2, der Außenminister führt die 0–3. Der Bundestagspräsident ist an der Chiffre 1–1 zu erkennen.

Fahrzeuge des Bundestags, des Bundesrats oder der Bundesregierung sind durch BD gekennzeichnet. BG steht für Bundesgrenzschutz, BW für Bundes-Wasser- und Schifffahrtsverwaltung. Fahrzeuge der Bundeswehr tragen ein Y, die den Nato-Hauptquartieren zugeordneten Automobile ein X.

Fahrzeugkennzeichen des diplomatischen Korps beginnen mit der Ziffer Null. Danach steht ein Ländercode und nachfolgend eine ein- bis dreistellige Zahl, die üblicherweise im Zusammenhang mit dem Dienstgrad des Inhabers steht. Diplomatische Kennzeichen werden auch an Mitarbeiter zahlreicher internationa-

ler Organisationen ausgegeben, jedoch nie an deutsche Staatsbürger.
Für diese gemeinen Deutschen stehen derzeit rund 550 Kürzel zur Verfügung, von A wie Augsburg bis Z wie Zwickau. Etwa 350 Abkürzungen, meist mit drei Buchstaben, wurden in den vergangenen Jahren und Jahrzehnten aus dem Verkehr gezogen. Entweder waren die Zulassungsgebiete zu klein, die entsprechenden Regionen fielen einer Verwaltungsreform zum Opfer oder es galt, Verwechslungen zu vermeiden. So wurde nach der Wiedervereinigung aus dem L für den Lahn-Dill-Kreis die sächsische Metropole Leipzig.
Es gibt Buchstabenkombinationen hinter den Kürzeln, auf die die Bundesregierung aus guten Gründen den Zulassungsstellen zu verzichten empfiehlt. Dazu gehören Abkürzungen aus der Zeit des Dritten Reiches wie KZ (Konzentrationslager), NS (Nationalsozialismus), SA (Sturmabteilung) und SS (Schutzstaffel). Gelegentlich wird SD ausgegeben, obwohl es den NS-Sicherheitsdienst bezeichnete. Auch HJ wurde schon gesichtet, weil es die Initialen des Besitzernamens und nicht eine politische Anschauung ausdrücken soll.
Es gibt auch Kraftfahrzeugkennzeichen, die es gar nicht gibt, nämlich bei Film- und Fernsehproduktionen. Wenn der Regisseur darauf verzichten wollte, die Handlung einer bestimmten Stadt zuzuordnen, versah er die »handelnden« Automobile mit fiktiven Nummernschildern. Sie erhielten die Chiffre AI oder BG, die nicht existieren. Bis zur Wiedervereinigung wurden in Westdeutschland auch P oder G eingesetzt, die nach 1990 für Potsdam und Gera stehen. Das G wurde

dann durch GX ersetzt – Kürzel für die Stadt Gleixen, die wegen Nicht-Existenz auf keiner Landkarte vermerkt ist. Die Siegel, die Rückschlüsse auf das Bundesland hätten geben können, werden entweder nur undeutlich gezeigt oder mit einer ordentlichen Portion Schlamm überzogen.

Und der Oscar goes to ...

Deutsche in Hollywood

Die Auszeichnung wird geliebt, gelobt und geschmäht. Aber seit mehr als 70 Jahren ist sie so etwas wie der Nobelpreis der Filmbranche: der Academy Award of Merit, kurz Oscar genannt. Er wird alljährlich von der Academy of Motion Picture Arts and Sciences (AMPAS) für die besten Filme des Vorjahres vergeben. Die Preisverleihung im März ist einer der Höhepunkte des gesellschaftlichen und kulturellen Lebens in Kalifornien und in den USA.

Begonnen hatte alles 1927. Damals setzten sich drei Herren zusammen, um der sich verändernden Filmwelt cineastisch, politisch und vor allem kommerziell gerecht zu werden.

Die Gentlemen waren Louis B. Mayer von Metro-Goldwyn-Mayer (MGM), der Regisseur Fred Niblo und der Leinwandheld Conrad Nagel.

Der seit dem Ersten Weltkrieg boomende amerikanische Film befand sich damals in einer Krise. Das Radiogerät verbreitete sich zunehmend und hielt die Menschen in den eigenen vier Wänden. Hinzu kam, dass die Gewerkschaften den Studiobossen mit ihren Forderungen nach mehr Rechten und Dollars auf die Nerven gingen. Auch die transatlantische Konkurrenz, vor allem in Deutschland, ruhte nicht. Andererseits bot der aufkommende Tonfilm neue Chancen.

Eine Idee musste her. Sie bestand in der Gründung einer Akademie, die dem Unternehmen Film unter anderem die notwendige Seriosität verleihen sollte. Im Mai 1929 wurde die Academy of Motion Picture Arts and Sciences geboren. Vorgesehen war, herausragende Leistungen im Filmgeschäft künftig mit Preisen auszuzeichnen. Die erste Verleihung fand umgehend statt – rückwirkend für Leistungen der Jahre 1927/1928.

Im Mai 1929 wurde der Preis zum ersten Mal vergeben. Interessiert hat das damals aber kaum jemanden: Zwölf Statuen wurden bei einem geschlossenen Dinner überreicht, die Gewinner waren schon eine Woche vorher einem Zeitungsinserat zu entnehmen. Dies änderte sich erst, als die Zeremonie 1930 im Radio übertragen wurde.

Die AMPAS-Verantwortlichen verstanden ihr Handwerk, was die Öffentlichkeitsarbeit anging. Eine prägnante Figur mit einem prägnanten Namen musste her: Eine Figur wurde geschaffen, die Oscar genannt wurde. Um den Namensgeber ranken sich Legenden, von denen keine letzte Gültigkeit besitzt. Darüber hinaus musste um die Veranstaltung ein Hauch von geheimnisvoller Exklusivität wehen. Dies erreichte man, indem die Namen der Preisträger zum Quasi-Staatsgeheimnis gemacht wurden. Ab 1953 wurde die Verleihungszeremonie im Fernsehen übertragen; derzeit überschreitet die weltweite Zahl der Zuschauer die Milliardengrenze.

Seither ist die knapp 35 Zentimeter hohe und gut drei Kilogramm schwere Statue mehr als 2250 Mal an verdiente Filmschaffende, von der Hollywood-Diva bis zum Special-Effects-Team, gegangen. Unter den Preisträgern und Nominierten waren durch die Jahrzehnte hindurch immer wieder auch deutsche, deutschstämmige oder deutschsprachige Schauspieler, Regisseure, Komponisten und Techniker.

Den allerersten Oscar in der Kategorie »Bester Hauptdarsteller« erhielt 1929 der in der Schweiz geborene deutsche Künstler Emil Jannings rückwirkend für seine Rollen in »The Last Command« (»Sein letzter Befehl« von Josef von Sternberg) und »The Way of All Flesh« (»Der Weg allen Fleisches« von Victor Fleming). Der Sternberg-Streifen wurde auch als bester Film nominiert.

Jannings ist bis heute der einzige Deutsche geblieben, der den Mann in Gold in dieser Sparte gewinnen konnte. Er war gewissermaßen schon auf dem Sprung zurück nach Europa, sodass er den Preis nicht selbst in Empfang nehmen konnte. Der Schauspieler rechnete sich wegen seiner unzureichenden Englischkenntnisse bei dem aufkommenden amerikanischen Tonfilm wenig künstlerische Perspektiven aus und verließ Kalifornien in Richtung Heimat. Eine Schauspielerin, mit der Jannings bald im Film »Der blaue Engel« zusammenarbeiten sollte, wurde 1930 für die beste Darstellerin nominiert, ohne den Oscar jedoch jemals zu erhalten: Marlene Dietrich für ihre Rolle in dem Streifen »Morocco« (Marokko«).

Seit den frühen zwanziger Jahren arbeitete der gebürtige Berliner Ernst Lubitsch als Regisseur ausschließlich in den USA. Mehrfach waren seine Streifen als beste Filme des Jahres nominiert worden, so bereits 1929 »The Patriot« (»Der Patriot«), 1930 »The Love Parade« (»Die Liebesparade«), 1931 »The Smiling Lieutenant« (»Der lächelnde Leutnant«) und 1932 »One Hour With You« (»Eine Stunde mit dir«). Aber erst kurz vor seinem Tod, im Jahr 1947, erhielt Lubitsch tatsächlich einen Oscar – für sein Lebenswerk.

Die nächste Staffel von Filmschaffenden aus Deutschland kam nicht freiwillig. Seit 1933 vertrieb der Rassenwahn der Nazis zahlreiche deutsch-jüdische Künstler, darunter die Elite der deutschen Filmindustrie wie die Regisseure und Drehbuchautoren Fritz Lang, Curt und Robert Siodmak oder Max Ophüls. Mit der Einrichtung der so genannten Reichskulturkammer im September 1933 durften Juden ohnehin nicht mehr im Medien- und Kulturbereich tätig sein.

Bis zum Ausbruch des Zweiten Weltkriegs verließen rund zweitausend Filmkünstler das Reich, die meisten gingen in die USA. Dadurch wurde Nordamerika, vor allem Kalifornien, zu der Filmmetropole, die es auch heute noch ist. In Deutschland war der Aderlass bald zu spüren. Wurden hier 1932 noch hundertzweiunddreißig Spielfilme gedreht, so waren es drei Jahre später nur mehr zweiundneunzig.

Der Film in Deutschland tat sich indessen schwer. Der Verlust der besten Regisseure, Schauspieler und Komponisten machte sich bemerkbar. Die »unpolitische« Filmbranche im Dritten Reich produzierte, von Ausnahmen abgesehen, eher Seichtes. Die filmhistorisch bedeutenden Werke von Leni Riefenstahl disqualifizierten sich selbst durch ihre Nazi-Lastigkeit. Auch die deutschen auf Zelluloid gebannten Dramen und Komödien der fünfziger Jahre waren nicht unbedingt geeignet, internationalen Ruhm einzuheimsen.

Wie die Talente und Traditionen der deutschsprachigen Länder den US-Film bereicherten, zeigt das Beispiel von Billy Wilder. Der Regisseur und Drehbuchautor, geboren im Habsburgerreich, hatte in Wien und Berlin sein Metier gelernt und war 1933 über Frankreich in die USA gegangen. Er gewann dort insgesamt sechs Oscars, fünfzehn Mal wurde er für die Auszeichnung vorgeschlagen.

Die erste, noch erfolglose, Nominierung kam 1939 für das Drehbuch der Filmkomödie »Ninotschka«. Er erhielt ihn schließlich 1945 für das Drehbuch und die Regie in dem Alkoholiker-Drama »Das verlorene Wochenende« mit Ray Milland in der Hauptrolle. Weitere Oscars folgten: 1950 für das Drehbuch von »Sunset Boulevard« (»Boulevard der Dämmerung«) und 1960 für Regie und Drehbuch des Filmes »The Apartment« (»Das Appartement«) mit Shirley MacLaine und Jack Lemmon.

Als Drehbuchautor reüssierte auch der Österreicher

Walter Reisch. Neben drei Nominierungen gewann er den Academy Award 1953 für den Film »Titanic«. Zwei Jahre später wurde er Vorsitzender des Oscar-Komitees für fremdsprachige Filme.
Ein Spitzenregisseur war der in Ludwigshafen geborene Wilhelm, später William, Dieterle. Von den frühen zwanziger bis weit in die sechziger Jahre drehte er zunächst in Deutschland, später in den USA, in seiner Frühzeit trat er auch als Schauspieler auf. Sein Werk »The Life of Emile Zola« (»Das Leben des Emile Zola«) wurde als »bester Film« des Jahres 1937 ausgezeichnet. Ein Jahr später erhielt Karl Freund, im böhmischen Königinhof geboren, den Oscar für Kameraführung in »The Good Earth« (»Die gute Erde«).
Der aus Wien stammende Fred (Alfred) Zinnemann, der 1929 in die USA gegangen war, bekam seinen ersten Oscar für den Kurzfilm »That Mothers Might Live«, 1953 und 1966 folgten zwei Oscars für die beste Regiearbeit in den Streifen »From Here to Eternity« (»Verdammt in alle Ewigkeit«) und »A Mann For All Seasons« (»Ein Mann für jede Jahreszeit«).
Im Jahr 1961 konnte erstmals nach Jannings wieder ein deutschsprachiger Schauspieler den Oscar des besten Hauptdarstellers gewinnen, nämlich der in Wien geborene Maximilian Schell für seine Rolle in »Judgement of Nuremberg« (»Urteil von Nürnberg«) von Stanley Kramer. Schell wurde erneut 1975 für seine Rolle in »The Man in the Glass Booth« von Arthur Hiller und 1977 als Nebendarsteller in »Julia« von Fred Zinnemann nominiert.
Ebenfalls auf der Kandidatenliste, ohne jedoch den

Preis zu erhalten, standen der österreichische Mime Oskar Werner 1965 (Hauptdarsteller) für das »Narrenschiff« von Stanley Kramer, sein Landsmann Klaus Maria Brandauer (Nebendarsteller) 1985 für seine Rolle in »Jenseits von Afrika« von Sydney Pollack sowie Armin Mueller-Stahl 1996 für seinen Auftritt als Vaters des Pianisten David Helfgott in »Shine – Der Weg ins Licht«.

Bereits 1940 war der Mannheimer Albert Bassermann für die beste Nebenrolle in Alfred Hitchcocks »Foreign Correspondent« (»Mord«) vorgeschlagen worden. Trotz – oder wegen – seines starken deutschen Akzentes war er in den dreißiger und vierziger Jahren in den USA ein gefragter Charakterdarsteller.

Das gleiche Schicksal – Nominierung, jedoch nicht Auszeichnung – teilten in der Kategorie »bester ausländischer Film« 1956 Helmut Käutners »Hauptmann von Köpenick« nach dem Stück von Carl Zuckmayer, 1959 Bernhard Wickis Kriegsdrama »Die Brücke« sowie 1976 »Jakob der Lügner« unter der Regie von Frank Beyer nach dem Roman von Jurek Becker. Zur Auszeichnung in dieser Sparte kam 1979 schließlich die Verfilmung von Günter Grass' »Blechtrommel« durch Volker Schlöndorff.

Drei Jahre später, 1982, wurde Wolfgang Petersens »Das Boot« gleich in sechs Kategorien (Drehbuch, Kamera, Regie, Schnitt, Ton und Tonschnitt) vorgeschlagen, ging aber in der Endauswahl unter. Auch die Satire »Schtonk!« von Helmut Dietl stand 1992 auf der Kandidatenliste für den besten ausländischen Film, blitzte dann aber in der Gunst der Juroren ab.

Nicht nur nominiert, sondern ausgezeichnet wurde ein deutsches Filmwerk gegen Ende der fünfziger Jahre. Als bester Dokumentar-Langfilm wurde 1959 »Die Serengeti darf nicht sterben« des Frankfurter Zoodirektors und Fernsehprofessors Bernhard Grzimek ausgezeichnet.

Auch für Leistungen jenseits von Regie und Darstellung konnten Künstler aus Deutschland in der Vergangenheit den »Mann in Gold« in Empfang nehmen. Ein »Abräumer« ersten Ranges war der Filmkomponist Max Steiner. Von 1934 bis 1956 verging kaum ein Jahr, in dem der Gustav-Mahler-Schüler aus Wien nicht für den Oscar nominiert worden wäre – manchmal für zwei Filme eines Jahrgangs. Darunter waren Streifen wie »The Garden Of Allah« (»Der Garten Allahs«, 1936), »The Life of Emile Zola« (»Das Leben des Emile Zola«, 1937) oder »Gone With The Wind« (»Vom Winde verweht«, 1939).

Steiner gewann die Trophäe schließlich 1935 für die Musik in »The Informer« (»Der Verräter«) von John Ford, 1942 für »Now, Voyager« (»Reise aus der Vergangenheit«) und 1944 für »Since You Went Away« (»Als du Abschied nahmst«). Steiner war 1943 auch für »Casablanca« nominiert – der Musik-Oscar jenes Jahres ging dann allerdings an den ebenfalls äußerst erfolgreichen Alfred Newman.

Der in Brünn geborene und 1934 in die USA ausgewanderte Erich Wolfgang Korngold war in der Sparte Filmmusik zweimal erfolgreich: 1936 für »Anthony Adverse«, zwei Jahre später für »The Adventures Of Robin Hood« (»Die Abenteuer des Robin Hood«).

Auch der eigentlich eher für Revolutionär-Avantgardistisches bekannte Komponist Hanns Eisler stand zumindest einmal auf der Nominiertenliste, und zwar für den Film »Hangmen Also Die« (»Auch Henker sterben«, 1943) von Fritz Lang. Jüngeren Jahrgangs ist der Münchener Komponist Hans Zimmer, der bereits 1988 für die Musik zu »Rain Man« mit Dustin Hoffman nominiert worden war und den Oscar 1994 für den Soundtrack zum Disney-Epos »The Lion King« (»König der Löwen«) erhielt.

Für gelungene Kameraführung wurde der im unterfränkischen Eichelsdorf geborene Michael Ballhaus zweimal nominiert: 1987 für »Broadcast News« (»Nachrichtenfieber«) und 1989 für »The Fabulous Baker Boys« (»Die fabelhaften Baker Boys«). Dass auch beim Film (deutsches) Handwerk goldenen Boden haben kann, zeigte seit den zwanziger Jahren der gebürtige Bremer Hans Dreier, der in nahezu 500 Filmen als Artdirector die Ausstattung realisierte. Achtmal war er für den Oscar nominiert, dreimal erhielt er ihn: 1945 für »Frenchman's Creek« (»Der Pirat und die Dame«) und zweimal 1951 in den Kategorien Schwarzweiß- und Farbfilm für »Sunset Boulevard« (»Boulevard der Dämmerung«) von Billy Wilder und für »Samson and Delilah«.

1972 bewies auch die Crew um den Münchener Rolf Zehetbauer, dass sie ihr Handwerk beherrschte: Für ihre Ausstattung des Musical-Films »Cabaret« erhielt sie die begehrte Trophäe. Ein Vierteljahrhundert später, 1997, konnten die Special-Effects-Experten um den Bremerhavener Volker Engel für ihre Leistungen

in »Independence Day« den Oscar in Empfang nehmen. Über die Jahre und Jahrzehnte gewann die Münchener Firma Arnold & Richter Cine Technik (ARRI) gleich zwölf Oscars für Kameratechnik.
In den letzten Jahren hat eine Reihe deutscher Filme wieder internationale Anerkennung gefunden. So fiel Caroline Links beeindruckendes Regiedebut »Jenseits der Stille« der Academy 1997 positiv und nominierungswert auf. Fünf Jahre später, 2002, war es dann so weit: Ihr Film »Nirgendwo in Afrika« nach dem Roman von Stefanie Zweig wurde als bestes nicht-englischsprachiges Werk ausgezeichnet. Ebenso wie einst Emil Jannings konnte sie aber den Mann in Gold nicht persönlich in Empfang nehmen. Wegen einer ernsten Erkrankung ihrer Tochter hatte sie ihre Teilnahme bereits im Vorfeld abgesagt. Der Oscar kam per Post.
Auch der Münchener Regisseur Florian Gallenberger wurde von der »Academy« belohnt. Für seine Abschlussarbeit an der Filmhochschule mit dem Titel »Quiero ser« erhielt er 2000 (in der Kategorie »Bester ausländischer Film«) den Oscar für den besten studentischen Kurzfilm, ein Jahr später wurde der gleiche Streifen als bester Kurzfilm prämiert. Er folgt damit Pepe Dankquart, der bereits 1994 für den »Schwarzfahrer« einen Oscar in Empfang nehmen konnte. Bereits 1987 wurde Wolfgang Becker für »Schmetterlinge« mit dem Studenten-Oscar belohnt, 1990 bekamen die Brüder Christoph und Wolfgang Lauenstein für »Balance« den Oscar in der Sparte »kurzer Animationsfilm«.
Im Jahr 2005 stand das Hitler-Drama »Der Unter-

gang« auf der Liste der Kandidaten für den besten ausländischen Film, 2006 wurde »Sophie Scholl – die letzten Tage« von Marc Rothemund nominiert. Mitbewerber war die französisch-deutsche Koproduktion »Joyeux Noël«, der die vorübergehende weihnachtliche Verbrüderung feindlicher Soldaten mitten im Ersten Weltkrieg beschreibt. Beide Filme erhielten zwar nicht den begehrten Mann in Gold. Aber dass sie für die Preisverleihung vorgeschlagen wurden, ist immerhin ein ermutigendes Zeichen. Die deutsche und deutschsprachige Oscar-Bilanz ist besser, als auf den ersten Blick vermutet.

Vom Sect zum Sekt, von der That zur Tat

Rechtschreibreform 1901, davor und danach

Die Auseinandersetzung tobt. Anhänger und Gegner der neuen Rechtschreibung streiten sich um deren Sinn oder Unsinn. Seit zehn Jahren wird sie empfohlen, am 1. August 1998 hat man sie offiziell an Schulen und Behörden eingeführt.

Ganz neu ist der Streit um die Orthographie nicht, schon bei früheren Reformen wurde bis hin zum »Untergang des Abendlandes« die ganze Palette der Polemik ins Feld geführt. Auch diese Versuche, die deutsche Sprache und Schrift in ein normatives Gerüst zu packen, rührten an allerlei Empfindlichkeiten bei Sprachwissenschaftlern, Lehrern, Bildungsbürokraten und Verlegern.

Die ersten erhaltenen Zeugnisse in deutscher Sprache stammen aus der Zeit von Karl dem Großen. Schriftliche Grundlage bildete das lateinische Alphabet. Von Einheitlichkeit konnte damals und in den kommenden Jahrhunderten allerdings kaum die Rede sein, jede »Schreibstube« hatte ihre eigene Tradition. Immerhin entwickelte sich eine – wenn auch rudimentäre – Zeichensetzung (Punkt am Satzende), Großbuchstaben markierten den Beginn von Absätzen oder Versen.

Zwei nahezu zeitgleiche Ereignisse um 1500 brachten die deutsche Sprache und ihre Vereinheitlichung entscheidend voran: der Erfindung des Buchdrucks durch den Mainzer Johannes Gutenberg und die Übersetzung der Bibel durch Martin Luther. Dennoch findet man selbst in den Schriften des Wittenberger Reformators noch unterschiedliche Schreibungen ein und desselben Wortes. Beeindruckend war die Tendenz zur Buchstabenhäufung, etwa in dem Wort *hellffershellffer*. Luther führte damals die Vokallängung durch -h- (*ihm* statt *im*) und -e- (*viel* statt *vil*) sowie die Vokalkürzung durch nachfolgenden Doppelkonsonanten (*Gott* statt *Got*) ein.

Zu dieser Zeit setzten sich langsam die Großbuchstaben am Satzanfang und bei Hauptwörtern, die Punkte als Satzschlusszeichen durch. Auch die Umlaute ä, ö und ü erschienen; sie wurden zunächst durch ein hochgestelltes kleines e, später durch die waagrechten

Doppelpunkte dargestellt. Ein interessantes Detail: Die generelle Großschreibung von Hauptwörtern wurde zu dieser Zeit offenbar von den Druckern und nicht von den Akademikern eingeführt und durchgesetzt.

Im 17. und 18. Jahrhundert erschien eine Vielzahl von Grammatiken. Das umfassendste und damals einflussreichste Deutsch-Schulbuch stammte 1722 von Hieronymus Freyer. Er proklamierte zwei Prinzipien der Rechtschreibung, die auch künftig Bestand haben sollten. Der phonetische Grundsatz besagte: »Schreibe so, wie du sprichst!«, der historisch-etymologische Grundsatz forderte: »Berücksichtige bei der Schreibung die Wortgeschichte!« Auf Johann Christoph Gottsched geht die Verteilung von Doppel-S und scharfem S (= ß) zurück, die seither und bis heute die Schüler und gelegentlich auch ihre Eltern quält.

Gegen 1850 trat der Hanauer Germanist Jacob Grimm einen Feldzug für eine einfache, nicht durch Dialekt geprägte und theoretisch begründete Neuregelung der Sprache an. Er focht unter anderem damals schon für die – hierzulande immer noch postmodern anmutende – Kleinschreibung der Hauptwörter sowie für die so genannte »Heyse'sche« s-Regel, die besagt: Doppel-S nach Kurzvokal, scharfes S (ß) nach Langvokal. Dies alles war Grimms Zeitgenossen zu radikal – der berühmte Märchensammler scheiterte.

Immerhin begriffen zu dieser Zeit die deutschen bzw. deutschsprachigen Staaten, dass eine Vereinheitlichung der Rechtschreibung vonnöten war. Denn die schriftliche Kommunikation nahm zu, in Behörden ebenso wie in den Unternehmen oder zwischen Privatpersonen. Zu den Vorreitern gehörten das Königreich Hannover und das Königreich Württemberg, selbst in dem in derlei Angelegenheiten nicht eben fortschrittlichen Preußen verlangte der Kultusminister 1862, dass wenigstens innerhalb einer Schule (!) einheitlich zu schreiben sei.

Es brauchte noch ein Jahrzehnt und eine Reichsgründung, bis wirklich deutschlandweit Bewegung in die Rechtschreibung kam. Es war der moderne Urvater der Orthographie und Hersfelder Gymnasialdirektor Konrad Duden, der mit seinem Buch »Die deutsche Rechtschreibung« 1872 Maßstäbe setzte. Das Werk war klar gegliedert, leicht verständlich und praxisbezogen. Auch Duden empfahl, sich an der Aussprache und der Herkunft zu orientieren. Auch er plädierte für Kleinschreibung.

Eine Reihe seiner Anregungen wurde auf der *Konferenz zur Herstellung größerer Einigung auf dem Gebiet der deutschen Orthographie (Erste Orthographische Konferenz)* übernommen, die im Januar 1876 in Berlin stattfand. Wesentliche Punkte waren dabei: »k« und »z« statt »c«, (also *Kasse* statt *Casse* und *Zirkel* statt *Cirkel*), die Heyse'sche S-Regel und die Trennbarkeit von »pf«, »st« und »tz«.

Weit kamen die Sprachexperten zunächst nicht, eine Pressekampagne setzte ein. Und bereits zwei Monate später teilte der preußische Kultusminister allen Regierungen des Deutschen Reiches mit, dass die Beschlüsse der Konferenz nicht umgesetzt würden.

Diesmal hatten die Preußen aber zu schnell geschossen. Denn schon 1879 übernahm das Königreich Bayern die Vorlagen der Konferenz, auch das Königreich Sachsen schloss sich an, und ein Jahr später erschien dann auch in Preußen ein Regelwerk, das sich an Bayern und somit an der Konferenz orientierte. Allerdings mit großen Abweichungen: Berlin wollte noch nicht auf das »th« im Anlaut (*Thor*) verzichten, auch die Heyse'sche Regel blieb weiterhin außen vor.

Im gleichen Jahr, nämlich 1880, erschien auch Dudens *Vollständiges Orthographisches Wörterbuch der deutschen Sprache*. Hier verzichtete der große Sprachreformer um der Einheitlichkeit willen auf frühere und weiter gehende Forderungen. In dem Werk – hier Beispiele aus der vierten Auflage – fanden sich Schreibweisen, die uns Nachgeborenen merkwürdig vorkommen. So mussten die folgenden Wörter mit »th« geschrieben werden: *Thal / Thaler, Thon / thönern, Thor* (der und das) */ thöricht, Thran / thranig, Thräne / thränen, thun / thätig / Unterthan, Thür* und *Thron.*

Weitere Wörter und deren Ableitungen konnten wahlweise mit »th« oder »t« geschrieben werden, wobei die Schreibweise mit »t« favorisiert wird: *Thau / Tau, Thee / Tee, Theer / Teer, Theil / Teil, theuer / teuer, Thibet / Tibet, Thier / Tier. Efeu, Elfenbein, Fasan* und *Sofa* waren auch in den Variationen *Epheu*, *Elphenbein*, *Phasan* und *Sopha* erlaubt, die allerdings schon damals als veraltet galten. *Literatur* wurde in korrektem Duden-Deutsch *Litteratur* geschrieben – nur in Bayern kam man mit einem »t« aus.

Auch die restlichen deutschen Bundesstaaten führten bis Mitte der 1880er Jahre weitgehend übereinstimmende Regelbücher ein, ebenso die Schweiz für alle deutschsprachigen Kantone der Eidgenossenschaft.

Wegen der preußischen Wackelpartie nach der ersten Konferenz blieben zu viele orthographische Probleme und Regeln im Bereich des Unbestimmten. Es wurde deshalb Zeit für den »großen Ruck« – der dann aber doch weitgehend ausblieb.

Zunächst einmal kamen im Juni 1901 auf Einladung des Reichsinnenministers auf der *Zweiten Orthographischen Konferenz* in Berlin sechsundzwanzig Bevollmächtigte der deutschen Länder und ein österreichischer Kommissar sowie Vertreter einiger Institutionen und des Buchgewerbes zusammen. Neben den Beamten nahmen nur einige wenige Fachleute teil, darunter Konrad Duden. Die Beschlüsse der Berliner Konferenz, die erste verbindliche Rechtschreibreform, sahen Folgendes vor:

In heimischen Wörtern sollte das »h« nach »t« grundsätzlich fallen, also *Tal* und *Tür* statt *Thal* und *Thür* oder *Not* und *Armut* statt *Noth* und *Armuth*. In Fremdwörtern wie *Thron* und *Theater* wurde die th-Schreibung beibehalten. Dem Vernehmen nach soll der deutsche Kaiser Wilhelm II. höchstselbst die Beibehaltung des »th« in *Thron* verlangt haben. Die Verbindung »ey« wurde zu »ei«, etwa in »*sein*« (statt »*seyn*«), oder »*meinen*« (statt »*meynen*«). Auslautendes ß in Wörtern auf -niß wurde zu -nis, wie beispielsweise in *Geheimnis*.

Fremdwörter sollten konsequenter in das deutsche Schriftsystem integriert werden. Dies führte vor allem zur weitgehenden Ersetzung von c durch k oder z. Aus dem früheren *Sect* wurde jetzt *Sekt*, aus der *Cigarre* die

Zigarre. Fremdwörter auf -iren sollten ab jetzt mit -ieren geschrieben werden, also *regieren* statt bisher *regiren.*

Gegenüber den Empfehlungen von 1876 stellte die Konferenz von 1901 einen Rückschritt dar. Die Einführung der Heyse'schen Regel wurde abgeschmettert, auch »st« durfte nicht getrennt werden. Zeichensetzung, Groß- und Kleinschreibung, die Schreibung von Fremdwörtern sowie Getrennt- und Zusammenschreibung wurden nicht durchgängig geregelt. Als Fazit kann gelten: Die Orthographie wurde einheitlicher, aber nicht einfacher.

Schon damals war die öffentliche Reaktion auf die Rechtschreibreform gespalten. Ein Zeitgenosse beschreibt sie folgendermaßen: »Die Presse beschäftigte sich eifrig mit der Angelegenheit, einzelne Blätter begrüßten die Verordnung mit Freuden, viele verhielten sich ablehnend ... Manche Artikel waren augenscheinlich dazu bestimmt, das Publikum zu verwirren, andere es durch ungeheure Vorstellungen zu schrecken, wieder andere es mit Spott und Hohn zu belustigen.«

Im Laufe des Jahres 1902 wurden die Ergebnisse der Berliner Konferenz durch die Regierungen Deutschlands, Österreichs und der Schweiz in amtliche Regelungen umgesetzt. Dudens *Regeln für die deutsche Rechtschreibung nebst Wörterverzeichnis* wurden für alle Bundesländer des Deutschen Reiches verbindlich – ab dem 1. Januar 1903 für die Behörden, ab dem 1. April 1903 für die Schulen.

In den folgenden Jahrzehnten kam es immer wieder zu

neuen Vorstößen, die deutsche Rechtschreibung zu vereinfachen. So forderte eine Kommission des Reichschulausschusses 1920 neben einer eindeutigen Laut-Buchstaben-Zuordnung (*Keiser* statt *Kaiser*, *Pazient* statt *Patient*, *Karakter* statt *Charakter*, *Eidexe* statt *Eidechse*, *Fater* statt *Vater*) die Abschaffung der Großschreibung von Hauptwörtern. Ähnliches schlug im darauf folgenden Jahr der Sachverständigenausschuss beim deutschen Innenministerium vor. Dagegen protestierten in einer gemeinsamen Erklärung unter anderem der Deutsche Buchdrucker-Verein, der Deutsche Buchgewerbeverein, der Deutsche Verlegerverein und die Vereinigung der Schulbuchverleger.

Mitten im Zweiten Weltkrieg, im Jahr 1941, forderte der Sprachforscher Fritz Rahn in der Zeitschrift *Das Reich* eine Rechtschreibreform »im nationalsozialistischen Geiste«. Dazu sollten gehören: die Kleinschreibung der Substantive sowie der Verzicht auf die Buchstaben »q«, »v«, »x«, »y« (*kwelle* statt *Quelle*, *folk* statt *Volk*, *hekse* statt *Hexe*) und auf die Dehnungszeichen (*gefar* statt *Gefahr*, *mos* statt *Moos*, *mer* statt *Meer*).

Diese Initiative wurde unterstützt von dem damaligen Reichsminister für Wissenschaft, Erziehung und Volksbildung, Bernhard Rust. Auch er sprach sich für die Kleinschreibung von Hauptwörtern, für die konsequente Eindeutschung von Fremdwörtern sowie die Abschaffung der Dehnungszeichen und des »ß« aus. Drei Jahre später, 1944, ließ Rust das von ihm vorgeschlagene Regelwerk in einer Million Exemplaren drucken. Der Schwerpunkt lag auf der »Germanisierung« nichtdeutscher Wörter. Diese sollten fürderhin

– obligatorisch oder wahlweise – als *Schossee, Fosfor, Zilinder, Idülle, Nazion, Sfäre, Strofe, Kautsch, Majonnäse, Miliö, Ragu, Tambur, Träner* oder *Tur* (auf *Turen* bringen) geschrieben werden. Außerdem sollte die Silbentrennung verändert werden und das Komma in bestimmten Fällen wegfallen. Allerdings wurde die Initiative Rusts auf Befehl von Adolf Hitler als »nicht kriegswichtig« vertagt. Eine spätere Umsetzung »im nationalsozialistischen Geiste« konnte aus den bekannten Gründen nicht mehr erfolgen.
Auch nach dem Zweiten Weltkrieg kam es immer wieder zu Initiativen, die die deutsche Rechtschreibung vereinfachen sollten, so etwa die *Stuttgarter Empfehlungen* aus dem Jahr 1954 oder die *Wiesbadener Empfehlungen* von 1958. Durch ihre Radikalität stießen sie jedoch bei großen Teilen der Öffentlichkeit wie auch in der Fachwelt und in den Kultusministerien auf Ablehnung. Vor allem die geforderte Abschaffung der Substantiv-Großschreibung wurde heftig kritisiert. Trotzdem ging die Diskussion weiter, wie die mehr als dreißigjährige Geschichte der derzeitigen Rechtschreibreform zeigt.
So sprach sich im Jahr 1973 die deutsche Kultusministerkonferenz (KMK) für eine baldige Reform auf der Grundlage der *Wiesbadener Empfehlungen* aus. Sie beauftragte ihren Vorsitzenden, die dazu notwendigen Verhandlungen mit der Deutschen Demokratischen Republik (DDR), mit Österreich und der Schweiz aufzunehmen.
Sieben Jahre später wurde der *Internationale Arbeitskreis für Rechtschreibreform* (IAR) gegründet. Ihm

gehörten Germanisten aus der Bundesrepublik Deutschland, aus Österreich und aus der Schweiz an, das Gremium wurde zu einem der Geburtshelfer der aktuellen Rechtschreibreform. Die KMK erteilte dann 1987 dem Institut für Deutsche Sprache in Mannheim den Auftrag, zusammen mit der Gesellschaft für deutsche Sprache e. V. in Wiesbaden ein neues Regelwerk zu entwerfen.

Im September 1992 veröffentlichte der IAR seine *Deutsche Rechtschreibung – Vorschläge zu ihrer Neuregelung*. Nach mehrjährigen Beratungen unter Beteiligung zahlreicher Verbände beschlossen die deutschen Kultusminister 1995, die Neuregelung zum 1. August 1998 mit einer Übergangsphase bis zum 31. Juli 2005 einzuführen – vorbehaltlich der Zustimmung durch die anderen deutschsprachigen Staaten, die Ministerpräsidenten der Länder und den Bund. Während dieser Frist sollten in Schulen Schreibweisen, die nach der alten, nicht aber nach der neuen Rechtschreibung zulässig sind, zwar angestrichen, aber nicht als Fehler gewertet werden.

Am 1. Juli 1996 verpflichteten sich die deutschen Bundesländer, Österreich, die Schweiz, Liechtenstein und weitere Staaten mit deutschsprachigen Bevölkerungsteilen durch die *Wiener Absichtserklärung*, die neue Orthographie bis zum 1. August 1998 einzuführen. Das Bundesverfassungsgericht erklärte im Juli 1998 die Einführung der neuen Rechtschreibung per Kultusministererlass für rechtmäßig.

In Deutschland hat die öffentliche Debatte um den Sinn oder Unsinn der Rechtschreibreform dazu geführt, dass sowohl eine Vielzahl von Printmedien als auch einige Behörden bei der alten Rechtschreibung geblieben bzw. zu ihr zurückgekehrt sind. Verlage, deren Erzeugnisse sich vor allem an Jugendliche richten, orientieren sich an der neuen Rechtschreibung. Bei schöngeistiger Literatur richten sich viele Verleger nach den Wünschen der Autoren, die Klassiker erscheinen – außer in Schulausgaben – oft in der alten Rechtschreibung.

Nach einer Umfrage des Börsenvereins des Deutschen Buchhandels werden rund 80 Prozent aller neu verlegten Bücher in neuer Rechtschreibung herausgegeben – allerdings meist nicht uneingeschränkt, sondern in den modifizierten Hausrechtschreibungen der jeweiligen Verlage.

In den Schulen ist die Angelegenheit nicht einfacher. So erklärten die Bundesländer Nordrhein-Westfalen und Bayern im Juli 2005, die Einführung der Rechtschreibreform »bis auf weiteres« auszusetzen. Seit 1. August 2005 gilt die neue Rechtschreibung in der Bundesrepublik Deutschland in den unstrittigen Teilen, außer in Nordrhein-Westfalen und Bayern, wo weiterhin die Übergangsregeln in Kraft sind. Nach der neuesten Empfehlung der KMK vom Frühjahr 2006 tritt ab 1. August dieses Jahres die reformierte Reform der Rechtschreibung deutschlandweit in Kraft. Allerdings haben die Schüler – und ihre Eltern – Zeit bis zum 31. Juli 2007, sich mit deren Vorschriften vertraut zu machen. Bis dahin werden etwaige Fehler zwar angestrichen, aber nicht gewertet. Unterrichtspraktiker verweisen trotz einer Reihe von Verbesserungen auf Parallelen zur Reform von 1901: Die Rechtschreibung wird einheitlicher, aber wohl doch nicht einfacher.

Wer, wo, wann, wie, was und wie viel?

Deutschland statistisch

Wer liest schon das Statistische Jahrbuch für die Bundesrepublik Deutschland? Eine ermüdende Ansammlung von Daten und Statistiken? Weit gefehlt! Es handelt sich um ein hochinteressantes Werk über den Zustand unserer Republik und ihrer Menschen. Für all jene, die es nicht lesen wollen oder aus Zeitgründen nicht lesen können, sind hier die – subjektiv empfunden – interessantesten Informationen zusammengetragen. Dabei werden die meisten Zahlen- und Prozentangaben als annähernde Werte präsentiert.

Die nördlichste Gemeinde in Deutschland ist List in Nordfriesland (Schleswig-Holstein), die südlichste ist Oberstdorf im bayerischen Oberallgäu. Die östlichste Gemeinde heißt Neißeaue und liegt im sächsischen Niederschlesischen Oberlausitzkreis, die westlichste heißt Selfkant und liegt in Nordrhein-Westfalen.

Zu den höchstgelegenen Städten der Republik gehören nicht nur bayerische Gemeinden: Zwar ist das bayerische Balderschwang mit 1044 Metern die Nummer eins, ihm ist aber das sächsische Oberwiesenthal mit 914 Metern über Normal-Null dicht auf den Fersen. Oberstdorf, schon mit seiner Südlage an der Spitze, kommt auf 815 Meter, Garmisch-Partenkirchen auf 708 Meter, gefolgt von den Allgäu-Ortschaften Kaufbeuren (678 Meter) und Kempten (674 Meter) sowie dem oberbayerischen Bad Tölz (658 Meter). Immerhin: Winterberg in Nordrhein-Westfalen erreicht 668 Meter, Annaberg-Buchholz (Sachsen) 600 Meter und das niedersächsische Sankt Andreasberg 580 Meter. Die höchstgelegene deutsche Großstadt ist München mit 518 Metern.

Nur unwesentlich über dem Meeresspiegel liegen Emden mit einem Meter, Bremerhaven, Cuxhaven, Pinneberg und Wilhelmshaven mit jeweils zwei Metern, Bremen und Elmshorn mit drei Metern sowie das vergleichsweise landgebundene Oldenburg (i. Oldenburg).

Die Gesamtlänge der deutschen Grenzen beläuft sich auf 3757 Kilometer. Für Freunde von gewinnträchtigen TV-Ratespielen: Den größten Anteil haben dabei Österreich (815 Kilometer), die Tschechische Republik (811 Kilometer), die Niederlande (567 Kilometer), Frankreich (448 Kilometer), Polen (442 Kilometer), die Schweiz (316 Kilometer), Belgien (156 Kilometer), Luxemburg (135 Kilometer) sowie Dänemark (67 Kilometer).

Das größte Binnengewässer Deutschlands, der Bodensee, ist mit 536 Quadratkilometern größer als die zehn darauf folgenden Seen zusammen. Auf Platz zwei steht die Müritz in Mecklenburg-Vorpommern mit 110 Quadratkilometern, auf Platz drei der Chiemsee (gutbayrisch »Kiemsee« ausgesprochen) mit 80 Quadratkilometern.

Die ausgedehntesten Meeresinseln liegen in der Ostsee: Rügen kommt auf 930, Usedom auf 373, Fehmarn auf 185 Quadratkilometer. Die größte Nordseeinsel ist Sylt mit 100 Quadratkilometern, gefolgt von Föhr mit 83. Die Schnaps- und Butterinsel Helgoland kommt hingegen nur auf zwei Quadratkilometer. Die größte deutsche Binnensee-Insel ist die Reichenau im Bodensee mit 4,5 Quadratkilometern, an zweiter Stelle steht die Herreninsel im Chiemsee mit 3,3 Quadratkilometern.

Im Jahr 2004 lebten in Deutschland insgesamt 82,5 Millionen Bürger in 40 Millionen Haushalten. Davon waren 40,35 Millionen männlichen und 42,15 Millionen weiblichen Geschlechts. Etwa 24,5 Millionen Haushalte waren Mehrpersonenhaushalte, dabei hielten sich die Haushalte mit und ohne Kinder mit rund zwölf Millionen die Waage.

Derzeit werden hierzulande 22,5 Millionen Familien gezählt, davon 19 Millionen Ehepaare und 3,3 Millionen Alleinerziehende (darunter 2,7 Millionen Frauen). Kinder und Jugendliche bis zum Alter von 18 Jahren gibt es 15 Millionen, im klassischen Erwerbsalter von 18 bis 65 Jahren stehen 52 Millionen, weitere 15 Millionen sind älter als 65 Jahre.

In Deutschland leben 600 000 Menschen, die älter sind als 90 Jahre, davon 460 000 Frauen und 140 000 Männer. Dazu zählen auch die 103 000 Frauen und 37 000 Männer, die 95 Jahre und älter sind.

Ungefähr 7,3 Millionen Einwohner der Bundesrepublik sind im Besitz eines ausländischen Passes. Mit 5,8 Millionen kommt der größte Teil aus Europa, darunter 2,3 Millionen aus den Staaten der Europäischen Gemeinschaft (EU), 1,9 Millionen aus der Türkei und eine Million aus den Nachfolgestaaten des früheren Jugoslawien. Spitzenreiter aus den EU-Ländern sind Italien (600 000), Griechenland (355 000) und Polen (327 000). Aus Asien stammten 912 000 Menschen, aus Afrika 310 000. Staatenlos oder ohne klare Staatsbürgerschaft sind 70 000 Zuwanderer.

Im Jahr 2003 sind 769 000 Menschen in die Bundesrepublik zugezogen, darunter 600 000 mit ausländischer Staatsangehörigkeit. Gleichzeitig sind 626 000 Menschen abgewandert, darunter 500 000 mit nicht-deutschem Pass. Eingebürgert wurden – so die Statistik für 2004 – 127 000 Menschen, von denen mehr als 100 000 länger als acht Jahre, 50 000 sogar länger als 15 Jahre in Deutschland leben. Ein Drittel der Neubürger stammt aus der Türkei.

Im genannten Jahr wurden 396 000 Ehen (1995: 430 000) geschlossen und 214 000 Ehen (1995: 170 000) geschieden. Das bedeutet, dass derzeit 55 Prozent dessen, was man den Bund fürs Leben nennt, zum Scheitern verurteilt sind. Am gefährlichsten ist dabei statistisch gesehen nicht das verflixte siebte Jahr, sondern bereits das sechste Jahr.

Das durchschnittliche Heiratsalter liegt bei ledigen Frauen derzeit bei 29, bei ledigen Männern bei 32 Jahren. Noch vor einem Jahrzehnt machten sich beide

Geschlechter fünf Jahre früher auf den Weg zu Standesamt und Traualtar.
In Baden-Württemberg, Bayern, Mecklenburg-Vorpommern und Schleswig-Holstein liegt die Zahl der Scheidungen deutlich unter dem Bundesdurchschnitt. Am anderen Ende stehen die drei Stadtstaaten sowie Nordrhein-Westfalen. In der Hauptstadt Berlin wurde 2004 annähernd 12 500 Mal geheiratet, aber auch 10 260 Mal geschieden.
Im gleichen Jahr kamen bundesweit rund 705 000 Kinder zur Welt, etwa 818 000 Menschen starben. Das einzige Bundesland mit positiver Bevölkerungsbilanz war Baden-Württemberg. Seit den frühen siebziger Jahren sterben mehr Menschen in Deutschland als geboren werden. Besonders auffällig sind die Verluste in Brandenburg, im Saarland, in Sachsen, Sachsen-Anhalt und Thüringen.
Die Wahlbeteiligung bei Bundestagswahlen lag in den vergangenen Jahrzehnten immer um 80 Prozent, zuletzt im September 2005 bei 78 Prozent. Deutlich schwächer ist das Interesse der Bürger an den Landtagswahlen, hier gehen nur zwischen 55 und 70 Prozent der Wahlberechtigten an die Urnen. Ganz abgeschlagen sind die Wahlen zum Europaparlament: 2004 fanden nur knapp 44 Prozent der Bundesbürger den Weg ins Wahllokal.
Derzeit verfügen fast 99 Prozent der deutschen Haushalte über ein Telefon, bei 95 Prozent steht ein Fernsehgerät. Annähernd 64 Prozent haben einen Personalcomputer, davon sind mehr als zwei Drittel mit dem WorldWideWeb verbunden.

In Deutschland besuchen derzeit 9,6 Millionen Schüler 40 000 allgemein bildende Schulen und werden dort von 680 000 Lehrern unterrichtet. Von den jährlich rund eine Million Absolventen verlassen 25 Prozent die Schule mit Abitur oder Fachabitur, 40 Prozent machen den Realschulabschluss, 26 Prozent haben den Hauptschulabschluss und 9 Prozent keinerlei Abschluss. Für jeden Schüler geben die Kultusminister jährlich im Durchschnitt 4600 Euro aus. Dabei schwankt die Kostenspanne von 3300 Euro für Berufsschüler über 5300 Euro für Gymnasiasten bis zu 11 500 Euro für Sonderschüler.

Mehr als anderthalb Millionen Jugendliche befinden sich in beruflicher Ausbildung. Knapp zwei Millionen junge Menschen studieren an insgesamt 370 Hochschulen, davon sind 100 Universitäten (mit 1,3 Millionen Studenten), 168 Fachhochschulen (560 000 Studenten) und 52 Kunsthochschulen (31 000 Studenten). Dort lehren 38 000 Professoren und weitere 125 000 Dozenten oder Assistenten. Rund 810 000 Studenten und Schüler erhalten – unterschiedlich hohe – Unterstützung nach dem Bundesausbildungsförderungsgesetz (Bafög).

Etwa 25 000 Absolventen beenden jährlich ihre Hochschulausbildung mit der Promotion und dürfen den Doktortitel tragen. Mehr als die Hälfte davon promovieren in den Studienbereichen Humanmedizin sowie Mathematik und Naturwissenschaften. Davon habilitieren sich 2200 mit der Hoffnung auf eine Professur.

In Deutschland gibt es etwa 5000 Museen, 150 Theater, 4700 Kinos mit jährlich 160 Millionen Besuchern sowie knapp 12 000 öffentliche und wissenschaftliche Bibliotheken.

Alljährlich erscheinen hierzulande 75 000 neue Buchtitel, davon etwa 5000 als Taschenbuch und 5500 als Übersetzungen aus anderen Sprachen. Auf die belletristische Literatur entfallen 33 000 Titel.

Dem Deutschen Sportbund gehören in 90 000 Vereinen fast 25 Millionen Mitglieder an, davon sind 9,2 Millionen weiblich. Sportbund-Champions sind die Fußballer mit knapp 5,5 Millionen Mitgliedern, die Turner mit 1,5 Millionen, die Schützen mit 1,2 Millionen und die Tennisspieler mit einer Million. Im guten Mittelfeld liegt mit 278 000 Mitgliedern der einst exklusive Golfsport.

Um die bundesrepublikanische Gesundheit sorgen sich derzeit 305 000 Ärzte, 65 000 Zahnmediziner und 54 000 Apotheker. In 2200 Krankenhäusern stehen 540 000 Betten bereit, um die Patienten kümmern sich dort 130 000 Ärzte und fast eine Million nichtärztlicher Angestellter, darunter 410 000 Pflegedienst-Mitarbeiter. Gegenwärtig müssen jährlich 17 Millionen Menschen damit rechnen, ein Krankenhaus von innen zu sehen. Die durchschnittliche Verweildauer liegt bei neun Tagen. Derzeit werden jährlich rund 129 000 Schwangerschaftsabbrüche vorgenommen.

Von 60 Millionen befragten Bürgern gaben 43,5 Millionen an, sie seien Nichtraucher, 16,5 Millionen bekannten sich zu ihrer Leidenschaft für Nikotin. Davon waren 9,5 Millionen Männer und knapp sieben

Millionen Frauen. Mehr als 2,2 Millionen aller Raucher verbrennen über 20 Zigaretten täglich. Von den Senioren, die älter sind als 85 Jahre, rauchen immerhin noch acht Prozent der Männer, aber nur knapp zwei Prozent der Frauen. Die deutsche Zigarettenproduktion liegt derzeit bei 210 Milliarden Stück, dazu kommen zwei Milliarden Zigarren.

Im Jahr 2003 sind 34 500 Menschen durch äußere Ursachen, das heißt nicht durch Krankheiten gestorben, darunter 21 500 Männer und 13 000 Frauen. Bei Verkehrsunfällen kamen nahezu 7000 Bürgerinnen und Bürger ums Leben. Zu Tode stürzten fast 8000 Menschen, mehr als 500 ertranken. Annähernd 11 200 Einwohner machten selbst ihrem Leben ein Ende, davon 8200 Männer und 3000 Frauen. Opfer eines Mordes oder Totschlags wurden 550 Menschen.

Um Recht und Gerechtigkeit sorgen sich hauptberuflich derzeit 21 000 Richter, 5000 Staatsanwälte, 125 000 Rechtsanwälte, 7500 Anwaltsnotare sowie 1600 Notare. Sie beschäftigten sich 2003 unter anderem mit 740 000 Verurteilungen für unterschiedliche Untaten.

Darunter waren 2500 versuchte und vollendete Mord- bzw. Totschlagsdelikte sowie 132 000 gefährliche und schwere Körperverletzungen. Hier lag die Aufklärungsquote bei 96 bzw. 85 Prozent. Rund 640 Mörder und Totschläger sowie 34 000 Verursacher von Körperverletzungen wurden verurteilt. Auch bei den 60 000 Fällen von Raub und räuberischer Erpressung ist die Chance hoch, erwischt zu werden und vor dem Kadi zu landen. Ebenfalls ausgesprochen riskant sind Rauschgiftdelikte (Aufklärungsquote 95 Prozent), Ladendiebstahl (94 Prozent) und Umweltdelikte (62 Prozent).

Gegenwärtig sitzen in den 202 deutschen Justizvollzugsanstalten knapp 80 000 Strafgefangene, darunter 16 000 in Untersuchungshaft. Rund 3500 der Häftlinge sind weiblich, 6700 verbüßen eine Jugendstrafe. Zu lebenslanger Haft sind etwa 1800 Menschen verurteilt.

In Deutschland gibt es etwa 17 Millionen Wohngebäude mit 40 Millionen Wohnungen. Die Wohnfläche insgesamt liegt bei 3,3 Milliarden Quadratmetern, damit kommen auf jeden Bürger der Republik etwa 40 Quadratmeter. Im Jahr 2003 wurden 300 000 Baugenehmigungen erteilt, davon 250 000 für Wohngebäude.

Derzeit liegt die Wohnungseigentümerquote in der Bundesrepublik insgesamt bei 43 Prozent, wobei die einzelnen Bundesländer allerdings erhebliche Schwankungen aufweisen. Spitzenreiter ist allerdings nicht Baden-Württemberg mit seinen 50 Prozent, gemeinhin als die Urheimat der Häuslebauer vermutet: Ganz vorne liegen das Saarland mit 57 Prozent, Rheinland-Pfalz mit 56 Prozent und Niedersachsen mit 51 Prozent. Erst dann kommen die Schwaben und Badener, mit Schleswig-Holstein und Bayern dicht auf den Fersen. Ganz am Ende tummeln sich die beiden großen Stadtstaaten Hamburg mit 22 und Berlin mit 13 Prozent.

In Deutschland gibt es rund 420 000 landwirtschaftliche Betriebe mit zwölf Millionen Hektar Ackerland, davon werden 14000 Höfe ökologisch betrieben. In den Betrieben arbeiten insgesamt 1,3 Millionen Menschen. Hier leben auch 26,3 Millionen Schweine, 2,7 Millionen Schafe, immerhin 525000 Pferde sowie 13,6 Millionen Rinder. Darunter sind 4,3 Millionen Milchkühe, die jährlich 28 Millionen Tonnen Milch erzeugen.

Der gefiederte Haustierbestand beträgt 40 Millionen Legehennen, die pro anno 9,2 Milliarden Eier legen, hinzu kommen 55 Millionen Schlacht- und Masthühner sowie 14 Millionen Gänse, Enten, Puten und Truthähne. Jährlich wird Geflügel im Gesamtgewicht von einer Million Tonnen geschlachtet.

In die Töpfe und auf die Teller heimischer und ausländischer Verbraucher wanderten 2004 3,7 Millionen heimischer Rinder und 370000 Kälber, 47 Millionen Schweine, 915000 Schafe und 10000 Pferde. Das Gesamtgewicht der geschlachteten Vierbeiner lag bei rund 5,6 Millionen Tonnen.

Von deutschen Äckern werden 51 Millionen Tonnen Getreide, 13 Millionen Tonnen Kartoffeln und 27 Millionen Tonnen Zuckerrüben geerntet. Weinstöcke stehen auf etwa 100000 Hektar, ihr Ertrag liegt bei zehn Millionen Hektolitern Weinmost. Bemerkenswert: Immerhin 35000 Hektar sind mit roten Sorten bepflanzt. Mit weitem Abstand Rekordhalter in Sachen Wein ist Rheinland-Pfalz mit 61000 Hektar und 6,7 Millionen Hektolitern, gefolgt von Baden-Württemberg mit 27000 Hektar und 2,5 Millionen Hektolitern.

Deutschland kann derzeit 2,5 Millionen Gästebetten

in Hotels und Gasthöfen unterschiedlicher Kategorie anbieten. Dort übernachteten 2004 fast 89 Millionen Gäste rund 200 Millionen Mal, darunter nahezu 18 Millionen Gäste aus dem Ausland – gegenüber dem Vorjahr ein Plus von zehn Prozent. Dazu kommen noch 25 Millionen Gäste mit 100 Millionen Übernachtungen in Jugendherbergen, Ferienhäusern, auf Campingplätzen und dergleichen, davon 2,5 Millionen von jenseits der Grenzen. Champions im Städtetourismus sind Berlin mit sechs Millionen Ankünften, München mit 3,8 Millionen Ankünften und Hamburg mit 3,3 Millionen Ankünften.

Der Löwenanteil der mehr als 20 Millionen ausländischen Touristen, nämlich 14 Millionen, kommt aus Europa. Hier sind die Niederländer mit 2,8 Millionen, die Briten mit 1,7 Millionen, die Schweizer mit 1,4 Millionen, die Italiener mit 1,2 Millionen und die Franzosen mit einer Million die Spitzenreiter. Verglichen mit ihrer Einwohnerzahl sind auch Österreich (920 000), Schweden (815 000), Belgien und Dänemark (jeweils 785 000) stark vertreten. Aus Asien kamen fast zwei Millionen Besucher, darunter 715 000 aus Japan und knapp 400 000 aus China. Die USA schickten zwei Millionen Touristen. All diese Menschen zusammen pumpten 2004 rund 22 Milliarden Euro in unsere Wirtschaft.

Allerdings: Deutsche Touristen gaben im gleichen Zeitraum 58 Milliarden Euro im Ausland aus. »Spitzenverdiener« waren dabei Österreich (6,8 Milliarden Euro), Spanien (6,7 Milliarden), Italien (5,4 Milliarden) und Frankreich (vier Milliarden). Auch die Türkei (3,3 Milliarden), die Vereinigten Staaten (3,1 Milliarden) und die Schweiz (2,5 Milliarden) konnten sich über den Zufluss deutscher Euro freuen.

Auch wenn Deutschland nicht zu den Petroleum-Exporteuren gehört: Es förderte 2004 immerhin Rohöl und Erdgas im Wert von einer Milliarde Euro. Im selben Jahr stellten deutsche Unternehmen anderthalb Millionen Tonnen Würste, 425 000 Tonnen Butter und etwa die gleiche Menge Margarine, 1,3 Millionen Tonnen Käse, 555 Millionen Liter Speiseeis, 4,6 Millionen Tonnen Weißzucker, mehr als eine Million Tonnen Schokolade und fast 500 000 Tonnen Röstkaffee her. Dazu kamen 4,1 Millionen Hektoliter Spirituosen, 230 Millionen Liter Sekt und fast 100 Millionen Hektoliter Bier.

Für Ordnung und Sauberkeit sorgen die jährlich 2,7 Millionen produzierten Kühl- und Gefrierschränke und fast vier Millionen Geschirrspülmaschinen. Der Kommunikation und Unterhaltung dient die Produktion von 56 Millionen neuen Handys und 2,7 Millionen neuen Fernsehgeräten. Die Zahl der hierzulande hergestellten Kugelschreiber und Filzstifte liegt bei jeweils einer halben Milliarde, Klaviere und Flügel werden 11 000 gebaut, der Nachwuchs (pro Jahr 705 000) wird mit 132 000 Kinderwagen versorgt. Dass sich die Bundesbürger dies alles leisten können, dafür sorgen 2400 Kreditinstitute mit 45 500 Zweigstellen. Der Spareinlagenbestand liegt derzeit bei 600 Milliarden Euro, also bei knapp 7500 Euro pro Bürger der Republik – so zumindest der statistische Durchschnitt.

Derzeit sind in Deutschland 50 Millionen Kraftfahrzeuge registriert, darunter 41 Millionen Personenkraftwagen, 2,5 Millionen Motorräder, 2,3 Millionen Lastwagen, 1,6 Millionen Mopeds und 85 000 Busse. Alljährlich werden 5,7 Millionen PKW gebaut und davon 3,8 Millionen zugelassen. Die Postdienste in der Bundesrepublik befördern in diesem Zeitraum 16 Milliarden Briefe und 1,5 Milliarden Pakete.

Auf den 7500 Kilometern befahrbarer Flüsse hierzulande schippern gegenwärtig 2400 heimische Güterschiffe und knapp 1000 Fahrgastschiffe unterschiedlicher Größe. Die deutsche Handelsmarine besteht aus 400 Schiffen, weitere 120 sorgen für den Transport von Personen.

Im Jahr 2004 importierte die Bundesrepublik Erdöl im Wert von 35 Milliarden Euro und Erdgas im Wert von 15 Milliarden Euro. Im gleichen Zeitraum exportierte das Land Maschinenbau- und elektrotechnische Erzeugnisse sowie Kraftfahrzeuge im Wert von 370 Milliarden Euro, die Ausfuhren der Chemieindustrie (einschließlich Pharmazie) beliefen sich auf 100 Milliarden Euro.

Die deutschen Gesamteinfuhren lagen bei 580 Milliarden Euro, die Gesamtexporte bei 735 Milliarden Euro. Größter Handelspartner sind die EU-Staaten mit 347 Milliarden Einfuhr und 469 Milliarden Ausfuhr, allen voran Frankreich und die Niederlande. Drittgrößter Abnehmer deutscher Waren sind die Vereinigten Staaten.

Die Ausgaben der öffentlichen Haushalte beliefen sich

2004 auf 991 Milliarden Euro. Dies waren pro Einwohner der Republik 12000 Euro. Der Löwenanteil vom rund 550 Milliarden ging in die soziale Sicherung, weitere 80 Milliarden in Bildung und Wissenschaft. An Personalkosten waren quer über alle Ausgabenbereiche nahezu 190 Milliarden Euro zu bewältigen. Derzeit belaufen sich alle öffentlichen Schulden auf 1,4 Billionen Euro, wobei 800 Milliarden auf den Bund und 440 Milliarden auf die Länder entfallen. Jeder Bürger steht mit staatlich-stattlichen 17000 Euro in der Kreide.

Auf der Einnahmenseite waren 926 Milliarden Euro zu verzeichnen, von denen 818 Milliarden Euro über Steuern hereinkamen. Auf jeden Bürger entfielen somit im genannten Jahr statistisch gesehen fast 10000 Euro an Steuern – direkte und indirekte, von natürlichen Personen und Unternehmen. Zu den lukrativsten Steuerarten gehören die Lohnsteuer (158 Milliarden Euro), die Umsatzsteuer (105 Milliarden Euro) und die Gewerbesteuer (28 Milliarden Euro) sowie die Mineralölsteuer (42 Milliarden Euro), die Tabaksteuer (14 Milliarden Euro) und die Kraftfahrzeugsteuer (acht Milliarden Euro).

Der öffentliche Dienst beschäftigte 2004 fast 4,7 Millionen Menschen, davon 1,7 Millionen als Beamte, 2,2 Millionen als Angestellte und 600000 als Arbeiter. Eine Million Beamte gehören dem höheren und gehobenen Dienst an, 50000 oder drei Prozent dem einfachen Dienst. Die Hälfte aller öffentlich Beschäftigten sind Frauen.

Auf der Liste der Versorgungsempfänger des öffentlichen Dienstes stehen 1,4 Millionen Menschen. Sie erhalten im Durchschnitt ein Ruhegehalt von 2300 Euro monatlich, überlebende Ehepartner erhalten ein Witwen- oder Witwergeld von 1230 Euro. Die 260 000 Lehrer im Ruhestand kommen monatlich auf 2800 Euro Pension. Für die Bezüge seiner früheren Diener bezahlt der Staat jährlich 35 Milliarden Euro.

Im Jahr 2004 gaben die 82,5 Millionen Bürger der Bundesrepublik 1,2 Billionen Euro aus. Größter Posten war die Wohnung inklusive Nebenkosten mit 295 Milliarden Euro, gefolgt von 170 Milliarden Euro für Transport. Mit 140 Milliarden Euro erst an dritter Stelle stehen die Ausgaben für Nahrungsmittel, danach kommen 115 Milliarden Euro für Freizeit und Unterhaltung. Haushaltsausstattung und Möbel beliefen sich auf 88 Milliarden Euro, Kleidung und Schuhe fielen mit knapp 70 Milliarden Euro ins Gewicht. Und für kleinere oder größere Laster wie Alkoholika und Tabak waren noch 45 Milliarden Euro übrig – das waren pro Einwohner immerhin 550 Euro, oder stolze 46 Euro monatlich. Zumindest den Finanzminister hat's gefreut.

Bonanza, Flipper, Super-Max

TV-Hits in Schwarzweiß

Es gibt Themen, deren Brisanz sich nur jenen Menschen erschließt, die von der Gnade bzw. Ungnade einer frühen oder späten Geburt gezeichnet sind. Dazu gehören TV-Serien, die in der Frühzeit des deutschen Fernsehens, also um das Jahr 1960, aus der angelsächsischen Welt, vor allem aus den Vereinigten Staaten, in die Bundesrepublik gekommen sind. Sie haben hierzulande eine ganze Generation nachhaltig geprägt.

Bonanza und Flipper sind nachfolgenden Geschlechtern noch vertraut, weil die vier Cartwrights und der pfiffige Delphin auch heute gelegentlich über die Mattscheibe flimmern.

Aber wer kennt noch Stanley Beamish, Hiram Holiday oder Mister Ed, das sprechende Pferd? Wer weiß von dem tapferen Seemann Gilligan oder von Maxwell Smart mit seinem Telefon im Schuhabsatz?

Bevor wir beginnen, in sentimentalen TV-Erinnerungen zu schwelgen, wollen wir die Serien unserer Jugend kategorisieren. Da gibt es die Tiersendungen à la *Lassie*, die Western vom Schlage *Rauchende Colts*, die Krimis im Stile von *Kobra, übernehmen Sie*, die Abenteuerfilme wie *Sprung aus den Wolken*, die Familienserien wie *Lieber Onkel Bill*, die auf Slapstick angelegten Werke wie besagter Maxwell Smart – und dann jene Serien, die gleich mehrere Kategorien bedienten, etwa *Pistolen und Petticoats*.

Auffällig in den Serien ist die hohe Anzahl dessen, was man heute Patchwork-Familie nennen würde und damit dennoch nicht eindeutig beschriebe. Reine Männerhaushalte waren populär. Dergestalt lebten die Cartwrights auf der Ranch mit Namen Ponderosa, und überhaupt waren Frauen in den wilden Western irgendwie »Mangelware«. Der liebe Onkel Bill erzog zwei Waisenkinder, das Hausbootmädchen Tammy lebte mit dem Großvater. Immerhin: Henrietta Hanks von *Pistolen und Petticoats* brachte ihre Tochter als Alleinerziehende an den Mann bzw. Sheriff. Jedenfalls fehlte meistens irgendein Elternteil. Und auch verheiratet war eigentlich so gut wie niemand – von wenigen Ausnahmen abgesehen.

Die Serien begannen schwarzweiß in den späten Fünfzigern, einige nahmen später Farbe an. Die wichtigeren Filme und Akteure werden nachstehend beschrieben. Allerdings: Die Auswahl ist subjektiv – wie eben jede Auswahl. Auf Serien, die in den Siebzigern starteten, wird verzichtet. Ihnen fehlte das Pionierhafte, sie lösen bei den entsprechenden Jahrgängen nicht in gleichem Maße den »Erinnerst-du-dich-noch-an …«-Effekt aus.

Eine der ersten Serien war *Abenteuer unter Wasser*. Sie kam 1959 in die deutsche Fernsehlandschaft, die damals nur aus der ARD bestand – das ZDF strahlte erst ab 1963 Sendungen aus. Hauptheld war Mike Nelson, gespielt von dem damals noch jugendlichen (und mittlerweile verstorbenen) Lloyd Bridges, jüngeren Semestern als intellektuell eher bescheidener US-Präsident aus *Hot Shots* bekannt.

Ende 1959 kam der Dauerbrenner *Am Fuß der Blauen Berge* (Originaltitel: *Laramie*) als erste amerikanische

Westernserie ins deutsche Programm. Auf einer Ranch bei Laramie in Wyoming betrieben Slim Sherman und der ehemals gefürchtete Revolverheld Jess Harper eine Pferdewechselstation des Postkutschendienstes. Dabei waren allerlei gefährliche Situationen zu bewältigen. Jess-Darsteller Robert Fuller war seinerzeit bei der deutschen Jugend einer der beliebtesten TV-Stars.
Aus dem gleichen Genre kam eine der bekanntesten Serien überhaupt, die in Deutschland 1962 startete: *Bonanza*. In den USA lief sie von 1959 bis 1973. »Pa« Ben Cartwright, Besitzer der Ranch Ponderosa in Nevada, hat von drei – verstorbenen – Ehefrauen die Söhne Adam, Hoss (eigentlich Eric!) und »Little« Joe. Mit seinem Nachwuchs muss er allerlei Gesindel das Handwerk legen. Ernährt wird der Männerhaushalt von dem chinesischen Koch Hop Sing.
Ein weiterer Klassiker, der in den USA von 1955 bis 1975 lief und damit *Bonanza* noch überholte, war *Rauchende Colts* (alias *Gunsmoke*). Marshall Matt Dillon (James Arness) sorgt für Ordnung in Dodge City, unterstützt von dem in Deutschland äußerst populären Hilfssheriff Festus Haggen. Medizinischen Beistand leistet ihm der schnurrbärtige Doc Adams.
Fürs Emotionale sorgt Miss Kitty in ihrem Longbranch Saloon. Die von den Zuschauern immer erwartete Eheschließung zwischen Kitty und dem Marshall findet aber, trotz aller krypto-erotischer Indizien, in den zwei Jahrzehnten nie statt. Der 2,04 Meter große Arness, Jahrgang 1923 und Bruder von Peter Graves aus »Kobra, übernehmen Sie!«, setzte sich übrigens in den neunziger Jahren noch einmal aufs Pferd und

spielte in vier weiteren Fernsehwestern den tapferen Gesetzeshüter.
Festus-Darsteller Ken Curtis trat seit 1963 zusammen mit Larry Pennell auch in der populären Serie *Sprung aus den Wolken* auf. Die beiden betreiben als Jim Buckley und Ted McKeever eigentlich eine Fallschirmspringer-Schule, müssen aber am laufenden Band Menschen retten und Gangster unschädlich machen.
Ende der sechziger Jahre kam mit *High Chapparal* erneut ein Wildwest-Dauerbrenner in die heimischen Wohnzimmer. Auch auf der Ranch dieses Namens in Arizona gibt es zunächst nur Männer, nämlich Big John Cannon (Leif Erickson), seinen Bruder Buck und seinen Sohn Billy Blue. Dies ändert sich, als sich die Mexikanerin Victoria in John verliebt, ihn heiratet und auch noch ihren Bruder Manolito mitbringt, der über einen flinken Colt und ein ebensolches Mundwerk verfügt.
Innerhalb der US-Western gab es eine Reihe von Serien, in denen sich ein »Lonesome Cowboy« auf die Suche nach Gerechtigkeit macht, die ihm dereinst verwehrt wurde. So reitet in der Reihe *Bronco* der gleichnamige Held (Ty Hardin) durch die Lande, um sich von dem Vorwurf der Feigheit vor dem Feind im Bürgerkrieg zu rehabilitieren. Dasselbe Schicksal teilt Jason McCord (Chuck Connors) in *Geächtet* (Originaltitel: *Branded*). Connors spielte auch über hundert Folgen lang den allein erziehenden Farmer John McLean in *Westlich von Santa Fe.* Mit seiner Winchester, dank eines erweiterten Repetierhebels

eine Art früher Maschinenpistole, räumt er unter den Desperados von New Mexico tüchtig auf.

Noch dramatischer geht es bei dem *Mann ohne Namen* zu. Ein Soldat erwacht nach dem Bürgerkrieg aus dem Koma und weiß nicht mehr, wer er ist und wo er herkommt. Als Shenandoah macht sich Robert Horten 26 Folgen lang auf die Suche nach seiner Identität.

Ebenfalls ein Überlebender des Bürgerkrieges ist der Berufszocker Yancy Derringer (Jock Mahoney) in der gleichnamigen Serie. Der Mann mit dem knapp gehaltenen Oberlippenbart, den imposanten Koteletten und den Mini-Revolvern im Ärmel war einst Südstaaten-Offizier. Jetzt legt er in amtlichem Auftrag zwischen ein paar Pokerrunden den Bösewichten in New Orleans und Umgebung das üble Handwerk, unterstützt von dem taubstummen Indianer Pahoo.

Bleihaltig, aber insgesamt heiter ging es in *Pistolen und Petticoats* (*Pistols 'n' Petticoats)* zu. Die Familie Hanks besteht aus Mutter Henrietta (Ann Sheridan), Tochter Lucy sowie Oma und Opa. Lucy ist verliebt in Harold, den Sheriff des Städtchens Wretched in Colorado. Dieser ist sympathisch und gut aussehend, aber als Ordnungshüter schnell überfordert. Also müssen ihm Henrietta und die Großeltern öfters mal mit großem Kaliber gegen die Schurken der Umgebung zur Seite treten.

Ein Hauch von amerikanischer Erotik jener Jahre kam mit dem weiblichen Flaschengeist *Bezaubernde Jeannie* ins deutsche Fernsehen und wurde ab 1967 in 78 Folgen à 25 Minuten gezeigt. Derlei »Kurzfilme« waren damals im Vorabendprogramm weit verbreitet. Der

Astronaut Tony Nelson (alias J. R. Ewing alias Larry Hagman) findet Jeannie nach einer Notlandung auf einer einsamen Insel und bringt sie mit nach Hause. Außer seinem besten Kumpel darf niemand von ihrer Existenz wissen. Locker in orientalischen Tüll gewandet, aber mit Rücksicht auf empfindsame US-Gemüter immer mit verhülltem Nabel, zwinkert sich Jeannie bei Bedarf ins Unsichtbare, hilft ihrem Tony und rettet dadurch allerlei diffizile Situationen.

Übernatürliches kommt auch in *Verliebt in eine Hex*e zum Tragen. Die – natürlich sympathische – Hexe Samantha (Elizabeth Montgomery) verliebt sich in den sterblichen Menschen Darrin Stevens (Dick York), die beiden heiraten. Das junge Glück ist allerdings heftigen Belastungen durch die Schwiegermutter-Hexe Endora ausgesetzt, die allzu oft dann zaubert, wenn es überhaupt nicht angebracht ist.

Nachgerade genial werden die frühen Serien, wenn Momente des Slapsticks Einzug halten. Ein Beispiel dafür ist *Gilligans Insel.* Dort, auf einem einsamen Eiland in der Südsee, ist nach einem Sturm das Boot mit dem Matrosen Gilligan (Bob Denver), seinem Kapitän sowie fünf Passagieren gestrandet. Dies sind ein exzentrisches Millionärsehepaar, ein ebenfalls leicht extrovertierter weiblicher Kinostar, ein Professor sowie ein braves Countrygirl namens Mary Ann – die natürliche Verbündete des Matrosen. Allerdings scheitert jeder gut gemeinte Versuch Gilligans, die Crew wieder in die Zivilisation zurückzubringen, an seiner Ungeschicklichkeit oder der Unmöglichkeit der Durchführung.

Klein, aber oho: Auf den ersten Blick würde niemand vermuten, was in einem unbedeutenden Mitarbeiter einer großen New Yorker Zeitung steckt. In *Die Abenteuer des Hiram Holliday* zeigt dieser Mann (Wally Cox) jedoch, wie er, ausgestattet mit viel theoretischem Wissen, Nickelbrille und Regenschirm, brenzlige Situationen meistert. Gelegenheit dazu hat er auf einer Reise um die Welt, über die er für sein Blatt berichtet.
Wenig Platz für Abenteuer schien auch der Alltag des schüchternen Tankwarts Stanley Beamish (Stephen Strimpell) zu bieten. Dies änderte sich *Immer wenn er Pillen nahm*: Er konnte wie ein Adler fliegen und jeden Bösewicht besiegen – so hieß es in der Einführung vor jeder Episode. Denn er ist der einzige Mensch, dem eine von amerikanischen Wissenschaftlern entwickelte Pille Superkräfte verleiht. Damit rettet er im Auftrag der Regierung sein Land vor allerlei Bedrohungen.
Zur Kultserie gerieten *Die unglaublichen Abenteuer des Maxwell Smart*, in der der gleichnamige Agent 86 (Don Adams) zusammen mit der deutlich pfiffigeren, aber namenlosen Agentin 99 (Barbara Feldon) die Welt vor der Terrororganisation KAOS rettet. Ganz gefahrlos ist sein Einsatz nicht: Bereits beim Zutritt zur Hochsicherheitszentrale seines Geheimdienstes CONTROL büßt er fast seine Nase durch eine zuschlagende Stahltür ein. Zum Glück hat ihn seine Dienststelle (»Q« von 007 lässt grüßen) mit allerlei Hightech-Gerät ausgestattet, darunter das berühmte Telefon im Schuhabsatz. Ungewöhnlich für Serien: Irgendwann heiratet Max seine Mitarbeiterin 99.
Apropos 007: Auch ein nachmaliger James Bond star-

tete seine TV-Karriere schwarz-weiß. Ganz am Anfang kämpfte Roger Moore als *Ivanhoe* gegen den bösen Königsbruder John Ohneland und seine Häscher für Recht und Freiheit im heimatlichen England. Einige Jahre später übernahm er als *Simon Templar* (*The Saint*) mit trockenem britischen Humor heikle Fälle inklusive verführerischer Frauen. Anfang der siebziger Jahre tat sich der spätere Sir Roger dann als Lord Brett Sinclair mit dem amerikanischen Parvenue und Öl-Millionär Danny Wilde (Tony Curtis) zusammen, um in *Die Zwei* (The Persuaders) dem Guten zum Sieg zu verhelfen. Dramaturgisch von eher bescheidener Qualität, lebte diese Serie vor allem von den flotten Sprüchen der deutschen Synchronisation.
Im Sog von James Bond traten Napoleon Solo und Ilja Kurjakin in *Solo für O.N.C.L.E.* gegen die Mächte der Finsternis an, die durch die Organisation D.R.O.S.S.E.L. repräsentiert wurden. O.N.C.L.E., einer der vielen US-Geheimdienste, hatte sein Hauptquartier übrigens in den Hinterzimmern einer chemischen Reinigung. Während Solo (Robert Vaughn) trotz des ausgefallenen Namens eindeutig Amerikaner ist, identifiziert sich Kurjakin (David McCallum) als Russe – vielleicht ein Indiz für die damals einsetzende Ost-West-Entspannung.
Beliebte Kämpfer im Kampf gegen das Böse in der Welt waren zu dieser Zeit auch frühere Kriminelle – eine besondere Version von humanem Strafvollzug und erfolgreicher Resozialisierung. So wurde auch der Dieb Alexander Mundy (Robert Wagner) geschnappt und verurteilt. Absitzen muss er seine Strafe aber nicht,

denn fürderhin bedient sich – einmal mehr – ein Geheimdienst der US-Regierung in *Ihr Auftritt, Al Mundy* seiner Fähigkeiten und Fertigkeiten.
Dass sich auch andere angesehene Schauspieler nicht zu schade waren, in Vorabendserien aufzutreten, zeigten Charles Boyer, Gig Young und David Niven in *Gauner gegen Gauner.* Als die Flemings und die St. Clairs bildeten sie mit anderen Angehörigen den angelsächsischen bzw. französischen Zweig einer Familie von Edel-Ganoven. Die vereinigte Sippe nutzte ihre kriminellen Talente, um den wahrhaft bösen Buben dieser Welt das verbrecherische Handwerk zu legen.
Gewissermaßen »under cover« arbeiteten die Geheimagenten Kelly Robinson (Robert Culp) und Alexander Scott (Bill Cosby) in *Tennisschläger und Kanonen.* Sie zogen durch die Welt und verdienten als Tennisprofis ihren Lebensunterhalt, stritten aber nebenbei für Recht und Ordnung. Scotty entpuppte sich dabei als Sprachwunder, was ihnen bei ihrem Kampf zugute kam.
Für die Zeit bemerkenswert war der gemeinsame Auftritt eines weißen und eines schwarzen Schauspielers, Cosby war der erste schwarze Schauspieler, der die Hauptrolle einer amerikanischen Prime-Time-Serie erhielt. Als er aus der Serie fliegen sollte, erklärte sich Culp solidarisch.
Sie kamen aus England, aber sie wurden ebenfalls Kult: der soignierte Gentleman John Steed (Patrick MacNee) und die Karate-erprobte Emma Peel (Diana Rigg) in *Mit Schirm, Charme und Melone* (*The Aven-*

gers). Die hochgestiefelte und meist postmodern gewandete Emma versetzte eine ganze Generation junger Männer in heftige Unruhe – und deren erwachsene Väter womöglich auch. Aufgabe der beiden Agenten war die Aufklärung besonders verwegener Untaten und die Kaltstellung ihrer Verursacher im Auftrag Ihrer Majestät. Dies erledigten sie mit viel Humor und gezielten Handkantenschlägen.
Gegen die Schurken dieser Erde, allerdings ganz ohne Ironie, traten auch die fünf Agenten in *Kobra, übernehmen Sie!* an. Später hieß die Serie *Unmöglicher Auftrag* – nach ihrem englischen Originaltitel *Mission Impossible*. Das Team erledigte für die US-Regierung heikle Aufgaben, von denen offiziell natürlich niemand etwas wusste. Seine Order erhielt es am Anfang jeder Episode von einem Tonband, das sich dann selbst vernichtete. Dass nichts schief geht, dafür sorgte unter anderem der Chef Jim Phelps (Peter Graves) zusammen mit dem Verwandlungskünstler Rollin Hand (Martin Landau) und der aparten Blondine Cinnamon Carter, im richtigen Leben als Barbara Bain übrigens mit Landau verheiratet.
Näher an der Realität, wenn auch nicht unbedingt ein Spiegel des realen Alltags von Detektiven war die Serie *77 Sunset Strip*. Auch hier stand das Team im Vordergrund. Chef war Stu Bailey (Efrem Zimbalist Jr.), das erotische Moment kam mit Sekretärin Suzanne – im echten Leben immerhin eine ehemalige Miss France.
Zum Liebling der deutschen Nation wurde allerdings Gerald Lloyd Kookson III., genannt »Kookie«, gespielt von Ed Byrnes.

Allerdings waren nicht nur Menschen im Einsatz für Law and Order – auch Tiere taten das Ihre! Und wurden damit populär. Allen voran der kluge Delphin *Flipper*. Er tat – unbezahlten – Dienst vor der Küste Floridas, und zwar in der Familie des Wasserschutzpolizisten Porter Ricks und seiner Söhne Sandy und Bud. Ihnen half er bei der Rettung von Schiffbrüchigen ebenso wie beim Unschädlichmachen von verbrecherischen Elementen.

Ein klassischer TV-Vierbeiner ist der Hund *Lassie*, der in Deutschland bereits seit 1958 lief. Mit Jeff Miller (Tommy Rettig) und später Timmy Martin (Jon Provost) als »Herrchen« tat der kluge Collie Gutes, rettete Menschen, bemerkte Waldbrände und biss Banditen, bis sie kapitulierten. Unbemerkt vom Zuschauer wurde der Titelheld mehrfach ausgetauscht, weil die jeweiligen Darsteller das Hundepensionsalter erreicht hatten.

Noch früher als Lassie kam der Schäferhund *Rin-Tin-Tin* ins deutsche Fernsehen, und zwar als erste amerikanische Serie überhaupt im Februar 1956. Die Helden der Reihe sind besagter Rin-Tin-Tin und der Junge Rusty (Lee Aaker), dessen Eltern bei einem Indianerüberfall getötet wurden. Fortan leben die zwei bei der Kavallerie in Fort Apache und retten den Wilden Westen vor allerlei Ungemach.

»Na Fury, wie wär's mit einem kleinen Ausritt?« – so fragt ein Junge, dann nickt und wiehert ein herbeigaloppierender Rappe dieses Namens zustimmend, und schon beginnt eine neue der insgesamt mehr als hundert Episoden. Dies blieb den damals jugendlichen Zuschauern noch über Jahrzehnte im Gedächtnis.

Auch Fury war ein TV-Veteran, die erste Folge entstand 1955. Held der Serie war neben dem schwarzen Hengst der kleine Waisenjunge Joey (Robert L. Diamond), der auf der Broken Wheel Ranch von Jim Newton (Peter Graves – siehe *Kobra*) landet. In dem – fast schon obligatorischen – Nur-Männerhaushalt agiert zum Glück der alte Vormann Pete als eine Art Ranch-Mutter. Joey kann als Einziger den wilden Mustang zähmen und reiten. Fortan erleben die beiden allerlei Abenteuer, wobei das Pferd sich durch übertierische und gelegentlich übermenschliche Intelligenz auszeichnet.

Ein Hengst der besonderen Art ist *Mister Ed.* Das erfahren Wilbur Post (Alan Young) und seine Frau Carol (Connie Hines), nachdem sie sich ein Häuschen auf dem Land gekauft haben. Dazu gehört ein Stall, in dem der Vorbesitzer ein Pferd vergessen hat. Das Besondere: Das Pferd kann sprechen. Allerdings parliert es ausschließlich mit Wilbur. Die sich daraus ergebenden Verwicklungen mit Ehefrau, Freunden und Nachbarn bleiben nicht aus.

Weniger tierisch geht es bei *Tammy – das Mädchen vom Hausboot* zu. Auf einem solchen lebt die verwaiste Tammy (Debbie Watson) nebst Großvater und dessen Bruder Lucius. Sie erhält eine Stelle als Sekretärin bei dem wohlhabenden und gut aussehenden Geschäftsmann John Brent. Für diese Position hat aber eigentlich Brents Nachbarin, die Erzintrigantin Lavinia Tate, ihre Tochter Gloria vorgesehen, damit sie John einfacher in den Hafen der Ehe lotsen kann. Wer den Manager letztendlich aufgrund ihres Charmes und ihrer Natürlichkeit bekommt, dürfte klar sein.

Um Waisenkinder, und zwar um gleich drei, geht es auch bei *Lieber Onkel Bill* (*Family Affairs*). Dem Geschäftsmann und eisernen Junggesellen Bill Davis (Brian Keith) werden nach dem Tod seiner Schwester deren drei Kinder Buffy, Jody und Cissy anvertraut. Die würden sein bisher beschauliches Leben ganz ordentlich durcheinander wirbeln, wenn da nicht der bärtige Butler French wäre.

Ein Blick in die Vergangenheit und Zukunft des Menschengeschlechts erlaubt *Der Mann von gestern* (oder *The Second Hundred Years*). Dieser begegnet uns in Gestalt von Lucius (Luke) Carpenter. Der wackere Goldgräber wurde um die Jahrhundertwende in Alaska in Eis und Schnee begraben und 65 Jahre später durch einen Lawinenabgang freigelegt. Der US-Armee gelingt es, ihn wieder aufzutauen, sie gibt ihn in die Obhut seines Sohnes Edwin und dessen Sohn Ken. Edwin ist Immobilienmakler in California und um die 70, Ken etwa Mitte 30 – etwa so alt wie sein »neugeborener« Großvater. Zwei Dinge machen ihrem bisher beschaulichen Leben ein Ende: Luke ist ein Staatsgeheimnis ersten Ranges, und er hat die Lebenseinstellung seiner Epoche bewahrt. Enkel und Opa werden von einem einzigen Schauspieler (Monte Markham) dargestellt, in Deutschland aber durch zwei Sprecher synchronisiert.

Ein Großteil dieser Sendungen scheint in Vergessenheit geraten, auch Schwarzweiß ist heute im TV-

Betrieb nicht mehr angesagt. Dass sich Damen und Herren zwischen 45 und 55 immer noch an die Serien erinnern, sollte für die Fernsehgewaltigen unserer Tage eine Anregung sein. Die Zuschauerquoten könnten jene aktueller Serien durchaus toppen. Die Wette gilt!

Staub zu Staub, Asche zu Asche?

Deutsches Bestattungsrecht

Es ist kein fröhliches Thema, denn es geht um die so genannten letzten Dinge. Gleichwohl beschäftigt es die Menschen, und irgendwann einmal wahrscheinlich *jeden* Menschen. Und so merkwürdig es klingt: In den vergangenen Jahren ist hierzulande Bewegung in die Frage gekommen, wer wo und wie seine letzte Ruhe findet und finden darf.

Grundsätzlich gilt in Deutschland – immer noch – die Friedhofspflicht. Das heißt, ein Verstorbener wird auf einem Friedhof beigesetzt, entweder in Sarg oder Urne in einem Grab oder in einer Urnennische. Eine Ausnahme gilt für die Seebestattung, die aber mit bestimmten Auflagen verbunden ist.

Dagegen regt sich Widerstand. So fasste Sachsen-Anhalt bereits 2005 eine Novelle des Bestattungsrechts ins Auge. Kernpunkt ist dabei, dass der Staat darauf verzichten möge, dem Einzelnen eine bestimmte Trauerkultur zu diktieren. Bei Feuerbestattungen soll der bisherige Friedhofszwang gelockert werden. Hinterbliebene könnten dann die Urne mit nach Hause nehmen und dort aufbewahren oder auch im eigenen Garten vergraben.

Ob die Liberalisierung bundesweit kommt und wie weit sie greifen wird, ist nicht absehbar. Zum einen ist das Bestattungsrecht eine Sache der Bundesländer. Zum anderen wird in der gesellschaftlichen Diskussion die Angelegenheit so ernst genommen, wie es ihr zukommt. So wünschen sich laut Umfragen die Hinterbliebenen mehr Mitspracherechte darüber, was mit ihren verstorbenen Verwandten passiert.

Dem stehen Warnungen vor allem der Kirchen gegenüber, den Umgang mit den Verschiedenen zu privatisieren. Irgendwann könnte die unwürdige Situation eintreten, dass die Urne des Großvaters oder der Großmutter wegen entsprechender familiärer Verhältnisse in der Mülltonne landet oder irgendwo im Wald »entsorgt« wird. Ein Kompromiss bestünde in einer »Lösung auf Zeit«. Dabei könnte die Urne für einige Jahre bei den Angehörigen verbleiben, um anschließend in einer kleinen Feier auf einem Friedhof beigesetzt zu werden.

Derzeit in einigen Kreisen *en vogue* ist auch die Idee, sich nicht beerdigen oder verbrennen zu lassen, sondern gewissermaßen auf bessere Zeiten für Verstorbene zu hoffen. Anhänger der so genannten kryonischen Bestattung wollen sich daher nach ihrem Gehirntod einfrieren lassen, um dann in einigen Jahrzehnten, wenn die Technik so weit gediehen ist,

reanimiert zu werden. Offensichtlich ist auch in Deutschland das Interesse an entsprechenden Anlagen groß.
Bis wir irgendwann einmal vielleicht wieder belebt werden, müssen wir uns weiter an bestimmte Vorschriften halten. Zwar ist bislang der staatlich-kommunale Einfluss in Sachen ewiger Ruhe dominierend, aber der Familie des Verstorbenen kommt eine zentrale Rolle zu. Nach dessen Tod sind die nächsten Angehörigen grundsätzlich bestattungspflichtig. Das heißt, sie haben die Pflicht, für die ordnungsgemäße Bestattung des Toten zu sorgen. Dies gilt auch dann, wenn sie eine etwaige Erbschaft nicht antreten. Zur Familie zählen der Ehegatte, in einigen Bundesländern auch der Lebenspartner, die volljährigen Kinder, die Eltern sowie andere nahe Angehörige.
Die häufigste Form der Beisetzung ist die Erdbestattung. Sie darf, von wenigen Ausnahmen abgesehen, ausschließlich auf öffentlichen Friedhöfen stattfinden. Lediglich hohe kirchliche, weltliche oder adlige Würdenträger können in der Krypta einer Kirche oder – sofern vorhanden – in der Familiengruft des eigenen Schlosses beigesetzt werden.
Bei der Feuerbestattung wird der Leichnam in einem Krematorium eingeäschert. Der Verstorbene muss aber ausdrücklich und schriftlich erklärt haben, dass er verbrannt werden möchte. Die Totenasche kann danach auf verschiedene Arten beigesetzt werden. Dies darf der Verstorbene durch eine vorherige Bestattungsverfügung veranlassen, so weit es nach den jeweiligen rechtlichen Vorschriften des Bundeslandes

gestattet ist. Eine Beisetzung der Asche im eigenen Garten ist nicht erlaubt.

Die übliche Form der Feuerbestattung sieht die Beisetzung der Urne auf einem Friedhof vor. In Nordrhein-Westfalen kann die Totenasche auch ohne Gefäß direkt in die Erde versenkt werden. In diesem Bundesland sowie in Berlin, Brandenburg, Mecklenburg-Vorpommern sowie in Thüringen kann die Asche auch auf dem Gottesacker verstreut werden. Immer mehr Bundesländer akzeptieren die Beisetzung der Totenasche außerhalb der Friedhöfe in so genannten Baumbestattungsanlagen.

Nordrhein-Westfalen bietet darüber hinaus an, die Totenasche ohne Urne auch außerhalb eines Friedhofs oder einer Baumbestattungsanlage beizusetzen oder zu verstreuen. Diese Art der Beisetzung muss aber im Voraus von der örtlichen Friedhofsverwaltung genehmigt werden. Voraussetzung ist, dass der Verstorbene dies zu Lebzeiten verfügt hat, dass die Beisetzung bodennutzungsrechtlich zulässig und dass der Bestattungsort dauerhaft zugänglich ist. Außerdem darf der Ort nicht in einer »der Totenwürde widersprechenden Weise« genutzt werden. Dies wäre beispielsweise der Fall, wenn er in unmittelbarer Nähe einer Müllgrube läge.

Eine weitere Form der ewigen Ruhe ist die Seebestattung. Sie ist in Deutschland seit 1934 möglich. Sie muss allerdings behördlich genehmigt werden, der Verstorbene sollte seine innige Beziehung zum Meer schriftlich erläutert haben. Seine Asche wird dann außerhalb der Drei-Zeilen-Zone auf See beigesetzt, normalerweise in der Nordsee oder Ostsee, auch ein

Ort im Atlantik oder im Mittelmeer ist möglich. Der Kapitän des Schiffes hält in Anwesenheit der Hinterbliebenen eine Trauerrede, die geographischen Koordinaten des Bestattungsortes werden in das Logbuch des Schiffes eingetragen.

Die Seebestattung bietet gegenüber herkömmlichen Beerdigungen eine Reihe von Vorteilen. So sind die Kosten geringer, weil kein Grab gepflegt werden muss. Auch die Liegegebühren, die bei auf einem Friedhof zu entrichten sind, entfallen. Die Seeurnen mit der Asche bestehen aus Materialen wie Muschelkalk, Quarz- oder Kristallsand, die sich nach kurzer Zeit im Wasser vollständig auflösen. Ebenfalls gestattet sind so genannte Öko-Urnen aus Zellulose. Auch der Tod geht mit der Zeit.

Cheyenne ja, Lenin nein

Seltene Vornamen

Große Freude, das Kind ist da. Aber wie soll es heißen: *Doris* oder *Domino Carina*, *Peter* oder *Pumuckl*? Wie die Eltern ihr Kind nennen, bleibt wie eine lebenslange Tätowierung. Wer *Galaxina Dimpfhuber* oder *Lafayette Meisenpichler* heißt, der kann seinen Nachnamen vielleicht durch eine Heirat ändern – den Vornamen behält er.

»Der Name ist ein Stück des Seins und der Seele«, so Thomas Mann. Aber ab und zu ist die Frage erlaubt: wessen Seins und wessen Seele – des Kindes oder der Eltern? Da tummeln sich in den Geburtsanzeigen Vornamen, die ihren Trägern wohl niemals Freude machen werden. Aber solange sie erlaubt sind, dürfen sie den Kindern auch angehängt werden.

Wie die frisch gebackenen Elternpaare oder Alleinerziehenden bei der amtlichen Registrierung des Nachwuchses vorzugehen haben, ist in den Städten und Gemeinden klar geregelt. Beide Elternteile bzw. die allein stehende Mutter erhalten ein Formular, in dem der oder die Vornamen eingetragen und mit Unterschrift bestätigt werden. Auf dem Standesamt übertragen die Beamten die gewählten Namen auf die Geburtsurkunde. Sie sind befugt, einen Vornamen zu akzeptieren oder ihn zurückzuweisen. Ungewöhnliche Vornamen werden geprüft.

Aber Vorsicht beim Eintrag: Die geburtsurkundlich belegte Form des Namens gilt, auch wenn behördlicherseits ganz offensichtlich ein Fehler unterlaufen ist. Wer von seinen Eltern eigentlich gut englisch *Philip* genannt werden sollte, dann aber als deutscher *Philipp* registriert wurde, muss fürderhin mit dem Doppel-»P« leben, vor allem bei offiziellen Unterschriften.

Wenn es Unklarheiten über die Namensgebung gibt, der gewählte Name nicht zulässig ist oder die Eltern sich noch nicht auf einen Namen einigen konnten, dann ist eine Registrierung des Kindes auch ohne Vornamen gestattet. Die Anmeldung mit Vornamen muss innerhalb einer Frist von einem Monat nach der Geburt erfolgen.

Auch wenn es in anderen Ländern, allen voran die USA, liberaler zugeht: Das deutsche Namensrecht ist großzügiger als sein Ruf. So kann ein neuer Erdenbürger ohne größere Probleme bis zu fünf Vornamen erhalten. Den Eltern wird in gewissen Grenzen sogar ein Namenerfindungsrecht zugestanden. Einige Regeln müssen die Erzeuger dennoch beachten.

So muss der Vorname das Geschlecht erkennen lassen. Bei Namen wie *Kirsten* oder *Kai*, die sowohl an Mädchen wie Jungen vergeben werden können, empfiehlt sich ein zweiter, eindeutig weiblicher oder männlicher Vorname. Auch ist der Name *Maria* für die Herren der Schöpfung dann gestattet, wenn ein weiterer, und zwar männlicher Vorname hinzukommt.

Namen dürfen nicht beleidigend oder lächerlich sein. Ob sie dies sind, ist dann natürlich eine Sache der Interpretation – und gelegentlich eine Angelegenheit der Gerichte. Nicht zulässig sind biblische Namen mit negativem Beigeschmack wie der Brudermörder *Kain* oder der Verräter *Judas*. Was in Spanisch sprechenden Ländern normal ist, nämlich ein Kind *Jesus* zu nennen, ist hierzulande noch umstritten. Auch der Vorname *Christus* ist in Deutschland ungebräuchlich. Kurznamen wie *Rudi*, *Fritz* oder *Susi* dürfen als eigenständige Vornamen vergeben werden, Kosenamen wie *Schätzchen* oder *Schnucki* nicht.

Nach den offiziellen Richtlinien muss der Vorname auch als Vorname erkennbar sein. Nachnamen wie *Schneider* als Vornamen zu gebrauchen ist unstatthaft

– im Gegensatz zu den USA, wo *Taylor* relativ häufig als *first name* vorkommt. Auch der – politisch besetzte – Nachname *Lenin* wird von deutschen Standesämtern nicht als Vorname akzeptiert.

Ob Ortsbezeichnungen zur Namensgebung erlaubt sind, darüber streiten sich die Juristen. Auch hier gilt: »Amerika, du hast es besser ...« Denn dort ist bekanntlich alles möglich, auch in Sachen Namensgebung. Die Hollywoodstars und -sternchen machen uns das immer wieder vor. Und einige ihrer ach so originellen deutschen Fans machen es ihnen dann brav nach.

So landen denn auch gelegentlich »geographische« Vornamen ausländischer Herkunft wie *Cheyenne* oder *Chelsea* in den Familienbüchern. Dies hängt damit zusammen, dass sie einerseits aus der Regenbogenpresse schon als Vornamen von Promi-Kindern bekannt sind und dass sie nicht (mehr) mit den Lokalitäten, die sie eigentlich bezeichnen, in Verbindung gebracht werden. Wer weiß schon, dass *La Toya* auch eine Insel vor der spanischen Küste oder *Maui* eine Insel bei Hawaii ist?

Keinen noch so unkonventionellen Eltern würde es hingegen einfallen, ihr Kind *Helgoland* oder *Mainau* zu »taufen«. Der »geographische« Vorname *Bavaria* für ein Madl ist erlaubt – und dies nicht nur im weißblauen Freistaat. Dagegen ist *Borussia* (lateinisch für Preußen) bei Standesbeamten nicht gut angekommen.

Kompliziert wird es bei ausländischen Vornamen. *Andrea* ist in Deutschland eindeutig weiblich, in Italien hingegen männlich. Das hierzulande mittlerweile populäre *Sascha* wiederum ist in seiner Urheimat

Russland ein Name für Männlein wie auch Weiblein. Das heißt: Offiziell heißt kein Russe oder keine Russin so, denn es handelt sich eigentlich um die Kurzform für *Aleksandr* (männlich) oder *Aleksandra* (weiblich). Gelegentlich treibt die Liberalität deutscher Standesbeamten seltsame Blüten. So ist hierzulande der russische Nur-Männername *Nikita* offiziell als Frauenname akzeptiert.

Grundsätzlich gilt, dass ein im Ausland vergebener Name auch in Deutschland akzeptiert wird. So nannten der Schauspieler Til Schweiger und seine Frau ihre in den USA geborene Tochter *Emma Tiger*. Ein Ehepaar aus Niedersachsen wollte es ihnen gleichtun, stieß aber zunächst auf standesamtliche Ablehnung. Auch die ersten beiden Instanzen ließen *Tiger* nicht zu, weil zum einen das Wohl des Kindes gefährdet sei und zum anderen der Name nicht eindeutig weiblich sei. Ein Oberlandesgericht hingegen gestattete mit ausdrücklichem Bezug auf den prominenten Mimen die Namensgebung. Wer also nachweisen kann, dass der Name auf bundesrepublikanischem Boden existiert, hat beim Standesamt oder notfalls vor Gericht bessere Chancen.

Jeder Staat hat sein eigenes Namensrecht. Deshalb sollten nichtdeutsche Eltern, die in der Bundesrepublik leben und deren Kind hier geboren ist, prüfen, ob der Name, den sie für ihr Kind auf einem deutschen Standesamt eintragen lassen, nach dem Recht ihres Herkunftslandes zulässig ist. Dies gilt vor allem, wenn sie weiterhin in engem Kontakt mit ihrer Heimat stehen oder eines Tages wieder zurückgehen wollen.

Zum Schluss ein paar Vornamen, die bisher noch keine Gnade vor den strengen Augen deutscher Standesbeamter fanden – einige sicherlich zu Recht. So sollte keine junge Dame *Pfefferminze*, *Cezanne* oder *Woodstock* genannt werden, bei Buben sollte auf *Verleihnix*, *Heydrich* oder *Hemingway* verzichtet werden. Wer von *Bo*, *Ibanez* oder *Pebbles* für die Tochter und von *Alpha*, *Mikado* oder *River* für den Filius nicht lassen möchte, dem bietet sich immer noch der Ausweg, diese als Zweitnamen eintragen zu lassen. Er tut damit wohl auch seinem Nachwuchs einen Gefallen. Der kann dann später immer noch selbst entscheiden, ob er sich der Umwelt lieber konventionell oder avantgardistisch präsentieren will.

Keine Panik!

Schlangen, Hornissen und Skorpione

Die gute Nachricht zuerst: In den 45 Jahren zwischen 1959 bis 2004 ist in Deutschland kein Mensch nach einem Biss einer Kreuzotter, der einzigen verbreiteten Giftschlange, gestorben. Auch Attacken von den hierzulande ohnehin seltenen Skorpionen oder Hornissen sind schmerzhaft und unangenehm, aber meist nicht lebensbedrohlich.

Die schlechte Nachricht: Die heimischen kriechenden, krabbelnden und fliegenden Bio-Waffen können trotzdem gefährlich sein. Besonders bedroht sind Kinder, alte und gesundheitlich angeschlagene Menschen. Vor allem solche, die allergisch reagieren, müssen sich besonders schützen. Für sie heißt es, jene Orte und Zeiten zu meiden, wo Bienen, Wespen und Hornissen fliegen, und immer die notwendigen Medikamente zur Hand zu haben.

Wer auf Reisen geht, muss sich wappnen. Gerade im Mittelmeerraum und in Südosteuropa kann man allerlei giftige Reptilien treffen, darunter auch die äußerst unangenehme Hornotter. Wer in tropische Gefilde fährt und dort längere Expeditionen in die Tiefen des Urwalds plant, muss sich ohnehin mit den notwendigen Seren und Schlangenbiss-Saugpumpen ausrüsten.

Für den Normalbürger, der sich in europäischen Breiten aufhält, ist Vorsicht die berühmte Mutter der Porzellankiste. Und die Schlangen helfen einem dabei, weil sie menschliche Gesellschaft meiden und in aller Regel das Weite suchen.

Kreuzottern werden zwischen 60 und 90 Zentimeter lang und sind an einem Zickzack-Band am Rücken zu erkennen. Außerdem weisen sie eine X-förmige Zeichnung am Hinterkopf auf. Sie leben vor allem in Auen und Mooren, in alpinen Geröllfeldern und Bergwiesen. Wer durch diese Gegenden wandert, sollte sich bemerkbar machen: also lieber stampfen als schleichen. Mit festem Schuhwerk, also hohen Wanderstiefeln, ergibt sich das meist von selbst. Schlangen sind vibrationsempfindlich und fliehen normalerweise bei Erschütterungen des Bodens.

Allerdings: Sie können sich in die Ecke gedrängt fühlen, auch ohne dass der Mensch das will. Dann gehen sie in die Offensive. Deshalb ist vor allem bei nicht einsehbarem Gelände, in dunklen Felsspalten oder bei Steinhaufen Aufmerksamkeit geboten. Wer sich nachts in der Natur aufhält, sollte also seine Umgebung »schlangentechnisch« abchecken und notfalls mit der Taschenlampe ausleuchten. Trifft man eine Schlange: unbedingt auf rasche Bewegungen verzichten, denn das reizt sie zum Beißen. Tricks à la Indiana Jones oder Crocodile Dundee sollte man tunlichst unterlassen und die Tiere nicht attackieren – sie sind schneller als wir!

Wenn eine Schlange trotz aller Vorsicht zubeißt, dann sollten das Opfer oder sein Begleiter versuchen, ihre Art zu identifizieren oder sich zumindest ihre Größe, Farbe und Zeichnung zu merken. Die Bissstelle erkennt man an den zwei punktförmigen stecknadelkopfgroßen Wunden.

In Deutschland ist praktisch nur die Kreuzotter bedrohlich, in südeuropäischen Ländern kommen andere Arten dazu. Die Beschreibung hilft später beim Arzt oder im Krankenhaus. Als Sofortmaßnahme muss die Bissstelle gereinigt und desinfiziert werden, notfalls mit Urin.

Die Wunde auszusaugen sieht gut in Filmen aus – aber nur dort. Im »richtigen Leben« muss man darauf verzichten! Auch dramatisches Ausbrennen und Ähnliches hilft nicht, sondern schadet nur, weil die Giftaufnahme beschleunigt und das Opfer seelisch viel zu stark belastet wird.

Denn generell gilt die Devise: Keine Panik! Viele Mediziner sind der Ansicht, dass die *Angst* vor Biss (der Schlange) oder Stich (des Skorpions) weitaus gefährlicher ist als der Stich oder Biss an sich. Denn die Otter verschwendet das giftige Sekret, das sie zum Jagen von Mäusen, Fröschen, Blindschleichen oder anderem Getier benötigt, nicht einfach. Deshalb wird beim Großteil der Bisse kein oder nur sehr wenig Gift injiziert.

Der Gebissene muss viel trinken, damit sich sein Kreislauf stabilisiert. Er darf sich nicht viel bewegen, die Bissregion sollte ruhig gestellt werden. Falls notwendig, muss das Opfer dorthin getragen werden, wo es professionelle medizinische Hilfe bekommt, damit es jede Anstrengung vermeiden kann.

Ebenfalls mit uralten und irrationalen Ängsten verbunden sind Skorpione, die in Süddeutschland, aber vor allem jenseits der Alpen vorkommen. Sie können weder einen Menschen noch ein Pferd mit einem Stich töten. Entgegen der Legende verzichten sie auch darauf, sich bei Gefahr selbst umzubringen. Auch hier gelten die Regeln: Vorsicht und keine Panik! Die Tiere sind nicht aggressiv und stechen nur zur Selbstverteidigung. Der Stich kann sehr schmerzhaft sein und Übelkeit, Schweißausbrüche und Muskelzittern auslösen. Gefährlich ist er für Kinder, alte Menschen und gesundheitlich Angeschlagene, sie müssen einen Arzt aufsuchen. Ansonsten lässt der Schmerz nach einigen Stunden wieder nach, dabei hilft Eis auf der Stichstelle.

Wer sich an lauen Sommerabenden im sonnigen Süden aufhält, sollte seine Kleidung nicht auf den Boden legen – Skorpione schätzen derlei als Nachtquartier. Vor dem Anziehen also schütteln, ebenso empfiehlt sich ein Blick in ausgezogene Schuhe oder offene Handtaschen. Dorthin können nämlich auch Raupen und Tausendfüßler gekrabbelt sein, deren Härchen Kontaktgifte enthalten, die Schmerzen und Infektionen verursachen können.

Sehr viel häufiger als »Exoten« wie Schlangen oder Skorpione treffen wir hierzulande, aber auch im Urlaub im europäischen Ausland auf Bienen, Wespen und Hornissen. Wie schon gesagt: Für Menschen, die allergisch auf deren Stiche reagieren, herrscht dann Hochalarm. Die Bandbreite der Reaktionen reicht dabei von einer lokal begrenzten Hautreaktion wie einer Rötung oder Schwellung über Übelkeit, großflächige Hautreaktionen und Atemnot bis hin zum lebensbedrohlichen so genannten anaphylaktischen Schock mit Herz-Kreislauf-Versagen. Der kann unter Umständen sehr rasch auftreten. Deshalb den Rettungsdienst lieber früher als später, als zu spät rufen.

Ist die Allergie bereits bekannt, müssen die Betroffenen immer ein geeignetes Antihistaminikum mit sich führen, das als Fertigspritze in der Apotheke erhältlich ist. Wichtig ist dabei: Es nutzt nur, wenn es auch da ist und nicht zu Hause im Arzneischrank liegt! Außerdem sollten auch die Begleiter des Betroffenen mental in der Lage sein, bei Bedarf ohne Zögern und Zittern eine Spritze zu setzen. Diese Maßnahmen ersetzen aber nicht die anschließende Hilfe des medizinischen Profis.

Auch für Menschen, die nicht allergisch reagieren, sind diese Insekten gefährlich, wenn sie in den hinteren Zungenbereich, in die Mundhöhle oder in den Rachen stechen. Dies passiert vor allem im Freien, wenn man beispielsweise eine Wespe aus der Bier- und Saftflasche oder Cola-Dose »mittrinkt«. Die Schwellung kann zu akuter Erstickungsgefahr führen. Auch hier ist umgehende medizinische Hilfe notwendig. Bis sie eintrifft, kann der Betroffene Eis lutschen und kalte Umschläge um den Hals legen.

Wenn möglich, sollte der Stachel mit einer Pinzette entfernt oder mit dem Fingernagel seitlich herausgekratzt werden. Möglichst die Giftblase am Ende des Stachels nicht berühren. Anschließend wird die Stichstelle mit Alkohol, Salmiak oder Zwiebelsaft betupft.

Dies empfiehlt sich auch bei Stichen an einem weniger gefährdeten Körperteil. Sie sind bei erwachsenen und gesunden Nicht-Allergikern ausgesprochen unangenehm, aber selbst in größerer Anzahl nicht lebensgefährlich. Dies gilt auch für die Hornissen, die eine beeindruckende Größe erreichen und sehr wehrhaft sind, wenn es darum geht, ihr Nest zu verteidigen. Aber weder töten drei Stiche einen Menschen, noch bringen sieben Stiche ein Pferd um. Tatsächlich ist das Gift der Hornisse weniger toxisch als das von Wespen und Bienen. Ihr Stich wird aber als schmerzhafter empfunden, weil der Stachel länger ist und dadurch tiefere, empfindlichere Hautschichten erreichen kann.

Auch vor Bienen und Wespen kann sich der Mensch in

einem gewissen Rahmen schützen. So drehen Bienen vor allem zwischen Mai und Juli ihre Runden, Wespen sind eher von Juli bis September unterwegs. Blühende Bäume und Blumen, überreifes Fallobst, aber auch offene Mülleimer sind wahre Leckerbissen; ihre Nähe sollte von empfindlichen Menschen besser gemieden werden.

Auch Parfums, Deos oder Sonnenschutzmittel laden die fliegenden Kameraden zum Besuch ein. Und barfuß über blühende Wiesen zu streifen, mag von einem besonderen romantischen Reiz sein, es ist aber gefährlich, denn auf dem Boden lauern Wespen.

Viele Menschen schätzen ein Picknick in freier Natur. Das Leidige daran ist: Wespen tun das auch. Sie lieben den Duft von gebratenem Fleisch und von Süßigkeiten, auch Limonaden üben eine anziehende Wirkung aus – oft über beeindruckende Entfernungen. Wenn es also irgend geht, sollte man auf derlei Leckereien verzichten.

Wenn die wilde Horde dennoch kommt: nicht wild um sich schlagen, auch wenn es schwer fällt! Lieber darauf achten, dass sich die Insekten nicht auf den nächsten Bissen setzen oder in die Flaschen krabbeln. Besondere Vorsicht ist bei Kindern angebracht. Was für Wespen & Co. attraktiv riecht, muss bis unmittelbar vor dem Konsum einigermaßen dicht verpackt bleiben.

Angesichts der zahlenmäßigen Übermacht dieser Insekten bleibt uns Menschen nur der Versuch der einigermaßen friedlichen Koexistenz. Ansonsten sind wir vor gefährlichen Widrigkeiten der Natur doch weit gehend geschützt. Andere Regionen haben es da schwerer, und vor allem Ferntouristen seien gewarnt: Alljährlich sterben schätzungsweise 300 Menschen durch Kokosnüsse, die ihnen auf den Kopf fallen. Verglichen mit der Bedrohung durch derlei Biobomben werden unsere Schlangen oder Hornissen direkt zu Kuscheltieren.

Blizkrig, zejtnot, kindergarten

Deutsche Wörter weltweit

In Russland begegnet man dem *kulturtreger* und dem *wunderkind*, in Schweden dem *streber*, auch Frankreich ist betroffen von le *waldsterben*, und in den Niederlanden fehlt ein heimisches *überhaupt*, weshalb man sich dort des deutschen Wortes bedient. Derzeit haben in vier Dutzend Sprachen unseres Globus deutsche Ausdrücke Einzug gehalten. Viele davon sind seit Jahrhunderten im Ausland präsent.

Andere haben eine vergleichsweise kurze Karriere. Mit *kindergarten*, *autobahn*, *angst* und *blitzkrieg* präsentieren sie die ganze Palette von Tugenden und Untugenden, mit denen Deutschland und die Deutschen den Rest der Welt konfrontiert haben.

Weit verbreitet sind deutsche Wörter im amerikanischen Englisch und im Russischen. Transporteure des *kindergarten*, der *wurstel* und des *sauerkraut* in die

USA waren die deutschen Emigranten. Aber auch jüdische Einwanderer aus Osteuropa haben über das Jiddische viele deutsche Sprachelemente mit über den Großen Teich gebracht.
Wer in ein russisches Wörterbuch schaut, wird dort allerlei Vertrautes entdecken – wobei sich die Gelehrten gelegentlich streiten, ob das Wort aus dem Deutschen oder aus dem Niederländischen kommt; Letzteres hatte einst vor allem in die russische Seemannssprache Einzug Reich gehalten. So existieren neben den ur-russischen Himmelsrichtungen *jug*, *sever*, *vostok* und *sapad* auch die – ausschließlich nautischen – Himmelsrichtungen sjud, nord, ost und vest.
Gelegentlich wird an das deutsche Wort ein -a am Ende angehängt: So begegnet man dem Spitzbuben als *schelma*, dem Wandschirm als *schirma* und einem Schmelzofeneinsatz als *schichta*. Bei anderen Vokabeln wird der Endbuchstabe abgehängt: Schlacke wird zu *schlak*, die Schleife zu *schleif*, Schleuse zu *schljus* und eine Narbe zu *schram*. Wer in Moskau oder Nowgorod mit dem Auto zu schnell oder mit dem Bus schwarz fährt, bezahlt eine *schtraf*.
Andere Vokabeln bleiben, wie sie waren: Festlandsockel heißt *schelf*, an der Grenze steht ein *schlagbaum* (Betonung auf der letzten Silbe), das Paket wird von der *schnur* zusammengehalten, in der Textilindustrie kommt die *schpindel* zum Einsatz. Der *schtejger* steigt in *schtolnja* (von Stollen) und *schachta* und klopft dort einen *schtift* in die Wand. Geht der Kumpel während eines Ausstands trotzdem zur Arbeit, wird er zum *schtrejkbrecher*, mit dem man lieber nicht *bruderschaft*

trinkt. Bleibt er hingegen zu Hause und spielt lieber Schach, dann kann er in *zejtnot* geraten. Isst er dabei ein *buterbrod*, ist damit ein Sandwich gemeint, also belegt mit Wurst oder Käse.

Vor allem das Militärwesen wimmelt von deutschen Brocken nicht nur beim *blizkrig*. So befiehlt der *feldmarschall* den *schturm* auf feindliche Stellungen, der *feldjeger* sorgt für Disziplin und der *feldscher* betreut die Verletzten – bis heute auch im zivilen Bereich. Wer nächtens Licht braucht, nimmt eine *fakel*, wer sportlich den Degen schwingt, ist ein *fechtovalschtschik*. In alten Zeiten trug man einen *frak* und tanzte mit der *frejlina*, der von »Fräulein« abgeleiteten Hofdame. Diese wiederum zierte sich mit einem *bjustgalter* – zur Erläuterung: deutsches »ü« wird zum russischen »ju«, deutsches »h« zum russischen »g«.

Tierliebe Russen legen sich gerne einen *pudel* oder *risenschnauzer* zu. Dem erteilt man die Befehle *Hier! Platz! Hopp! Aus! Sitz! Pass auf! Pfui! Such!* Offenbar reagieren Hunde auf Deutsch besonders aufmerksam.

Aber nicht nur im Russischen ist deutsches Vokabular populär. Die Gesellschaft für deutsche Sprache (GfdS) in Wiesbaden hat aus der ganzen Welt Beispiele dafür gesammelt, wo sich teutonische Elemente in heimische Idiome eingeschmuggelt haben. Die geographische Ausdehnung reicht dabei bis nach Ostpanama und die dortige Karibensprache Cuna (*arbeit*) oder bis nach Westafrika und die dortige Sprache Wolof (*lecker*).

Besonders stark vertreten sind die angelsächsischen Länder mit *tannenbaum* und *oktoberfest*, mit *wanderlust* und *autobahn*, mit *hinterland* und *fingerspitzenge-*

fuehl – letzteres offenbar einmal eine geschätzte deutsche Tugend. Dem widerspricht allerdings, dass in Kanada das Wort *klugscheisser* gerne für jene Menschen gebraucht wird, die man eben dafür hält.

Nicht aus geographischen Gründen ist nahe liegend, dass sich auch unsere europäischen Nachbarn gelegentlich eine Vokabel ausgeliehen haben. So kennen die Dänen ebenso *gefuehl* wie *salonfaehig*, die Schweden den *besserwisser* und den *streber*, die Norweger das *vorspiel* und das *nachspiel* – allerdings weniger in seiner erotischen bzw. sportlichen Variante als vielmehr den Beginn und das Ende einer ausgebreiteten Saufpartie.

Die Franzosen haben unter anderem le *handball*, le *ersatz*, und le *angst* geborgt. Letzteres ist keine Furcht vor Mäusen oder Gewitter, sondern Ausdruck einer insgesamt depressiven Weltsicht, die die Gallier ihren Nachbarn östlich des Rheins unterstellen.

Auch in den Sprachen Ostmitteleuropas und Südosteuropas wurden deutsche Ausdrücke gerne eingebürgert. So gibt es im Polnischen den *hochsztapler* ebenso wie den *szlafrock*, im Kroatischen die *tankštela*, im Tschechischen den *stammgast* mit *sitzflaisch*, im Slowenischen die *zaijfa*, mit der man sich wäscht, wenn man im Ungarischen *smucik* geworden ist. Was das *abzibild* im Rumänischen verloren hat, weiß man nicht; jedenfalls galt es offenbar einmal als *sik* – und darauf kann man getrost einen *sluk* nehmen. Und auch wie ausgerechnet *aysberg* ins eher sonnige Türkische kommen ist und mit ihm das Wort *haymatloz*, bleibt der Spurensuche von Sprachwissenschaftlern überlassen.

Obwohl der deutschen Küche nicht unbedingt die Eleganz der französischen Speisezubereitung nachgesagt wird: Deutsche Vokabeln haben weltweit vor allem das Kulinarische infiltriert. Vom *strudel* in Italien über *snitzil* in der Türkei bis zum *kohlrabi* in England hat sich heimische Kochlexik durchgesetzt. Der *kraut* ist auf den britischen Inseln nachgerade zum Synonym für den Teutonen geworden, besonders in Gazetten nach verlorenen Fußballspielen oder »gewonnenen« Papstwahlen.

Das *wurstel* gehört ebenso wie der *schnaps* zum Weltwortschatz, selbst in Sizilien findet man auch in Orten ohne deutsche Touristen einen *krapfen*. In Chile findet man den *kuchen* und den *strudel* sowie für die Freunde flüssiger Speisen die *bierstube*. Überhaupt haben selbst relativ »exotische« Nahrungsmittel wie *leberkaes* und *bocksbeutel*, die im *gasthof* serviert werden, weltweit Anerkennung gefunden. Dies alles passt zu der den Deutschen allgemein nachgesagten *gemuetlichkeit* (englischsprachige Länder) mit *bruderschaft* (Russland) trinken und dergleichen.

Stark vertreten ist das Deutsche auch in der Philosophie, in Kultur und Technik. Ob die *weltanschauung* oder der *Sturm und Drang* (in Großschreibung!), ob *eigenwert* oder *unschaerfe-relation* – die ausländischen Akademiker wissen, wovon die Rede ist. Markenzeichen sind auch *bauhaus* und *jugendstil*, und wenn es künstlerisch oder literarisch gar zu schlimm wird, spricht man von *shmaltz* oder *kitsch*.

Sei es das *fahrvergnuegen* oder die *bremsstrahlung*, seien es der *djubel*, der *steker oder* die *vaservaga* – auch des

Deutschen liebste Spielzeuge, nämlich das Auto und die Heimwerkerei sowie der Wortschatz drum herum, sind mittlerweile zu Exportartikeln geworden. Und funktioniert mal etwas nicht, dann ist es *kaputt* – und zwar weltweit. Auf Suaheli bedeutet *kaputi* allerdings bewusstlos.

Interessant ist auch, was gerade Vertreter ferner Kulturen noch so aus dem Deutschen aufgeschnappt haben. So kommentieren Japaner bestimmte Aussagen gerne mit *soso* oder *achso*, in Nigeria fragt man lieber *is-dasso*. Und noch ein bemerkenswertes Phänomen: Selbst wenn es nach einigen »Knigges« des 21. Jahrhunderts in unseren Breiten nicht mehr als fein gilt – immer mehr Menschen auf der ganzen Welt rufen »Gesundheit!«, wenn jemand in ihrer Umgebung niest. Und Etikette hin oder her: Es ist zumindest freundlich gemeint. Dass Deutsch dazu einen Beitrag leistet, ist immerhin erfreulich.

Herr Schmitz, Herr Schulz, Frau Nakszyznski, Frau Giannakopoulos

Prominente hierzulande

Wir kennen sie alle. Aber eben nur unter »falschem Namen«. Die meisten von ihnen sind Schauspieler, Sänger oder andere Vertreter des Show-

Business. Die Gründe, warum sie sich, meist erst im erwachsenen Alter, haben »umtaufen« lassen, sind vielfältig. Manchmal ist es eine Hommage an einen verehrten Verwandten oder Kollegen, manchmal klang ihnen der alte Namen einfach zu schlicht für Bühne oder Leinwand. Einige Prominente, die einst anders hießen, werden hier präsentiert.

Ein Film- und Fernsehstar, der sich in Sachen Popularität deutlich von vielen Kollegen abhebt, ist Götz Schulz. Wir kennen ihn als *Götz George.* Bereits Vater Georg August Friedrich Hermann Schulz hatte den Namen *Heinrich George* angenommen und wurde zu einem der großen deutschen Schauspieler. Seinen Sohn, geboren 1938, benannte er aus Verehrung nach dem stolzen Ritter Götz von Berlichingen. Vom gleichen Jahrgang wie »Schimanski« war Rosemarie Magdalena Albach. Sie nannte sich nach dem Mädchenname ihrer Mutter *Romy Schneider.*

Wer in Deutschland als Nikolaus Günter Karl Nakszynski geboren wurde, mag es nicht immer leicht gehabt haben. Die Lösung: Ein bisschen manipulieren, und herauskommt *Klaus Kinski* (1926–1991). Auch seine drei Schauspielerkinder *Pola, Nastassja* und *Nikolai* haben das Pseudonym des Vaters übernommen.

Aus Edgar-Wallace-Krimis ebenso wie aus Karl-May-Filmen, aber auch aus dem 007-Reißer »Man lebt nur zweimal« ist uns Kätherose Derr bekannt. Die mediterran anmutende Brünette, die eigentlich in Wiesbaden das Licht der Welt erblickte, präsentierte sich der Film- und Fanwelt als *Karin Dor*. Ruhm im internationalen Filmgeschäft erntete auch Elke Schletz, dort aber als *Elke Sommer.*

Die 1913 in Wien geborene Hedwig Eva Maria Kiesler hatte schon als Leinwandheldin in Europa mit – damals – gewagten Szenen für einige Unruhe gesorgt. In den Vereinigten Staaten, wo sie 2000 starb, wurde sie als *Hedy Lamarr* ein echter Star. »So nebenbei« entwickelte sie 1942 für die US-Marine eine patentierte Funkfernsteuerung für Torpedos, die durch wechselnde Frequenzen störsicher war.

Dagegen gehen die technischen Qualitäten der gelernten Kinderkrankenschwester Michaela Schaffrath, geborene Jänke, in eine andere Richtung. Sie gewann als Schauspielerin *Gina Wild* (Nomen est omen!) in ihrer spezifischen Filmbranche immerhin einige Preise und offensichtlich eine gewisse Popularität, vor allem in der Männerwelt.

Gleiches gilt für ihre Fachkollegin Kateřina Nora Bochníãková, verehelichte Baumberger. Auch sie übernahm einen englischen Namen und bereichert seitdem den europäischen Film als *Dolly Buster*. Sowohl in Deutschland als auch in Tschechien feilt sie an ihrer politischen Karriere – selbstverständlich für freiheitlich gesinnte Parteien.

Aus seriöseren Produktionen ist eine andere Dolly bekannt, die Schauspielerin *Dolly Dollar*. Sie kam in München als Christina Giannakopoulos zur Welt. Eine andere typische Vertreterin der Szene in der bayerischen Hauptstadt war *Barbara Valentin*, die als Ursula Ledersteger (1940–2002) in Wien geboren wurde.

Älteren Semestern ist der Schauspieler Franz Theodor

Schmitz (1903–1978) ein Begriff. Er nannte sich nach der Geburtsstadt seines Vaters *Theo Lingen.* Sein Freund und Kollege, der Original-Wiener Johann Julier (1880–1964) wiederum nahm den Namen seines Sprechtrainers an und wurde so zum Nuschelkönig *Hans Moser.*

Eine Zeitgenossin von Lingen und Moser war Lise-Lotte Helene Berta Bunnenberg (1905–1972). Bekannter ist sie als *Lale Andersen.* Ihre »Lili Marleen« war selbst noch während des Zweiten Weltkriegs ein Kulturexportschlager, bis Joseph Goebbels das Lied schließlich wegen seiner »depressiven Tendenzen« verbot.

Wer unter anderem als Sängerin und sogar Pfeiferin Karriere machen will, ist mit dem Namen Ilse Charlotte Still fehl am Platze. Also nannte sich die Künstlerin, die einst auch zu den deutschen Kinostars gehörte, *Ilse Werner.* Die 1921 im indonesischen Jakarta geborene Tochter eines holländischen Vaters und einer deutschen Mutter starb 2005.

Ein Seemann, der eigentlich aus Österreich kam und Franz Eugen Helmut Manfred Niedl-Petz heißt – das passte nicht. Mondäner klang *Freddy Quinn,* und so nennt sich der »Junge von der Waterkant« bis heute. Ein anderer Österreicher (mit deutschen Vorfahren), nämlich Udo Jürgen Bockelmann, verzichtete auf seinen Nachnamen und hängte an seinen zweiten Vornamen kurzum ein -s an. Als *Udo Jürgens* ist er ein Dauerbrenner in Sachen anspruchsvoller Unterhaltungsmusik geworden. Ebenfalls über Jahrzehnte populär blieb die in Schlesien geborene Karin Witkiewicz, die als *Katja Ebstein* die Charts eroberte.

In den sechziger und siebziger Jahren war englisch »in«. Deshalb legten viele Vertreter der Schlagerbranche ihre deutschen Namen ab. So wurde aus Erna Strube die fetzige *Joy Fleming*, aus den Schwestern Rosemarie Schwab und Monika Schwab wurden *Mary Roos* und *Tina York*. Diesem Trend folgten auch die Sänger Herbert Anton Hilger als *Tony Marshall* und Gerhard Höllerich (1943–1991) als *Roy Black*.

Die meisten Herren der singenden Zunft blieben allerdings »deutsch«. Lothar Walter nannte sich künftig *Michael Holm*, Jürgen Beumer wurde zu *Jürgen Marcus*, Günther Caspelherr zu *Gunter Gabriel*. Ein sprachlich schwer definierbarer Ausreißer war das Pseudonym von Alexander Ludwig Hirtreiter (1936–1999), der zunächst mit der Dänin Gitte und dann solo als *Rex Gildo* auftrat. »Russische Seele« verbreitet immer noch der Berliner Hans-Rolf Rippert als *Ivan Rebroff*.

Ausländischen Vorbildern folgend, kamen auch Nur-Vornamen in Mode. So wurde aus Gabriele Susanne Kerner die *Nena* mit den 99 Luftballons, aus Tanja Oberloher eine *Michelle* und aus dem Wiener Johann Hoelzel (1957–1998) der Musiker *Falco*.

Sein Landsmann Hubert Achleitner adelte sich und tritt als Folk-Rocker *Hubert von Goisern* auf. Auch Hella Kemper nobilitierte sich recht hintersinnig und wurde als *Hella von Sinnen* bekannt, Hans-Jürgen Dohrenkamp mutierte zum Entertainer *Jürgen von der Lippe*.

Noch kühner ist Jan Ulrich Max Vetter, der Sänger und Gitarrist der Band »Die Ärzte« – er machte seinen Künstlernamen zum Programm und nennt sich seitdem *Farin Urlaub*. Der Schweizer Peter René Baumann erklärt in seinem Pseudonym gleich, was seine Profession ist: *DJ BoBo*.

Eine besondere Anziehungskraft auf Menschen, die anders heißen wollen, übt offensichtlich der Name *Anders* aus. Unter deutschsprachigen Musikern gibt es gleich zwei davon. Aus Antonio Augusto Schinzel, in Österreich geboren, wurde *Christian Anders* mit seinem »Zug nach Nirgendwo«, aus Bernd Weidung wurde *Thomas Anders*, ewiger Freund-Feind von Dieter Bohlen.

Nicht nur deutschsprachige Künstler legen sich wohl oder besser klingende Namen zu, auch ihre ausländischen Kollegen haben zu derlei Selbstvermarktungstricks gegriffen. Dabei sind gelegentlich kuriose Situationen entstanden.

So musste sich der englische Schauspieler James Stewart (1913–1993) das Pseudonym *Stewart Granger* (»Old Surehand«) geben, weil ein berühmterer Mime dieses Namens bereits existierte. Dasselbe widerfuhr Michael Douglas, der dann als *Michael Keaton* (»Batman«) Karriere machte.

Das Skurrile der Situation besteht darin, dass der ältere und bekanntere *Michael Douglas* als Michael Kirk Demsky auf die Welt kam. Den echten wie den Künstlernamen erbte er von Vater *Kirk Douglas*, der eigentlich Issur Demsky heißt – ungeeignet für die Rolle des toughen Amerikaners. Auch Marion Michael Morrison (1907–1979) brauchte etwas Markanteres und nannte sich *John Wayne*.

Der große Komiker Walter Matthau (1920–2000)

nutzte die Frage Name oder Pseudonym, um seine Umwelt gehörig hinters Licht zu führen. So erzählte er immer und überall, er hieße eigentlich *Walter Matuschanskayasky*. Diese Legende hat sich über Matthaus Tod bis heute gehalten. Matthaus deutscher Synchronsprecher, der Schauspieler Wolfgang Völz (»Käptn Blaubär«) kann übrigens mit einer ähnlichen Anekdote aufwarten. Es hält sich hartnäckig das von ihm dereinst verbreitete und später dementierte Gerücht, er habe als *Aaron Treppengeländer* das Licht der Welt erblickt …

Von Aken bis Cvikov

Deutsche Städte in anderen Sprachen

Wo in aller Welt ist *Aken*? Einst war ein deutscher Autofahrer in den Niederlanden unterwegs. Plötzlich sah er auf einem Autobahnwegweiser diesen Namen. Der Kilometerangabe nach musste es eine Stadt jenseits der Grenze sein. Aber wo war dieser magische Ort? Im benachbarten Belgien wurde dem Reisenden geholfen. Neben dem niederländisch-flämischen Aken stand noch das französische *Aix-la-Chapelle*. Gemeint war Aachen. Wenn man es weiß, kommt man drauf …!

Eine ganze Reihe von deutschen Ansiedlungen trägt

englische, französische, niederländische oder sogar lateinische Namen – Letzteres ein Erbe der Römer und des Mittelalters. Auch die Deutschen haben ausländische Metropolen eingedeutscht. So wurde Mailand aus Milano, Turin aus Torino oder Moskau aus Moskwa. Sie sprechen von Warschau statt Warszawa, von Kopenhagen statt København oder von Lemberg statt Lwiw (ukrainisch) oder Lwow (russisch).

Um zu vermeiden, dass wir Plätze wie Keulen, Chociebuż, Lyypekki, Monaco (di Baviera), Norimberk, Plavno, Ratisbonne, Strzałowo oder Trèves irgendwo zwischen Hammerfest und Malta oder zwischen Dublin und Novosibirsk, aber nicht in Deutschland suchen, nachfolgend eine kleine Aufzählung »fremdsprachlicher« Städte in unserer Republik.

Das schon erwähnte Aachen ist so etwas wie ein Champion in Polyglotterie: Neben Aken und Aix-la-Chapelle präsentiert es sich als *Akwizgran* (polnisch), *Aquisgrán* (spanisch), *Aquisgrana* (italienisch) und sogar *Cáchy* (tschechisch).

Auch die deutsche Hauptstadt kommt mehrgestaltig vor. Neben dem verbreiteten Berlin gibt es auch *Berlijn* (niederländisch), *Berlynas* (litauisch) oder *Verolino* (griechisch). Gleich nebenan liegt Potsdam, auf Tschechisch *Postupim*. Die zweitgrößte City der Republik und größte Hansestadt trägt den Namen *Amburgo*, auf Finnisch dagegen *Hampuri*. Wenn der Isländer von *Brimarborg* spricht, meint er Bremen. Ebenso mysteriös für deutsche Ohren klingt das polnische *Kilonia*, das litauische *Kylis* oder gar das portugiesische *Quília* für Kiel. Gleich daneben ist das »finnische« *Lyypekki*, deutsche Heimat des Marzipans. Ebenfalls im Norden der Republik liegt Stralsund, polnisch *Strzałowo.*

Auch Köln, die alte Domstadt am Rhein und Hochburg des Karnevals, präsentiert sich mannigfaltig. Franzosen und Engländer bezeichnen sie als *Cologne*, Italiener und Spanier als *Colonia*, Niederländer als *Keulen* und Tschechen als *Kolín nad Rýnem* (d.h. am Rhein).

Nicht weit weg von Köln ist der alte Bischofsitz Trier. Auf Französisch heißt es *Trèves*, auf Italienisch *Treviri* und auf Spanisch *Tréveris.*

Die Hauptstadt des Freistaates Sachsen schmückt sich »auf Ausländisch« mit einer Reihe von Variationen. Tschechen sprechen von *Drážďany*, Italiener von *Dresda*, Litauer von *Drezdenas* und Polen von *Drezno*. Die zweite Metropole Sachsens, die Messestadt Leipzig, heißt auf Italienisch und Griechisch *Lipsia*, auf Polnisch *Lipsk* und auf Tschechisch *Lipsko*. Nicht weit entfernt sind Zwickau und Plauen, von den Tschechen *Cvikov* und *Plavno* genannt. Ebenfalls in der Ecke liegt Bautzen, auf Tschechisch und Sorbisch *Budyšín*, auf Polnisch *Budziszyn*. Die Heimat eines bekannten Postkutschers, nämlich Cottbus, kommt im Polnischen als *Chociebuż*, im Sorbischen als *Chóśebuz* und im Tschechischen als *Chotěbuz* rüber.

Neben Köln gibt es eine weitere Dom- und Karnevalsstadt am Rhein, nämlich Mainz. Die Italiener bezeichnen es als *Magonza*, die Spanier als *Maguncia*, die Franzosen als *Mayence* und die Tschechen als *Mohuč*. Die Einheimischen selbst reden von Määnz oder Meenz, wie hart gesottene Fassenachter wissen. Südlich der rheinland-pfälzischen Hauptstadt, ebenfalls mit einem historischen Dom ausgestattet, liegt Speyer, in Frankreich als *Spire* und in Spanien als *Espira* bekannt. Saarbrücken ist auf den nahen französischen Wegweisern als *Sarrebruck* verzeichnet.

Im südlichen Rheintal gibt es die Stadt (französisch) *Fribourg-en-Brisgau* oder (italienisch) *Friburgo di Brisgovia.* Rund 200 Kilometer östlich liegt die Hauptstadt von Baden-Württemberg. In Italien ist sie als *Stoccarda*, in Portugal als *Estugarda* bekannt. Fährt man von dort Richtung München, kommt man an Augsburg vorbei. Die Italiener nennen es schlicht *Augusta*, dic Tschechen haben den bayernschwäbischen Akzent gleich mit übernommen und reden von *Augšpurk*.

Die bayerische Landeshauptstadt präsentiert sich als englisch als *Munich*, tschechisch als *Mnichov*, türkisch als *Münih* oder italienisch als *Monaco di Baviera.* Nürnberg, die zweitgrößte Stadt des Freistaats, heißt in der Sprache Dantes *Norimberga.* Noch exotischer gibt sich Regensburg, alias *Ratisbona* (italienisch, spanisch), *Ratisbonne* (französisch) oder gar *Řezno* (tschechisch). Ebenfalls im Freistaat liegt der alte Bischofsitz Freising, das von Slowenen *Brižinje*, von Italienern *Frisinga* und von den Franzosen *Frisingue* genannt wird.

Auch wenn sie auf Autobahnschildern kaum stehen – sie seien der Vollständigkeit halber erwähnt: die lateinischen Namen für einige deutsche Städte. So steht *Aqua Villae* für Badenweiler, daneben liegt *Aurelia Aquensi* alias Baden-Baden. Weiter nördlich entlang des Rhenus Fluvius, des Rheinflusses siedelten dereinst die Römer in *Moguncia* oder Mainz, in *Antunnacum* oder Andernach, in *Rigomagus* oder Remagen und *Castellum apud Confluentes* oder Koblenz. In Bayern findet man *Augusta Vindelicorum* für Augsburg, *Castra Batavorum* für Passau und *Herbipolis* für Würzburg.

Noch ein paar Tipps für deutsche Touristen, die vom Ausland in ein anderes Ausland fahren und dabei mit merkwürdigen Städtenamen konfrontiert werden. Was wir Lüttich nennen, heißt auf Französisch *Liège* und auf Niederländisch *Luik*, die ebenfalls belgische Stadt Löwen (deutsch) wiederum heißt *Louvain* und *Leuven*. Die Ungarn nennen Wien *Bécs*, auf Holländisch heißt die österreichische Hauptstadt *Wenen*.

Mit *Flushing* meint der Engländer das niederländische Vlissingen, Livorno in Italien hingegen nennt er *Leghorn*. Aber auch die Briten haben es nicht einfach. Wer auf einem Straßenschild in Wales *Llundain* und in Schottland *Lunnainn* sieht, weiß, dass er auf dem Weg nach London ist. Und weil dies noch nicht kompliziert genug ist: Die Isländer würden *Lundúnir*, die Finnen *Lontoo* sagen. Allzeit und allerorten eine gute Fahrt!

Von ABF bis Zootechniker

DDR-Deutsch

Wir wussten, was mit dem *antifaschistischen Schutzwall* gemeint war, den Walter Ulbricht 1961 errichten ließ. Auch den *Broiler*, die *Datsche* und die *Plaste* verstehen wir mittlerweile bundesweit. Aber wer aus den alten Bundesländern weiß schon, was *Krustas*, *Mondos*, *blaue Fliesen* oder *Tempoerbsen* sind? Unterhalten sich die Wessis mit Menschen, die in der ehemaligen Deutschen Demokratischen Republik groß geworden sind, stolpern sie manchmal über unbekannte Wörter. Dabei handelt es sich nicht etwa um Dialektausdrücke aus dem Sächsischen, aus »Baline« oder aus Mecklenburg, sondern um einen Sprachgebrauch, der sich ab 1945 in der Sowjetischen Besatzungszone (SBZ) und nachmaligen DDR entwickelt hat.

Drei Faktoren habe diese Version von Neu-Deutsch wesentlich bestimmt: der Einfluss des Großen Bruders Sowjetunion, die hausgemachten Entwicklungen in Richtung »Real existierender Sozialismus« und das offenbar unbändige Bedürfnis der Partei- und Staatsführung, alles und jedes in eine Abkürzung zu pressen. Überflüssig zu sagen, dass die humorbegabten DDR-Bürger derlei Erscheinungen des glorreichen sozialistischen Alltags mit kesser Lippe kommentierten.

Damit der Wessi versteht, was der Ossi sagt, nachfolgend ein Grundkurs in DDR-Deutsch. Es ist nebenbei auch eine Einführung in die Alltagsgeschichte der

Menschen jenseits der Elbe, die vielen Alt-Bundesrepublikanern kaum oder gar nicht bekannt ist.
Wer in der DDR lebte, konnte oder musste damit rechnen, dass sich der Staat von der Wiege bis zur Bahre um ihn kümmerte. Vor allem die Sorge um den Nachwuchs stand ganz oben. Damit er kam, erhielten Paare bei der Eheschließung ein zinsloses Darlehen, das dann durch die Geburt von Kindern gemindert oder getilgt wurde. Der Volksmund nannte das *den Kredit abkindern*. Für jene Genossinnen und Genossen, die noch keinen Nachwuchs oder keinen Nachwuchs mehr haben wollten, stellte die heimische Gummiwarenindustrie *Mondos* her, im Volksmund wegen ihres Preises auch *Gummifuffziger* genannt.
Waren die lieben Kleinen da, kamen sie in die KiKo oder *Kinderkombination*. Darum handelte es sich, wenn Kinderkrippe und Kindergarten in einem Gebäudekomplex untergebracht waren. Später besuchten die dann je nach Begabung die zehnstufige POS oder *Polytechnische Oberschule*, die EOS oder *Erweiterte Oberschule* mit Abschluss Abitur oder auch die KJS, das heißt die *Kinder- und Jugend-Sportschule* für künftige Leistungsathleten.
Diese konnten dann auf den *Spartakiaden*, also Wettbewerben unterschiedlicher Ebenen, ihre Talente zeigen. Höhepunkte waren die Turn- und Sportfeste der DDR, die von 1954 bis 1987 achtmal in Leipzig stattfanden.
Neben den Fächern, mit denen auch westdeutsche Schüler erfreut oder gequält wurden, gab es unter anderem ESP oder *Einführung in die sozialistische Pro-*

duktion. Dabei handelte es sich um Wirtschaftslehre, Technische Physik und Technisches Zeichnen. Zusammen mit PA (*Produktive Arbeit*) gehörte es zum vierzehntägig stattfindenden UTP (*Unterricht in der Technischen Produktion*).

Technisch oder wissenschaftlich besonders Pfiffige konnten auf der *Messe der Meister von Morgen* zeigen, was sie in Sachen »Jugend forscht« vorzuweisen hatten. Nach sowjetischem Vorbild wurden vor allem in der Frühzeit der Republik ABF oder *Arbeiter-und-Bauern-Fakultät*en gegründet. Dort erlangten die Kinder aus diesen sozialen Gruppen die Hochschulreife.

Auch die politische Erziehung, oder was die Parteiführung darunter verstand, kam nicht zu kurz. Die ganz jungen Bürger wurden zu den *Jungen Pionieren* (sechs bis zehn Jahre), später zu den *Thälmann-Pionieren* (zehn bis 14 Jahre), die sich unter Führung der PiLeis oder *Pionierleiter* an Pioniernachmittagen im Pionierhaus trafen. Ihr Gruß lautete – die bürgerlichen Pfadfinder lassen grüßen – »*Für Frieden und Sozialismus – seid bereit! – Immer bereit!*«. Die etwas Älteren traten der *Freien Deutschen Jugend* (14 bis etwa 27 Jahre) bei, die sich sozialistisch-knapp mit »*Freundschaft!*« begrüßten. In den Händen der Jugendlichen lag auch größtenteils die Sammlung von Sekundärrohstoffen (Sero), also wieder verwertbare Abfälle und Verpackungen aus Altpapier und Glas. Hier war die DDR dem »Grünen Punkt« in Westdeutschland um Jahre voraus.

Neben der Jugend wurden auch erwachsene Genossen für die *Mach-mit–Bewegung* mobilisiert. In Bayern ist so etwas unter dem Namen Ramadama bekannt. Es handelt sich um gemeinsame Arbeitseinsätze von Hausgemeinschaften oder anderen Kollektiven, um öffentliche Anlagen oder Straßen von Unrat zu befreien.

Nach der Schule waren die jungen Männer dann »bei der Fahne«, das heißt bei der Nationalen Volksarmee (NVA). Anschließend traten sie ins Berufsleben ein. Dies konnte ein VEB, also Volkseigener Betrieb, oder auch eine LPG, das heißt eine Landwirtschaftliche Produktionsgenossenschaft sein. Der Volksmund übertrug das Kürzel VEB gerne auf andere Arbeitgeber. So hieß die NVA auch *VEB Gleichschritt*, das Ministerium für Staatssicherheit (Stasi) *VEB Horch und Guck* oder schlicht *Firma*. Die Mitarbeiter der Firma nannten sich selbst gelegentlich *Tschekisten*, nach der Mutter aller kommunistischen Geheimdienste, der sowjetischen Tscheka.

In den sozialistischen Betrieben gab es dann Brigaden und Kollektive, es gab den aus dem Englischen über das Russische übernommenen *Dispatcher* (Koordinator) und den Neuerer, der Vorschläge für verbesserte Produktionsmethoden und zur Kosteneinsparung einbrachte. Lief in der Wirtschaft nicht alles so, wie der Plan es vorsah, musste zur *Mobilisierung von Reserven* gegriffen werden. Eines der Mittel hierfür war der aus der UdSSR übernommene *Subbotnik*, also ein (angeblich!) freiwilliger und (tatsächlich!) unbezahlter Arbeitseinsatz am Samstag (russisch: subbota). Dem Vernehmen nach war die Effizienz solchen Engagements allerdings eher bescheiden.

Wer ein braver und zuverlässiger Genosse war und darüber hinaus noch Funktionär, Wissenschaftler, Künstler oder Sportler, der gehörte zum *Reisekader*. Dies bedeutete, dass er regelmäßig ins Ausland reisen durfte. Dabei wurde aber zwischen zwei Arten von Ausland unterschieden: dem *Nicht-Sozialistischen Wirtschaftsgebiet* (NSW, kapitalistische Welt) und dem *Sozialistischem Wirtschaftsgebiet* (SW, kommunistische Bruderstaaten).

Es sind vor allem die Bezeichnungen für Dinge des DDR-Alltags, die der Wessi nicht einmal dem Namen nach kennt. So gab es *Grilletta*, eine Art sozialistischer Hamburger, und *Ketwurst*, die ostdeutsche Version des Hotdog. Italienischen Anregungen folgend, wurde auch so etwas wie Pizza angeboten, das aber *Krusta* hieß. Zu essen gab es auch den *Delikatesshering*, auch *Delihering* genannt. Es handelte sich dabei eigentlich um einen ganz profanen Bismarckhering. Da aber der Eiserne Kanzler und ostelbische Junker nicht in das Weltbild des Arbeiter- und Bauernstaates passte, musste sich der Fisch eine Umbenennung gefallen lassen.

Als zu Beginn der achtziger Jahre die Devisen für Kaffeeimporte knapp wurden, kam *Kaffee-Mix* in die Läden. Die Mischung bestand laut Eigenauskunft auf der Packung immerhin aus 50 Prozent Bohnenkaffee. Die Bevölkerung taufte das Getränk denn auch »Erichs Krönung«. Daneben gab es auch fertig gemahlenen Kaffee names *Mocca-Fix*, der stolze 70 (Ost-)Mark pro Kilo kostete.

In der *Kaufhalle*, im *HO* (Einzelhandelsgeschäft der

staatlichen Handelsorganisation) oder in den *Früh-und-Spät-Verkaufsstellen* standen so genannte *Tempoerbsen*, *Tempobohnen* und *Tempolinsen* in den Regalen. Dies waren vorbehandelte Hülsenfrüchte, die schneller garten als ihre naturbelassenen Artgenossen. Daneben standen *Kochklopse* oder *Kapernklopse*, die eigentlich Königsberger Klopse waren. Sie aber weiterhin so zu nennen, hätte zu sehr nach Revanchismus geklungen – Königsberg war mittlerweile zur sowjetischen Stadt Kaliningrad geworden.

Allerdings klappte die Versorgung der werktätigen Bevölkerung nicht immer so, wie sich das die führenden Genossen vorstellten. Es herrschte so genannte *Bedarfsunterdeckung*, man könnte auch sagen Warenmangel. Manchmal gab es nicht einmal *Bückware*, also Dinge, die nur durch Bücken einer wohl wollenden Verkäuferin unter den Ladentisch zu erhalten waren.

Wer dann großzügige Verwandte im Westen hatte, den musste das nicht unbedingt stören. Denn die DDR verfügte – neben *Interhotels* und *Intertank* – über *Intershops*, wo es vieles gab, was in den normalen Geschäften nicht zu finden war. Ein kleiner Schönheitsfehler dieser *Uwubus*, also *Ulbrichts Wucherbuden*, bestand darin, dass hier mit den Währungen des kapitalistischen Klassenfeindes bezahlt werden musste. Wer *blaue Fliesen* zücken konnte, wurde bedient. Dabei handelte es sich nicht um irgendwelche Keramikteile, sondern – in Anlehnung an die früheren Hundert (-D-)Mark-Scheine – um Westgeld.

Jene DDR-Bewohner, die nur über *Kosakendollars* (DDRisch für Ost-Mark) verfügten, davon aber genug hatten, konnten seit Ende der siebziger Jahre in den *Delikat-Laden,* kurz auch *Deli* oder *Fress-Ex* genannt, heimische Nahrungs- und Genussmittel erstehen. Deren Qualität war gut, sodass sie gewöhnlich in den Export gingen. Deshalb waren sie auch deutlich teuerer als die Waren in der Kaufhalle oder im HO. Für Kleidung oder Kosmetika der gehobenen Kategorie und der gehobenen Preise ging der betuchte Genosse ins *Exquisit,* auch *Ex-Laden* oder *Ex* genannt.

Ein Dauerthema in der DDR war die unverbrüchliche Freundschaft zur UdSSR und die Anwesenheit von einigen hunderttausend Soldaten der sowjetischen Armee. Ihr kyrillisches Kürzel CA wurde im Volksmund auch als *C&A*, als *Camping Allemagne* oder als *Circus Aljoscha* interpretiert. Die Armeeangehörigen hießen *Kolja* oder *Towarischtsch*, Genosse. Auch die Sprache wurde vom Großen Bruder beeinflusst. Ein Beispiel dafür ist der *Zootechniker*, der mit einem Tiergarten überhaupt nichts zu tun hat. Es ist die »Verdeutschung« des russischen »zootechnik«, also eines Facharbeiters für Nutztierhaltung. Der derzeit prominenteste Vertreter dieser Zunft ist Gregor Gysi, der später Jura studierte und Rechtsanwalt wurde.

Auch das gespannte Verhältnis zur anderen deutschen Republik schlug sich im Wortschatz nieder. Man hatte *drüben* vielleicht Verwandte, die früher *rübergemacht* hatten. Für die, die geblieben waren, gab es den Westen fast nur in Form von Fernsehübertragungen. Diese wurden angesichts der journalistischen Qualität der eigenen Programme äußerst interessiert verfolgt. Wer konnte, stellte sich eine *Ochsenkopfantenne* aufs Haus-

dach – damit konnte er den Sender auf dem gleichnamigen Berg des Fichtelgebirges empfangen.
Schlecht dran war der Großraum Dresden. Hier sorgte die schiere Entfernung von westdeutschen Sendern dafür, dass die Menschen im *Tal der Ahnungslosen* (es gab auch rüdere Bezeichnungen) nur Zugriff zu den hausgemachten Kanälen hatten. ZDF-ARD wurde denn auch mit *Zentrales Deutsches Fernsehen – Außer Raum Dresden* dechiffriert.
Die Unvollkommenheiten des real-sozialistischen Lebens wurden meist hingenommen, allerdings nicht ohne Kommentar. Das fing an bei aller Deutschen liebstes Kind, dem Auto. In der DDR war die Auswahl nicht sonderlich groß. Für den gemeinen Bürger kam ohnehin nur der Trabant in Frage, im Volksmund auch *Gehhilfe* oder *Rennpappe* genannt. Auch sonstige Errungenschaften der Republik stießen nicht unbedingt auf ungeteilte Begeisterung.
So mutierte der Palast der Republik in (Ost-)Berlin wegen seiner üppigen Ausstattung mit Leuchtkörpern zu *Erichs Lampenladen* oder – sächsisch ausgesprochen – zum *Ballast der Republik.* Der Fernsehturm hieß *Ulbrichts Bulettenspieß* oder auch die *Rache des Papstes* – durch die Form des Gebäudes wird das Sonnenlicht in Kreuzform reflektiert.
Auch andere Städte und ihre Einrichtungen blieben vor dem Spott ihrer Bewohner nicht verschont. So gab es in Leipzig eine *Adolf-Südknecht-Straße*, eine Kombination aus ihrem aktuellen Namensgeber Karl Liebknecht, dessen »Vorgänger« Adolf Hitler und der ursprünglichen Benennung Südstraße.

In Dresden hieß das Lenin-Monument am heutigen Wiener Platz das *Denkmal des letzten Straßenbahnschaffners* – wegen der Schildmütze, die der UdSSR-Gründer zu tragen pflegte. Das Rundkino an der Prager Straße wurde *Papierkorb* oder *Elefantenklo* genannt.

Auch die offiziellen Abkürzungen erfuhren im Volksmund unterschiedliche Interpretationen. So wurde aus der DDR schließlich *Der Doofe Rest* (der nicht Geflüchteten), *Deutscher Distrikt Russland* oder *Dawaj, Dawaj, Rabotaj* (russisch für: »Los, los – arbeite!«). Die teueren *Delikat*-Läden bedeuteten »Dein Einkommen langt im Kommunismus acht Tage«. Für die Sozialistische Einheitspartei SED erfand man die alternative Aufschlüsselung *Sehen-Einstecken-Delegieren* oder *Saarländischer Emigrierter Dachdecker* – eine Anspielung auf Erich Honecker, seinen Geburtsort und seinen ursprünglichen Beruf. Der einstige Parteichef kam auch beim Kürzel VEB für *Volkseigener Betrieb* zu Ehren: *Von Erich beschlagnahmt.*

Auch die auf *Sichtelementen* (westdeutsch: Plakat, Werbetafel) allgegenwärtigen Losungen wurden durch den Kakao gezogen. So lauteten fiktive Aufschriften an einem Sanatorium für Nervenkranke: *Alles, was wir sind, sind wir durch die Partei!* An der Artillerieschule war auf dem Plakat neben einer großkalibrigen Kanone der Slogan zu lesen: *Unser Ziel – der Kommunismus!* Und das städtische Zirkuszelt schmückte ein Schild: *40 Jahre DDR – 40 Jahre sozialistischer Zirkus!*

Eine Losung, die über vier Jahrzehnte überall im Lande zu lesen war, wurde schließlich wahrer, als der Partei- und Staatsführung lieb sein konnte: *Von der Sowjetunion lernen heißt siegen lernen!* Im November 1989, einen Monat nach der Vierzig-Jahr-Feier der DDR, war es so weit. Die Bürger ließen sich von der Glasnost und der Perestroika des Michail Gorbatschow anstecken. Die Mauer fiel um, die Menschen in Ost und West fielen sich in die Arme. *Deutschland – einig Vaterland* wurde zur Realität.

Der rote Kranich

Die Lufthansa-Ost

Mitbürger, die die ehemalige Deutsche Demokratische Republik noch bewusst erlebt oder wahrgenommen haben, kennen die Fluggesellschaft unter dem Namen Interflug. Aber diese Bezeichnung war gewissermaßen zweite Wahl. Denn das DDR-Unternehmen trug nahezu ein Jahrzehnt den gleichen Namen wie seine »kapitalistische« Schwester im Westen – Lufthansa. Der Aufstieg und die unsanfte Landung des »roten Kranichs« hängen eng mit der deutsch-deutschen Nachkriegsgeschichte zusammen.

Die Ur-Mutter des deutschen Luftverfrachters war die »Deutsche Luft Hansa Aktiengesellschaft«, gegründet 1926 aus einer Fusion der Deutschen Aero Lloyd mit der Junkers Luftverkehr und mit Sitz in Berlin. Nach einer stürmischen Phase in den späten zwanziger und während der dreißiger Jahre machte der Zweite Weltkrieg dem Unternehmen vorübergehend ein Ende. Im März 1945 wurde der letzte Flugplan aufgestellt, einen Monat später startete der letzte Flug der »alten« Lufthansa von Berlin-Tempelhof nach Warnemünde. Die Fluggesellschaft wurde liquidiert.

Aber nicht für lange. Bereits 1953 betrieb die Bundesregierung unter Konrad Adenauer die Gründung der LUFTAG, der Aktiengesellschaft für Luftverkehrsbedarf, vier Lockheed Super Constellation wurden geordert. Ein Jahr später, im August 1954, wurde der Name der Gesellschaft in »Deutsche Lufthansa AG« geändert. Sie übernahm das Firmenzeichen sowie die Flagge der Vorkriegs-Lufthansa und wurde 1955 Mitglied der International Air Transport Association (IATA).

Auch der erste deutsche »Arbeiter- und Bauernstaat« brauchte eine Airline. So wurde am 30. Juni 1955 die Deutsche Lufthansa der DDR AG (sowjetischen Rechts) gegründet und bald in eine Gesellschaft mit begrenzter Haftung (GmbH) umgewandelt.

Ein Problem der neuen Linie bestand darin, geeignete Flughäfen in der Nähe von Ost-Berlin zu finden. Denn entweder wurden sie von der Besatzungsmacht Sowjetunion als Militärflughäfen genutzt, oder sie unterlagen als Teil von Berlin der Vier-Mächte-Autorität der alliierten Siegermächte USA, Großbritannien, Frankreich und UdSSR. So wurde mit Moskau vereinbart, einen Teil von Berlin-Schönefeld in einen zivilen Airport umzuwandeln. Das Gelände lag jenseits der Ber-

liner Stadtgrenzen und somit außerhalb des alliierten Zugriffs.
Der erste offizielle Flug erfolgte im September 1955 – natürlich nach Moskau. Zunächst war die Lufthansa-Ost nicht viel mehr als ein Flugdienst der DDR-Führung. Aber ab Februar 1956 wurde der Linienverkehr aufgenommen. Der Fahrzeugpark des Volkseigenen Betriebes war eher bescheiden. Standardflugzeug war von Anfang an bis 1966 die zweimotorige Iljuschin IL-14, für Inlandsflüge wurde auch die Antonow AN-2 eingesetzt.
Die friedliche Koexistenz zweier Fluggesellschaften hielt nicht lange an. Die Legende sagt, dass der erste Chef von Lufthansa-West, Hans M. Bongers, dereinst in Wien jeweils ein Exemplar einer DDR-Iljuschin und einer westdeutschen Convair in trauter Zwietracht nebeneinander stehen sah. Dies brachte ihn so in Wut, dass er beim Europäischen Gerichtshof in Den Haag Klage erheben ließ. Dort wurde 1963 entschieden, dass die Namensgleichheit der beiden Fluggesellschaften unzulässig sei und dass die DDR ihre Airline umzubenennen habe. Dies geschah umgehend.
Bereits seit den späten fünfziger Jahren hatte die westdeutsche Lufthansa zu verhindern versucht, dass die DDR-Linie Mitglied der IATA und ähnlicher Organisationen wurde. Auch der Flugverkehr in das westliche Ausland erwies sich für die Ost-Lufthansa als schwierig, weil Überflug- und Landerechte gar nicht oder nur eingeschränkt gewährt wurden.
Jedenfalls wurde 1963 aus der Lufthansa (Ost) die Interflug. Als Namensgeber diente die 1958 gegründe-

te »Interflug GmbH«, die zunächst nur Charter und Messeflüge durchgeführt hatte. Dem Volk der DDR wurden wirtschaftliche Gründe für die Umbenennung angegeben.

Die »Interflug Gesellschaft für internationalen Luftverkehr mbH (IF)« nahm 1963 mit einer Flotte aus IL-14 und relativ modernen, viermotorigen IL-18 ihren Flugbetrieb auf. Daneben unterstanden ihr auch die Verwaltung der Flughäfen und Flugsicherung. In den Interflug-Farben lackiert, aber nicht zur Gesellschaft gehörend waren die Tupolew-Flugzeuge (TU-124) des Transport-Geschwaders 44. Es sorgte für den Lufttransport der DDR-Führung. Ebenfalls in Interflug-Aufmachung präsentierten sich die Maschinen der Flugbereitschaft des Ministeriums für Staatssicherheit.

Die Interflug baute ihre Präsenz in Europa und auf der Welt aus, dabei gleichermaßen den wirtschaftlichen wie den politischen Maßgaben folgend. Ab Ende der sechziger Jahre wurden Maschinen vom Typ Tupolew-134 und Iljuschin-62 erworben, die für Flüge nach Asien, Afrika und den Nahen Osten eingesetzt worden. In Europa wurden zunächst nur Wien, Amsterdam und Helsinki angeflogen. Im Zuge der Entspannungspolitik zwischen Ost und West gerieten immer mehr Flughäfen im »Nicht-Sozialistischen Wirtschaftsgebiet«, also im kapitalistischen Ausland, auf die Liste der Destinationen. Gleichzeitig lockte man immer stärker West-Passagiere mit billigen Charterflügen in populäre Urlaubsziele, um an die begehrten Devisen zu gelangen. Auf heimischem Boden war die Gesellschaft weni-

ger erfolgreich. Der Inlandverkehr, zuletzt mit Antonow-24 beflogen, wurde 1980 aufgrund dauerhafter Defizite eingestellt.
Über das Ende von Interflug gehen unterschiedliche Versionen um. Eine davon besagt, dass die Gesellschaft auch nach der Wiedervereinigung im Oktober 1990 eine Chance auf dem Markt der Luftverfrachtung gehabt hätte, wenn nicht notwendige Kredite gesperrt worden wären.
Wie auch immer: Das Unternehmen stellte mit einem Abschiedsflug von Wien nach Schönefeld im April 1991 seinen Flugbetrieb ein und ging in die Liquidation. Ihre Maschinen wurden Staatseigentum der Bundesrepublik und der Flugbereitschaft der Bundeswehr unterstellt. Darunter waren elf Iljuschin-62, 18 Tupolew-134A, acht Iljuschin-18 sowie die drei Airbus A310 aus dem Deal zwischen DDR-Chef Erich Honecker und dem bayerischen Ministerpräsidenten Franz-Josef Strauß im Jahr 1988. Mit der Gesellschaft wurden achttausend Mitarbeiter »abgewickelt«, auch ein Großteil der einst vierhundert Piloten musste sich nach neuen Arbeitsmöglichkeiten umsehen oder ging in Rente. Eine der wenigen Errungenschaften der DDR, worauf die meisten Bürger durchaus stolz waren, gehörte damit der Geschichte an.

Unsere unbekannten Urahnen

Die Kelten

Sie siedelten einst von Irland über das südliche Mitteleuropa bis weit auf den Balkan und in die jetzige Türkei hinein. Sie bestimmten über Jahrhunderte die Geschicke dessen, was heute Deutschland genannt wird. Unzählige Fluss-, Gebirgs- und Landschaftsnamen leiten sich von ihrer Sprache ab. Und doch kennen wir dieses Volk kaum. Am besten vertraut sind uns noch jene Vertreter, die es überhaupt nicht gab: die Einwohner eines kleinen tapferen Dorfes am äußersten Ende der Bretagne, die um 50 vor Christus tapfer und erfolgreich gegen die Truppen des Iulius Caesar fochten.

Die Rede ist von den Kelten, die zwischen 500 vor Christus bis etwa zur Zeitenwende das dominierende Volk in großen Teilen Europas und Deutschlands waren. Im vierten vorchristlichen Jahrhundert fielen sie in Italien ein. Ihr Feldherr Brennus bereitete den sonst so erfolgsgewohnten Römern mit der Belagerung ihrer Hauptstadt um 386 durchaus Kopfschmerzen.

Den Höhepunkt ihres Einflusses erreichten die Kelten gegen 200 vor Christus. Danach mussten sie den vordringenden Germanen, aber auch den gut organisierten römischen Legionen weichen. Dies hieß jedoch nicht, dass sie ihre angestammten Siedlungsgebiete komplett aufgegeben hätten. Eher kam es in weiten Gebieten und über viele Jahre zu einer ethnischen Vermischung mit Germanen und Römern.

Ob sich die Kelten europaweit selbst überhaupt als *ein* Volk ansahen, wird von den Historikern diskutiert. Sehr plausibel ist es nicht, dass ein Kelte aus dem Rheintal, ein Kelte aus Nordspanien und ein Kelte aus Ungarn sonderlich viele nationale Empfindungen füreinander und miteinander hegen sollten.

Im Deutschland der Neuzeit haben die Kelten nicht viel an öffentlicher Aufmerksamkeit gewonnen. Dies hängt einerseits mit dem Germanen-Fimmel zusammen, der bereits im 19. Jahrhundert unser Land erfasste und in den dreißiger Jahren des 20. Jahrhunderts mit dem »Arier«-Kult einen abstrusen Höhepunkt erreichte.

Es gibt aber noch einen zweiten Grund, warum wir die Kelten nicht kennen. Sie hinterließen kaum schriftliche Zeugnisse ihrer Kultur, Religion und Sprache. Was wir über sie wissen, ist über griechische und römische Quellen zu uns gekommen. Einige Forscher sind der Meinung, dass die Kelten darauf absichtlich verzichteten. Denn primitive Waldschrate waren unsere Vorfahren nicht.

So verraten archäologische Funde eine hoch entwickelte handwerkliche und künstlerische Fertigkeit. Sie waren im Fernhandel erfolgreich tätig, sie gründeten ihre *oppida*, also Städte. Dies verlangte einen hohen Organisationsgrad, der wohl doch eine Art von – untergegangener – Schriftlichkeit mit sich brachte. Kelten siedelten vor allem im Süden und Westen des heutigen Deutschlands, also in den heutigen Bundesländern Hessen, Rheinland-Pfalz, Saarland, Bayern und Baden-Württemberg.

Wenn man der Aufteilung dieses Volkes durch Caesar in seinem »Gallischen Krieg« folgt, dann kann man die westlichen Kelten (westlich des Rheins) als Gallier, die südlichen Kelten als Helvetier und die Kelten im Raume Trier/Eifel als Belger bezeichnen. Am Rande sei bemerkt, dass auch die Galater, die in der heutigen Türkei lebten und an die sich der Apostel Paulus mit seinen Briefen richtete, ursprünglich ein keltischer Stamm waren. Sie waren einst aus der Moselgegend zugewandert und hatten von dort wohl auch ihre Sprache mitgebracht.

In unseren Breiten begegnen wir den Resten der keltischen Sprache vor allem in Flussnamen. »Iller, Lech, Isar, Inn fließen zu der Donau hin« – alle genannten Gewässerbezeichnungen sind keltisch. Die Iser oder tschechisch Jizera in Böhmen, die Isar in Bayern und die Isère in Frankreich bedeuten alle drei dasselbe: »die Wilde«. Auch Rhein und Main, Rhône und Seine sind keltisch getauft.

Bei Ortschaften weisen die Endungen -ach, -ich, -ig sowie -magen auf ihre einstigen Bewohner hin. Zu den Städten gehören Breisach am Oberrhein ebenso wie Remagen bei Bonn. Auch Mainz und Bonn, Cham und Prien sind sprachlich gesehen keltisches Erbe.

Die Masse der Kelten waren Ackerbauer und Viehzüchter. Sie pflanzten Getreide wie Dinkel, Emmer, Gerste oder Hirse sowie Hülsenfrüchte wie Bohnen, Erbsen und Linsen. Auf ihrem Speisezettel standen auch Zwiebel, Kohl, Rettich, Rüben und Sellerie. Wichtigstes Haustier war das Rind, das Fleisch, Milch sowie Leder lieferte und daneben zur Feldarbeit eingesetzt wurde. Auch Schafe und Schweine wurden gezüchtet. Pferde waren eher ein Statussymbol und spielten bei bewaffneten Auseinandersetzungen eine Rolle. Hunde halfen bei der Jagd und bewachten die Herden.

Von Bedeutung war auch der Bergbau. Die Gewinnung von Salz ist eindeutig nachgewiesen. Ortsnamen mit dem Bestandteil *hall* wie Halle oder Reichenhall verweisen darauf. Das weiße Gold hat wahrscheinlich im Fernhandel eine wichtige Rolle gespielt. Hinzu kamen Zinn, Holz, Flachs und Stoffe als Exportgüter. Wahrscheinlich wurde auch Eisen verhüttet.

Regiert wurden die Kelten von Stammesfürsten, die die politischen und militärischen Führer waren. Bei einigen Stämmen gab es so etwas wie eine frühe Demokratie, bestimmte Ämter wurden durch Wahlen besetzt. Druiden spielten eine wichtige Rolle als Priester, aber auch als Lehrer, Ärzte, Richter und als Hüter der Tradition. Die mündliche Überlieferung besaß einen hohen Stellenwert. Ihre Ausbildung dauerte bis zu 20 Jahre, als Priester waren sie vom Kriegsdienst befreit.

Über die Religion der Kelten ist wegen der geringen Verbreitung oder Nutzung der Schrift wenig bekannt. Die Welt der Götter ist einigermaßen verwirrend, weil sie zum einen bei den verschiedenen Stämmen unterschiedliche Namen trugen und zweitens von den römischen Beobachtern an deren heimische Götter angepasst wurden. Wichtigster Vertreter im keltischen »Olymp« war Esus, laut Caesar Gott der Wege, Beschützer des Handels und Erfinder aller Künste.

Asterix-Lesern wohl bekannt ist Teutates, der unter anderem ein Kriegsgott war. Belenus war als Lichtgott für die Gesundheit zuständig und ein Pendant zum römischen Apollon. Taranis fungierte als Donnergott, Cernunnos als Gott der Fruchtbarkeit und des Reichtums. Auch die Damen waren vertreten. Die Götterkönigin hieß Rigani, für die Weiblichkeit war Ansotica zuständig, gewissermaßen eine keltische Venus.

Die Mythologie der Kelten hat auch in unser Jahrhundert Einzug gehalten. Moderne esoterische Bewegungen schmücken sich gerne mit dem Prädikat »keltisch«. Meist beinhaltet es eine innige Beziehung zur Natur, zu Wäldern, Bergen oder Gewässern. Dagegen ist eigentlich wenig einzuwenden. Allerdings haben derlei Philosophien mit dem Keltentum kaum etwas zu tun. Eine Religion ohne schriftliche Hinterlassenschaften hat den »Vorteil«, dass man alles Mögliche in sie hinein interpretieren kann.

Auch »keltische Musik« ist derzeit *en vogue.* Sie stammt allerdings nicht etwa aus der Zeit der keltischen Besiedlung Deutschlands, sondern besteht aus traditionellen Melodien aus Schottland, Irland und der Bretagne. Diese Länder sehen sich denn auch in einer Art Kultur-Nachfolge der alten Keltenreiche. Vonstatten kommt ihnen dabei, dass sich die insel-keltischen Sprachen wie das Irische oder das Gälische über die Jahrhunderte erhalten konnten.

Den Nachkommen der Festlandskelten, also uns Mitteleuropäern, bleibt in der Regel nicht viel mehr, als die beeindruckenden Ergebnisse archäologischer Tätigkeiten zu bewundern. In Sachen Kunstfertigkeit haben unsere Urahnen allerhand zu bieten.

Man spricht Deutsch

Aber wo?

Einhundert Millionen Menschen sprechen deutsch als ihre Muttersprache. Damit steht es auf Platz zehn der am meisten verbreiteten Sprachen des Erdballs. Der Löwenanteil der Germanophonen, rund 80 Millionen Menschen, hat seinen Wohnsitz in Deutschland, in Österreich leben weitere acht Millionen.

In der Bundesrepublik ist deutsch nach Paragraph 23 des Bundesverwaltungsverfahrensgesetzes als Amtssprache, nach Paragraph 5 des Beurkundungsgesetzes als Sprache für notarielle Urkunden und nach Paragraph 184 des Gerichtsverfassungsgesetzes als Gerichtssprache festgelegt. Besondere Regelungen gelten für die dänische Minderheit in Schleswig-Holstein sowie für die Sorben in Brandenburg und Sachsen.

Daneben ist Deutsch in weiteren acht europäischen Staaten, nämlich Belgien, Dänemark (mit Einschränkung), Italien, Liechtenstein, Luxemburg, Österreich, in der Schweiz sowie im Vatikan eine der offiziellen Amtssprachen. In der Europäischen Union ist es eine

von 21 Amtssprachen und eine von drei Arbeitssprachen.
In Österreich sprechen etwa 98 Prozent der Bevölkerung deutsch, vielfach in einem der »landesüblichen« bairischen oder alemannischen Dialekte. Es gibt eine Reihe von Abweichungen vom »deutschen« Deutsch, etwa im Wortschatz. Laut Bundes-Verfassungsgesetz ist das Deutsche, unbeschadet der den sprachlichen Minderheiten eingeräumten Rechte, die Staatssprache der Republik.
Darüber hinaus sind Burgenland-Kroatisch und Slowenisch zusätzliche Amtssprachen in den Verwaltungs- und Gerichtsbezirken der Steiermark, des Burgenlandes und Kärntens mit kroatischer oder slowenischer bzw. gemischter Bevölkerung. In einigen Gemeinden des Burgenlandes ist Ungarisch neben Deutsch gleichberechtigte Amtssprache. Diese Minderheiten haben Anspruch auf muttersprachlichen Schulunterricht.
Anders sieht die Situation in der Schweiz aus. Hier sprechen zwei Drittel der Eidgenossen deutsch – meist in seiner schweizerischen Variante. Die Bundesverfassung sagt dazu: »Die Landessprachen sind Deutsch, Französisch, Italienisch und Rätoromanisch … Die Amtssprachen des Bundes sind Deutsch, Französisch und Italienisch. Im Verkehr mit Personen rätoromanischer Sprache ist auch das Rätoromanische Amtssprache des Bundes«.
Allerdings: Viersprachig ist nur der Bundesstaat Schweiz. In den meisten Kantonen besteht nur eine Amtssprache. Auch Zuzügler aus anderssprachigen

Landesteilen haben keinen Anspruch darauf, in ihrer Sprache mit den Behörden zu verkehren. In 17 von insgesamt 26 Kantonen ist daher Deutsch die einzige Amtssprache. Ein Fünftel der Schweizer spricht französisch, weitere sieben Prozent sprechen italienisch. Rätoromanisch wird von weniger als einem Prozent gesprochen, vorrangig in Graubünden.

Die 35 000 Untertanen Liechtensteins sprechen »im Prinzip« deutsch, sehr oft aber den heimischen alemannischen Dialekt. Der Fürstentum ist der einzige Staat der Welt, in dem Deutsch die alleingültige Amtssprache ist.

In Luxemburg mit seiner halben Million Einwohner ist die Sprachensituation recht kompliziert. Die Muttersprache fast aller Einheimischen ist Luxemburgisch (»Lëtzebuergesch«), eine moselfränkische Sprache, die die einzige Nationalsprache und eine der drei Amtssprachen ist und im ganzen Land gesprochen wird. Legislativsprache und zweite Amtssprache ist das Französische, in dem auch die Gesetzestexte abgefasst sind. Deutsch ist die dritte Amtssprache und besitzt als Presse- und Literatursprache nach wie vor einen hohen Stellenwert.

Belgien mit seinen 10,5 Millionen Bürgern besitzt drei Amtssprachen. Flämisch-Niederländisch wird von 56 Prozent, Wallonisch-Französisch von 32 Prozent der Bevölkerung gesprochen. Deutsch ist die Muttersprache von knapp 75 000 Belgiern, vor allem im Osten des Landes. In den Kantonen Eupen und Sankt Vith ist es die alleinige Amtssprache. Die deutschsprachigen Belgier verfügen zur Vertretung ihrer Interessen über ein

25-köpfiges Parlament (»Parlament der Deutschsprachigen Gemeinschaft Belgiens«) und eine vierköpfige Regierung unter Ministerpräsident Karl-Heinz Lambertz.

Im Königreich Dänemark mit 5,5 Millionen Einwohnern sprechen rund 20000 Menschen Deutsch. Amtssprachen sind neben Dänisch auch Färöisch (auf den Färöer-Inseln) und die Eskimosprache Kalaallisut auf Grönland. Das Deutsche ist in Nordschleswig (Sønderjylland) nicht offizielle, aber eine Art Quasi-Amtssprache. So existieren dort die meisten Ortsnamen in einer dänischen und einer deutschen Version.

Im italienischen Südtirol (Autonome Provinz Bozen-Südtirol, Alto Adige) hat das Deutsche den Charakter einer regionalen Amtssprache, neben der gesamtnationalen Amtssprache Italienisch. Von den rund 500000 Bewohnern der Provinz sprechen etwa 70 Prozent deutsch in seiner südbairisch-dialektalen Form.

Von den rund 1000 Menschen, die im Staat Vatikanstadt (so die offizielle deutsche Bezeichnung) leben, besitzen rund 550 die vatikanische Staatsbürgerschaft. Darunter befinden sich etwa 100 Angehörige der Schweizergarde, die sie lediglich auf Zeit besitzen. Neben Latein und Italienisch ist Deutsch eine der drei Amtssprachen sowie – mit dem Italienischen – die Kommandosprache der Garde.

Frankreich erlaubt sich und seinen Bürgern nur eine einzige Amtssprache: das Französische. An – nichtoffiziellen – Minderheitensprachen existiert unter anderem neben dem Bretonischen, dem Baskischen, dem Katalanischen, dem Korsischen und dem Okzitanischen auch das Deutsche in der Form des Elsässerdeutsch oder Elsässisch. Es handelt sich hierbei um die im Elsass gesprochenen alemannischen Dialekte. Hinzu kommt noch das im nördlichsten Teil der Region gesprochene Pfälzisch.

Nach einer Untersuchung aus dem Jahr 2001 erklärten sich rund 60 Prozent der Bevölkerung von insgesamt 1,7 Millionen als elsässisch sprechend. Dies wären etwa 1,1 Millionen Menschen. Das in Strassburg ansässige »Amt für Sprache und Kultur im Elsass« (Office pour la Langue et Culture d'Alsace, OLCA) spricht von 600 000 Mundartsprechern.

Dabei herrscht ein starkes Gefälle zwischen Stadt und Land sowie zwischen Alt und Jung. Nur noch ein Viertel aller Jugendlichen beherrscht diesen Dialekt, bei Schulanfängern sind es noch deutlich weniger. Der Dialekt hat sich vor allem im Norden und Nordwesten der Region, also im Unter-Elsass erhalten, und zwar bei bäuerlicher Umgebung und in Berufen mit viel Publikumsverkehr.

Nach eigenen Beobachtungen unterstützen die zunehmend enger werdenden Beziehungen zwischen französischen und deutschen Unternehmen und Institutionen die Zweisprachigkeit der Elsässer. Auch junge Leute interessieren sich aus beruflichen Gründen wieder für den Dialekt ihrer Altvorderen, der ihnen den Kontakt mit Deutschland erleichtert.

Die Situation ist also zwiespältig. Einerseits stirbt die ursprüngliche Beherrschung des Elsässischen zusammen mit seinen Sprechern aus. Andererseits fördern die Wirtschaftsbeziehungen zwischen dem Elsass einerseits und den deutschen Regionen jenseits der Grenze, aber auch zur deutschsprachigen Schweiz, den Erwerb des Deutschen. Ähnlich wie auch in vielen Gebieten in Deutschland stirbt hier ein Dialekt zugunsten der Hochsprache. Ob die Zweisprachigkeit – französisch und elsässisch – von Orts- und Straßenschildern daran dauerhaft viel ändert, ist fraglich.

Die deutschsprachigen Gemeinden in Südosteuropa und Ostmitteleuropa sind mittlerweile auf einen Bruchteil ihrer Größe geschrumpft – und mit ihnen ihre Mundarten. So lebten vor dem Zweiten Weltkrieg in Rumänien etwa eine Viertelmillion Deutsche, zum Zeitpunkt des Sturzes des kommunistischen Diktators Nicolae Ceauşescu immerhin noch 95 000. Von ihnen sind bis Ende 1992 etwa 75 000 emigriert. Es ist abzusehen, wann die Deutschen durch Überalterung und weitere Abwanderung irgendwann ganz verschwunden sein werden.

Noch stärker vertreten, aber ähnlich perspektivenlos sieht es mit den Deutschen in Ungarn aus. Offiziell beträgt ihre Zahl zwischen 140 000 und 200 000. Aber selbst der Minderheitenbeauftragte in Budapest charakterisiert ihre Lage so: Gesellschaftlich und sprachlich weitgehend assimiliert, in keinem geschlossenen Siedlungsgebiet lebend, zahlenmäßig klein, kein ausgeprägtes Identitätsbewusstsein. Zwar gibt es im Lande der Magyaren viele Orte mit ungarndeutscher Minderheiten-Selbstverwaltung. Dennoch hält die Zuwanderung nach Deutschland an.

In der Slowakei leben noch rund 10 000 Deutsche. Zwar besteht besonders seit der Wende in Ostmitteleuropa die Möglichkeit einer ungestörten Traditionspflege, aber vor allem die jüngere und mittlere Generation ist weitgehend assimiliert. Prominentester Angehöriger dieser Volksgruppe ist der frühere slowakische Präsident Rudolf Schuster. Einem ähnlichen Assimilationsdruck unterliegen die 40 000 und 50 000 Deutschen im benachbarten Tschechien und die 150 000 Angehörigen – so die Volkszählung von 2002 – der deutschen Minderheit in Polen.

In Russland startete 1992 der Versuch einer Renaissance der Deutschen in den sibirischen Regionen Omsk (Omskaja Oblast) und Altaj (Altajskij Kraj). Dort wurden damals die Deutschen Nationalen Kreise Asowo bzw. Halbstadt gegründet. Damit sollte den Emigrationswünschen der Russland-Deutschen entgegengewirkt werden, die deutsche Regierung unterstützte dieses Projekt. Mittlerweile sind jedoch die meisten der damaligen Bewohner in die Bundesrepublik ausgewandert. Sie wurden durch andere Russlanddeutsche, meist aus Kasachstan, ersetzt, die aber offenbar auch auf dem »Sprung nach Westen« sind.

Relativ stabil präsentiert sich die deutsche Sprache im fernen Namibia, zu Kaisers Zeiten Deutsch-Südwestafrika geheißen. Damals, von 1884 bis 1915, war Deutsch die einzige Amtssprache der Kolonie. Dies änderte sich mit der südafrikanischen Besatzung während des Ersten Weltkriegs, danach wurden Englisch und Afrikaans Amtssprachen. 1984 wurde Deutsch, dem Wunsch vieler Siedler entsprechend, doch noch zusätzliche Amtssprache – aber nur bis zur Unabhängigkeit Namibias im Jahre 1990.

In der deutschsprachigen Bevölkerung war der Wunsch nach Erhebung des Deutschen zur Amtssprache zu allen Zeiten lebendig. Die amtliche Ablehnung wurde damit begründet, dass ein solcher Schritt eine Kluft zur Südafrikanischen Union bewirken würde, und dass er von den anderssprachigen (weißen) Bewohnern Südafrikas abgelehnt werde. Von den zwei Millionen Einwohnern des Landes sprechen derzeit etwa 30 000 deutsch als Muttersprache, rund eine halbe Million benutzen es als Verkehrssprache.

Eine Bastion der deutschen Sprache, die noch stabil, aber trotzdem bedroht ist, bildet das so genannte Pennsylvania-Dutch in den Vereinigten Staaten. Mit *Dutch* im Sinne von Niederländisch hat sie nichts zu tun. Diese stark pfälzisch beeinflusste Mundart kam mit den deutschen Einwanderern des 18. Jahrhunderts in die Neue Welt. Bereits um 1775 kam es zu einer überregionalen Angleichung all der fränkischen, alemannischen oder bairischen Dialekte, *Pennsilveni-Deitsch* etablierte sich als eine Art von einheitlicher Sprache. Allerdings verlor der Dialekt bereits gegen Mitte des 19. Jahrhunderts an Bedeutung, als sich im Osten der USA immer stärker Englisch als Schul- und Verkehrssprache durchsetzte.

Derzeit wird Pennsylvania Dutch vor allem in den Bundesstaaten Pennsylvania, Ohio und Indiana von 100 000 bis 250 000 Menschen gesprochen. Hauptträger sind religiöse Gemeinschaften der Amish People (Amischen) und von traditionellen Mennoniten. Sie sprechen untereinander fast ausschließlich diese Mundart. Der Gottesdienst der *Older Order Amish* wird in *Amish High German* gehalten, einer Mischung aus Bibelhochdeutsch und Pennsylvania Dutch. Nur relativ wenige Vertreter dieser Gemeinschaft können Hochdeutsch lesen oder sprechen. Wegen der abgeschlossenen Gemeinden und der hohen Kinderzahl wird sich Pennsylvania Dutch wohl noch längere Zeit halten, auch wenn immer mehr englische Lehnwörter eindringen.

Die deutsche Sprache ist außerhalb von Deutschland, Österreich, der Schweiz und Liechtenstein sowie einiger »Sprachinseln« wie Südtirol, Elsass, Namibia oder »Amish Country« stark bedroht. Vor allem Ostmitteleuropa, Südosteuropa und die Gebiete der ehemaligen Sowjetunion haben ihre einst zahlreichen deutschen und deutschsprachigen Gemeinschaften verloren, die dort seit Jahrhunderten lebten.

Rettung kommt gewissermaßen aus einer anderen Ecke: Immer mehr junge Polen, Ungarn oder Russen ohne jegliche deutsche Wurzeln lernen Deutsch als Fremdsprache. Es hat vom Baltikum bis zum Balkan an Popularität gewonnen und wird nur von der Weltsprache Englisch übertroffen. Nach Erhebungen lernen oder beherrschen viereinhalb Millionen Russen, mehr als zwei Millionen Polen, anderthalb Millionen Franzosen und 800 000 Tschechen die deutsche Sprache. Und wem dies als Beweis für deren »Zukunftsfähigkeit« nicht ausreicht: Mehr als acht Prozent aller Internet-Seiten sind auf Deutsch – mit großem Abstand nach den dominanten 50 Prozent englischsprachiger *sites*, aber weit vor französisch, spanisch, japanisch oder chinesisch.

Die offensichtliche Attraktivität der deutschen Sprache in Europa und auf der Welt ist nicht nur eine erfreuliche kulturelle Erscheinung. Es ist auch ein Wettbewerbsvorteil ersten Ranges: Man macht lieber und einfacher Geschäfte mit einem Partner, mit dem man sich versteht. Begrüßenswert ist, wenn Politik und Wirtschaft dies mit der Unterstützung entsprechender Programme fördern.

Unser liebstes Leder

Die Frühgeschichte des deutschen Fußballs

Der »Verein« hat sechs Millionen Mitglieder und damit mehr als vier Mal so viel wie alle deutschen Parteien zusammen. Seine Repräsentanten lassen an jedem Samstag und Sonntag und gelegentlich auch unter der Woche die Republik zittern oder erzittern. Seine Arbeit bewegt die Menschen in Deutschland mehr als ein Bundestagswahlkampf, eine blutrünstige Shakespeare-Inszenierung am Theater oder die Lebensbeichte einer heimischen Musikgröße.

Die Rede ist vom Deutschen Fußball-Bund (DFB), gegründet im Januar 1900 in Leipzig und immer noch quicklebendig. Vor allem die ersten 50 Jahre spiegeln die Ups und Downs einer neuen Sportart wider, aber

auch die Verbindung mit ihrem politischen und gesellschaftlichen Umfeld.
Schon in den Jahrzehnten vor der Gründung war im deutschen Kaiserreich mehr oder minder regelgemäß gegen das runde Leder getreten worden. Auch sieben Landesverbände hatten sich schon etabliert, einschließlich des *Baltischen Rasen- und Wintersport-Verbandes*. Zunächst durften auch Vereine der benachbarten Habsburgermonarchie mitkicken. So kam es, dass einst Fußballer aus Prag bei deutschen Meisterschaften antraten.
Urmutter des Fußballs ist England. Dort wurde bereits 1857 mit dem *Football Club Sheffield* der allererste Verein der Welt gegründet. Sechs Jahre später trafen sich die Vertreter von 14 englischen Vereinen stilgerecht in einer Kneipe, riefen die *Football Association* ins Leben und stellten verbindliche Regeln auf.
Als ältester deutscher Klub, in dem ausschließlich Fußball gespielt wurde, gilt der *Berliner FC Germania 1888*. Vorher war 1878 am Braunschweiger *Gymnasium Martino-Catharineum* der erste Schüler-Fußballclub gegründet worden. In den Folgejahren entstanden in vielen bereits bestehenden Turn- und Sportvereinen des Kaiserreichs Fußballabteilungen.
Eine Art Ur-Länderspiel der Deutschen fand 1899 statt, und zwar ausgerechnet gegen Mannschaften Englands. Die Ergebnisse waren dementsprechend – nämlich eindeutig. Die deutschen Kicker wurden sowohl zu Hause als auch auf der Insel mit Ergebnissen in der Größenordnung von zwei zu dreizehn oder zwölf zu null weggeputzt. Eine der Ursachen war die

mehr oder minder zufällige Zusammenstellung der Spieler, auch fehlte dem neuen Sport eine reichsweite Struktur.

Jedenfalls wurde es um die Jahrhundertwende Zeit für eine »gesamtdeutsche« Lösung im Fußball des Kaiserreichs. Der Gründung des DFB folgte schon bald der Beschluss, künftig deutsche Meisterschaften durchzuführen. Selbst von derlei frivolen Ideen wie Lohnausfallersatz für die Spieler oder wenigstens von Fahrpreisermäßigung bei den Reisen zu den Spielen war – noch vergeblich – die Rede.

Allererster Deutscher Meister wird 1903 der VfB Leipzig mit einem sieben zu zwei gegen den DFC Prag in Hamburg-Altona. Im folgenden Jahr tritt der DFB dem neu gegründeten Fußball-Weltverband FIFA (*Fédération International de Football Association*) bei und übernimmt 1906 für seine Mitgliedsvereine die englischen Spielregeln. Eine Teilnahme an den Olympischen Zwischenspielen in Athen 1906 muss allerdings wegen knapper Kassen abgelehnt werden. Bereits zu dieser Zeit wird das Problem *Amateure – Berufsspieler* heftig diskutiert.

Darüber hinaus müssen sich die Kicker noch jahrelang mit Spielverboten an Sonn- und Feiertagen auseinander setzen und gegen die Erhebung der »Lustbarkeitssteuer« wehren. Gerichte sorgen mancherorts per Urteil dafür, dass Frauen als Zuschauerinnen von den Tribünen verbannt werden. Sie befürchten offenbar, dass die weibliche Moral durch den Anblick von 44 nackten Männerwaden (ohne Schiedsrichter) ernsthaften Schaden nimmt.

Das allererste Länderspiel mit einer echten deutschen Nationalelf findet 1908 gegen die Schweiz statt. Im Vorfeld pochen die immer noch mächtigen Landesverbände auf ihr vermeintliches Recht, die Spieler für das Match auszusuchen. Als dies zu keinem Ergebnis führt, übernimmt der DFB die Verantwortung und bestimmt die deutschen Kicker. Sonderlich erfolgreich sind sie nicht, die Eidgenossen siegen in Basel mit fünf zu drei. Allerdings kann bei dieser Gelegenheit Fritz Becker von *Kickers Frankfurt* das allererste deutsche Länderspieltor der Geschichte schießen – immerhin fünf Minuten nach Spielanpfiff.

Der allererste deutsche Sieg bei einer internationalen Begegnung lässt auf sich warten. Beim sechsten Länderspiel 1909 ist es endlich so weit, Gegner ist wieder die Schweiz. Sie wird in Karlsruhe mit eins zu null geschlagen. Die Fans haben ihre ersten Stars, darunter den Läufer und Mannschaftskapitän Camillo Ugi vom *VfB Leipzig*, genannt der »Italiener«.

Am Ende des ersten Jahrzehnts seiner Existenz hat der DFB mehr als 82 000 Mitglieder in über 1000 Vereinen. Eine hauptamtliche Geschäftstelle in Dortmund wird eingerichtet. Anders als sein »proletarisches Image« suggeriert, ist damals der Fußball offenbar durchaus ein Sport von Jugendlichen aus der Mittelschicht. Jedenfalls besuchen von den mehr als 14 000 Spielern dieser Altersgruppe nahezu 8500 eine höhere Schule.

An den Olympischen Spielen nimmt eine DFB-Mannschaft erstmals 1912 teil, und zwar im schwedischen Stockholm. Sonderlich weit kommt sie nicht, aber immerhin besiegt sie die russische Auswahl mit stolzen sechzehn zu null. Allein der Karlsruher Gottlieb Fuchs haut zehn Bälle in das Tor des Gegners. Insgesamt gehören die deutschen Kicker jener Tage nicht zur Weltelite. In den dreißig Spielen zwischen 1908 und 1914 müssen sie neunzehn Niederlagen bei sechs Siegen und fünf Unentschieden schlucken.

Für 1916 ist vorgesehen, die Olympischen Spiele im Deutschen Reich auszutragen. Zwei Jahre vorher allerdings, im Herbst 1914, weicht der friedliche Wettkampf der Nationen einem blutigem Krieg, die »Jugend der Welt« schlachtet sich für das Vaterland gegenseitig in den Schützengräben ab.

Während des Ersten Weltkriegs werden die deutschen Meisterschaften abgesagt. Die wenigen Spieler, die nicht an der Front stehen, müssen damit fertig werden, dass es kriegsbedingt an Bällen und Sportstiefeln mangelt. Immerhin bleibt Deutschland Mitglied der FIFA. Aber in den Jahren, die direkt auf den Weltkrieg folgten, zögern die ehemaligen Gegner, zum sportlichen *business as usual* überzugehen. Das erste Länderspiel findet 1920 gegen die neutrale Schweiz in Zürich statt. Die Politik hat den Sport eingeholt – nicht zum letzten Mal. So sind auch bei den Olympischen Spielen 1920 in dem vom Krieg stark betroffenen Belgien die deutschen Kicker noch nicht zugelassen. Vier Jahre später, bei den Spielen in Frankreich, fehlt Deutschland ebenfalls.

Zu dieser Zeit hat der DFB über 4300 Vereine mit 750 000 Mitgliedern, 1920 wird das Fachblatt *Kicker* gegründet. Eine reizvolle Episode bildet das Finale um die deutsche Meisterschaft 1922. In Berlin stehen sich die Mannschaften des *1. FC Nürnberg* und des *Hamburger SV* gegenüber. Anderthalb reguläre Stunden und mehrmalige Verlängerungen bringen kein Ergebnis, zeitweise muss das Spiel wegen eines Wadenkrampfes des Schiedsrichters unterbrochen werden. Schließlich, nach mehr als drei Stunden reiner Spielzeit, pfeift der Unparteiische wegen Dunkelheit ab, 1922 gibt es keinen Deutschen Meister.

In den folgenden Jahren wird Deutschland wieder in die europäische Sport-Community aufgenommen. Mit Otto Nerz wird 1927 der erste Reichstrainer bestimmt. Der ehemalige Volksschullehrer aus Mannheim orientiert sich am englischen Fußball und versucht, den Einfluss der Landesverbände zu dämpfen. Erste Erfolge zeigen sich bei den Olympischen Spielen 1928 in den Niederlanden. Die Deutschen besiegen die Schweiz mit vier zu null, müssen dann aber gegen den Top-Favoriten (und schließlichen Weltmeister) Uruguay eine Niederlage von vier zu eins einstecken. Das Match wird als eine der unfairsten Begegnungen in die Fußball-Historie eingehen.

Auch das Spiel gegen die starken Italiener im Frühjahr 1929 beweist, dass Nerz auf dem richtigen Kurs ist. Die Deutschen gewinnen in Turin mit vier zu drei. Erstmals können auch die heimischen Fans per Rundfunk das Spiel verfolgen, denn der *Sender Frankfurt* überträgt live. Zu einem der Stars wird Torhüter Heiner Stuhlfauth, dem erste internationale Angebote gemacht werden.

Die Debatte über Berufsspieler–Amateure bleibt während der zwanziger Jahre bis in die dreißiger Jahre hinein auf der Tagesordnung. Die Spieler der ersten Mannschaft des FC Schalke 04 werden 1930 vom DFB zu Profis erklärt und mit dem Auschluss vom Spielbetrieb bestraft. Betroffen sind dabei auch Spieler, die durch die gerade ausgebrochene Weltwirtschaftskrise ihren Job verloren haben. Erlaubt sind damals Zahlungen von fünf Reichsmark pro Spiel und Trainingstag, die Schalker erhalten angeblich das Doppelte. Im Jahr 1932 nimmt der DFB mit seinen 8600 Vereinen die Hürde von einer Million Mitgliedern.

Die allererste Fußballweltmeisterschaft überhaupt findet 1930 in Uruguay statt – allerdings ohne die Deutschen. Außer Frankreich, Belgien, Rumänien und Jugoslawien nehmen keine Europäer teil. Die Weltwirtschaftskrise und der abgelegene Austragungsort lassen derlei sportliche Extravaganzen für viele finanziell klamme Nationalteams nicht zu.

Die Jahre der Nazi-Diktatur gehen auch am deutschen Fußball nicht spurlos vorbei. Der Staat nimmt massiv Einfluss. Aus Landesverbänden werden Gaue, die Verwaltung wird zentralisiert. Der DFB bleibt zwar auf dem Papier bestehen, wird aber in seiner Funktion von dem so genannten *Fachamt Fußball* abgelöst.

Im Jahr 1934 nimmt Deutschland erstmals an einer Weltmeisterschaft teil. In Italien belegt die DFB-Mannschaft mit einem Drei-zu-zwei-Sieg gegen Österreich einen beeindruckenden dritten Platz. Vorher besiegt sie bei ihrem allerersten WM-Qualifikationsspiel das Team von Luxemburg mit neun zu eins. Schon damals als Assistent von Otto Nerz maßgeblich beteiligt: der spätere Nationaltrainer Sepp Herberger. Der Einsatz der Kicker bei den Olympischen Spielen 1936 im heimischen Berlin gerät zur sportlichen Katastrophe. Eine der Ursachen ist, dass sich die *Reichssportführung* immer mehr Kompetenzen gegenüber dem Nationalcoach anmaßt. Das Team von Nerz scheidet bereits im Viertelfinale mit einem null zu zwei gegen Norwegen aus – vor den Augen der gesamten Nazi-Prominenz inklusive des »Führers«.

Zwar gewinnt die deutsche Mannschaft in den folgenden zwei Jahren wieder an Format und Boden. Begegnungen mit Frankreich, Dänemark und Schweden enden mit hohen Siegen. Aber erneut mischt sich die Politik ein.

Im März 1938 war Österreich von Deutschland besetzt und annektiert worden, die Spieler der einstigen Alpenrepublik werden nach allerlei Hin und Her in das »großdeutsche« Team aufgenommen. Anweisungen der Reichssportführung schreiben bei Spielen ein Verhältnis von sechs zu fünf oder fünf zu sechs zwischen »Altreich« und »Ostmark« vor.

Der Zuwachs der starken österreichischen Spieler hilft dem neuen Reichstrainer und Nerz-Nachfolger Sepp Herberger nicht viel. Bei der Weltmeisterschaft 1938 in Frankreich muss die nunmehr »großdeutsche« Elf schon im Achtelfinale nach einer Vier-zu-zwei-Niederlage gegen die Schweiz wieder heim ins Reich fahren.

Nach dieser Pleite versucht sich die politische und die sportliche Führung im Reich in Schadensbegrenzung. Berlin bewirbt sich sogar um die Ausrichtung der Weltmeisterschaft 1942. Mit dem deutschen Überfall auf Polen im Herbst 1939 und dem Beginn des Zweiten Weltkriegs nimmt der deutsche Fußball aber für ein ganzes Jahrzehnt eine andere Richtung.

Zunächst heißt die Devise für die deutschen Kicker: völlige »Normalität«. Man tut auf dem Spielfeld so, als gäbe es kein Schlachtfeld Europa. Selbst Länderspiele finden noch statt, wenn auch nur gegen die neutralen Länder Schweiz und Schweden oder gegen Verbündete und neu geschaffene Staaten wie Rumänien oder Kroatien.

Aber der Krieg macht die Illusion vom unpolitischen Sport zunichte. Der DFB wird 1940 aufgelöst, 1942 findet gegen die Slowakei das letzte Länderspiel für die kommenden acht Jahre statt. Bald sind wegen Spielermangels nur noch Begegnungen von Siebener-Mannschaften bei einer Spieldauer von zweimal 30 Minuten erlaubt. Letzter deutscher Meister vor Kriegsende wird 1944 der *Dresdner SC*.

Die totale Niederlage nach dem totalen Krieg Adolf Hitlers trifft auch den deutschen Fußball. Zwar etablieren sich regional bereits im Herbst 1945 wieder die Oberligen Süd und Südwest; um die Ehre des allerersten Nachkriegsmatchs überhaupt konkurrieren bis heute die Münchener (*FC Bayern* und *Wacker*), die Hamburger (*HSV* und *FC St. Pauli*) und die Franken (Nürnberg und Fürth).

Aber erst im August 1948 kann die erste deutsche Meisterschaft nach Kriegsende stattfinden. Den Titel gewinnt der *1. FC Nürnberg* nach einem zwei zu eins gegen den *1. FC Kaiserslautern*. Organisatoren des Wettkampfs sind ein 1947 gegründeter *Deutscher Fußball-Ausschuss* und die wieder zugelassenen Landesverbände.

In den Jahren 1949/1950 wird die Wiedergründung des DFB diskutiert und schließlich 1950 offiziell durchgesetzt. Erster Präsident wird Peco Bauwens. Zur gleichen Zeit erfolgt die Wiederaufnahme Deutschlands in die FIFA, genauer gesagt: die Erneuerung der Mitgliedschaft, denn offiziell war das Land nie ausgeschlossen worden. An den Olympischen Spielen 1948 in England und an der Weltmeisterschaft 1950 in Brasilien nehmen die Deutschen allerdings noch nicht teil.

Das allererste offizielle Länderspiel der Deutschen nach dem Kriege findet im November 1950 in Stuttgart statt. »Blockadebrecher« ist wieder einmal, wie nach 1918, die Schweiz. Sie verliert mit eins zu null. Das Tor, ein Elfmeter, schießt Herbert Burdenski von *Werder Bremen*. Zu dieser Zeit weist eine erste DFB-Statistik fast anderthalb Millionen Mitglieder in 13 000 Vereinen aus.

Bei den Olympischen Spielen in Finnland 1952 erreichen die Mannen von Sepp Herberger den vierten Platz. Das ist insofern erstaunlich, als es sich – den Statuten entsprechend – um eine reine Amateurauswahl handelt. Sie müssen gegen die De-facto-Profis der Ostblock-Staaten antreten, die zwar offiziell kein Salär beziehen, aber beispielsweise als Armeeangehörige von dem Zwang eines bürgerlichen Broterwerbs freigestellt sind.

Zum Schicksalsjahr des deutschen Fußballs wird 1954.

In den Qualifikationsspielen für die Weltmeisterschaft dieses Jahres in der Schweiz treten die Deutschen unter anderem auch gegen das politisch noch autonome Saarland an und besiegen es mit drei zu null. Trainer des Fußballzwergs ist der Herberger-Schüler und -Nachfolger Helmut Schön.

Zwar gelingt der deutschen Elf in ihrer WM-Premiere nach dem Zweiten Weltkrieg ein Vier-zu-eins-Sieg gegen die Türkei. Aber schon das erste Spiel gegen die hochfavorisierten Ungarn endet mit einer Niederlage von drei zu acht. Die Magyaren sind mehr als vier Jahre und 31 Länderspiele lang ungeschlagen geblieben. Der Bundestrainer erhält Briefe, die ihn mit dem Tode bedrohen.

Ist es Herbergers List, seiner Mannschaft Glück oder sind es die Schraubstollen von Adi Dassler? Ist es eine Mischung aus allem? Zunächst ist der Erfolg nicht offensichtlich. Die Deutschen besiegen zwar im Viertel- und Halbfinale noch die ebenfalls starken Jugoslawen und Österreicher. Aber beim Endspiel am 4. Juli führt das ungarische »Wunderteam« nach acht Minuten bereits mit zwei zu null.

Der Ausgleich erfolgt wenig später durch Max Morlock (10. Minute) und Helmut Rahn (19. Minute). Mehr als eine Stunde tobt ein Fußball-Reißer erster Güte. Torhüter Toni Turek wird wegen seiner Paraden von Radioreporter Herbert Zimmermann gar zum »Fußballgott« erhoben.

Sechs Minuten vor dem Schlusspfiff ist es so weit: Rahn schießt das erlösende dritte Tor im Wankdorf-Stadion. Die Außenseiter-Mannschaft um Herberger und Fritz Walter wird im »Wunder von Bern« mit einem Drei-zu-zwei-Sieg zum ersten Male Weltmeister. Der deutsche Fußball ist wieder in der internationalen Sportwelt angekommen und aufgenommen.

Bitte blättern Sie um:
Unsere Leseempfehlungen

Hartwig Hausdorf
Bizarre Wirklichkeiten

Auf geheimen Wegen ins Unbekannte

Wenn Sie dieses Buch gelesen haben, halten Sie nichts mehr für real und alles für möglich! Tiere tragen Schriftzeichen, die den Namen Gottes bilden. Gedanken werden auf Fotografien sichtbar. Geisterlichter lassen intelligentes Verhalten erkennen. Die Gesetze der Physik werden kurzerhand ungültig, wenn Wasser sich bergauf bewegt. Reihenweise ereignen sich Koinzidenzen, unglaubliche Serien geheimnisvoll miteinander verknüpfter Ereignisse, die alle Gesetze der Wahrscheinlichkeit sprengen.

Hartwig Hausdorf dokumentiert diese und andere atemberaubende Vorfälle, die beweisen: Die Realität, die wir so gut zu kennen glauben, gibt es nicht! Sensationelles Bildmaterial untermauert seine Berichte.

256 Seiten mit Fotos und Abb., ISBN 3-7766-2473-6
Herbig

Lesetipp

BUCHVERLAGE
LANGENMÜLLER HERBIG NYMPHENBURGER
WWW.HERBIG.NET

Hans-Dieter Otto

»Im Namen des Irrtums«

Das Kompendium spektakulärer Justizirrtümer

Ermittlungsskandale, unfähige Richter, zweifelhafte Freisprüche, skrupellose Staatsanwälte, falsche Geständnisse, Irrtümer der Sachverständigen – dieses Buch ist eine schockierende Darstellung des Justizversagens, eine Sammlung von Fehlurteilen aus aller Welt und mehreren Jahrhunderten, die uns eindringlich vor Augen führt: Jeder von uns kann Opfer eines Justizirrtums werden! Es ist kein trockenes wissenschaftliches Fachbuch, sondern ein Lesebuch für jedermann, erzählt wie ein Krimi, allerdings mit der traurigen Gewissheit, dass nichts davon erfunden ist.

»In spannenden Reportagen zieht Hans-Dieter Otto eine schockierende Bilanz.«

Ostthüringer Zeitung

400 Seiten, ISBN 3-7766-2463-9

Herbig

Lesetipp

BUCHVERLAGE

LANGENMÜLLER HERBIG NYMPHENBURGER

WWW.HERBIG.NET

Peter Kruck
Alcohol

Alles, was Sie darüber wissen sollten

Kennen Sie den Unterschied zwischen Fusel und Feinbrand? Wissen Sie, warum Guinness dunkler ist als Pils? Was ein »Lumumba« mit der großen Politik zu tun hat? Und warum aus »feuchtfröhlich« so oft »megapeinlich« wird?

Peter Kruck gibt einen vollständigen Überblick über das Thema Alkohol in all seinen Facetten – ein amüsantes Sammelsurium mit allem Wissenswerten über die guten und schlechten Seiten zwischen Gaumenlust und Leberlast. Sie erfahren, wie Alkohol entsteht, was er genau mit Ihrem Körper anstellt, warum man überhaupt betrunken wird, und natürlich auch, warum es einem nach ausgiebigem Genuss am Tag danach so dreckig geht …

304 Seiten, ISBN 3-7766-2462-0
Herbig

Lesetipp

BUCHVERLAGE
LANGENMÜLLER HERBIG NYMPHENBURGER
WWW.HERBIG.NET